»Die Mauer war doch richtig!«

Robert Rauh

»Die Mauer war doch richtig!«

Warum so viele DDR-Bürger den Mauerbau widerstandslos hinnahmen

be.bra verlag

In diesem Buch wird aus Gründen der besseren Lesbarkeit ausschließlich die männliche Form verwendet. Sie bezieht sich auf Personen aller Geschlechter.

Der Fragebogen und die Ergebnisse der für dieses Buch erhobenen Umfrage sind einsehbar unter www.robert-rauh.de

Bibliografische Information der Deutschen Nationalbibliothek
Die Deutsche Nationalbibliothek verzeichnet diese Publikation in der Deutschen Nationalbibliografie; detaillierte bibliografische Daten sind im Internet über http://dnb.d-nb.de abrufbar.

KulturBrauerei Haus 2
Schönhauser Allee 37, 10435 Berlin
post@bebraverlag.de
Lektorat: Gabriele Dietz, Berlin
Umschlag: fernkopie, Berlin (Foto: akg-images / Alfred Strobel)
Satz: typegerecht berlin
Schriften: Minion Pro, Frutiger Next Pro
Druck und Bindung: GGP Media GmbH, Pößneck
ISBN 978-3-89809-193-0

www.bebraverlag.de

Inhalt

»Weißt Du, diese jüngere Generation hält nicht viel von uns und gibt uns die Schuld an einer Entwicklung, unter der wir doch am meisten leiden, weil wir mit so einem schweren Gepäck an Idealen losmarschiert sind. Aber das ist ein weites Feld […].«

Brigitte Reimann an ihren Bruder Ludwig, 1971

Prolog

»Warum haben sich die Leute das gefallen lassen?« Eigentlich wollte Fabian keine Fragen stellen. Geschichte interessiert ihn nicht so. Aber Herr Ahlemann hatte seine Schüler eindringlich dazu aufgefordert. Niemand schien die Gelegenheit nutzen zu wollen, die meisten schauten betreten zu Boden. Fabians Frage durchbrach die Mauer des Schweigens. Leicht irritiert fragte Ahlemann zurück: »Wie meinst du das?« Der Schüler ließ sein Smartphone in der Hosentasche verschwinden und richtete sich auf. »Na ja, warum haben die Leute nichts gegen den Mauerbau gemacht?«

Bernauer Straße, Sommer 2019

Vor ein paar Monaten war Fabian begeistert von der Idee seines Klassenlehrers gewesen, zum Abschluss der 10. Klasse nach Berlin zu fahren. Aber er hatte verdrängt, dass Herr Ahlemann Geschichtslehrer ist und andere Interessen verfolgt als pubertierende 16-Jährige, die ihre Schulzeit nicht nur mit der Zeugnisübergabe enden lassen wollen. Ahlemann hielt allerdings konsequent an seinem Bildungsauftrag fest. Auch auf der Abschlussfahrt. So hatte er das von den Schülern gewünschte Shopping im ALEXA aus dem Programm gekippt und durch eine mehrteilige Mauertour ersetzt: Brandenburger Tor, East Side Gallery und Checkpoint Charlie. Immer am historischen Schauplatz. Der Höhepunkt sollte die Bernauer Straße sein.

Vor der Klassenfahrt hatte Ahlemann seine Schüler versucht zu motivieren: »Wir in Worms haben den Dom und Luther. Sie repräsentieren das Mittelalter und die Frühe Neuzeit. Berlin hat die Mauer.

Sie ist das Symbol für die deutsche Teilung im 20. Jahrhundert.« Luthers Auftritt vor dem Wormser Reichstag nachzuspielen, fand Fabian noch cool, aber Sightseeing an einer Mauer, die nicht mehr da ist? Ahlemann hat den Mauerfall vor dreißig Jahren miterlebt. Fabian kennt die Mauer aus dem Geschichtsbuch. Er kam 2002 zur Welt.

Der Lehrer ließ es sich nicht nehmen, seine Klasse persönlich über das historische Areal zu führen – entlang der rostroten Stahlstangen, die den Verlauf der 1990 abgerissenen Mauer an der Bernauer Straße markieren. Er führte ihnen Reste der Grenzsperren vor, erzählte ihnen, wie Menschen aus Fenstern und von Dächern der Grenzhäuser in den Westen sprangen, und erklärte, wie die Mauer eine Stadt teilte und Familien trennte. Im Anschluss an die Tour schickte er die schon geschichtsmüden Schüler in das 2009 errichtete Dokumentationszentrum, das neben einer Aussichtsplattform eine Dauerausstellung über die deutsche Teilung bietet. Fabian erklomm zunächst die Plattform und durchstreifte dann die Ausstellung mit den großformatigen Fotos. Vor dem Bild, auf dem Menschen auf eine Leiter und ein Motorrad geklettert waren, um über die Mauer ihren Verwandten zuzuwinken, blieb er stehen. Nach einer Stunde rief Ahlemann seine Schüler im Foyer für eine abschließende Fragerunde zusammen. Fabian, der auf seinen Smartphone eigentlich lieber ein witziges Bild für Instagram auswählen wollte, nutzte die Chance.

Schließlich hatte Ahlemann doch noch eine Antwort parat: »Sie haben doch protestiert!« Und fügte leicht lehrerhaft hinzu: »Hast du dir denn nicht die große Wand zu den Protesten angesehen?«

»Hab ich!« Fabian zeigte in die Richtung der Ausstellungswand. Ahlemann nickte zufrieden und blickte auf seine Uhr.

Der Schüler hakte nach. »Da werden Proteste in West-Berlin gezeigt. Ich meinte aber die Leute in der DDR, also die Leute, die eingemauert wurden.« Nicht nur Fabian sah seinen Lehrer jetzt erwartungsvoll an. Ahlemann überlegte, weil er seinen Schüler, wenn er schon nachfragte, nicht noch einmal mit einer schnellen Antwort abspeisen wollte. Er überlegte einen Tick zu lange.

»Warum sollten wir denn dagegen protestieren?«, rief plötzlich ein älterer Mann dazwischen. Er war mit seiner Frau in die Bernauer

Entlang der Mauer: Gedenkstätte Bernauer Straße, 2021

Straße gekommen und hatte den Dialog verfolgt. Der weißhaarige Mann schien aufgeregt. Seine Frau zupfte am Ärmel seiner Jacke und zischte: »Lass doch, Werner!« Aber Werner ließ sich nicht den Mund verbieten. Die Aufmerksamkeit der 10 b aus Worms hatte er schon. Ahlemann versuchte zu moderieren: »Wollen Sie uns das vielleicht erklären?«

Werner war nur noch in der Lage, einen Satz zu sagen. Er schaute zu Fabian und rief dann laut in den Raum: »Die Mauer war doch richtig!« Während Herr Ahlemann erblasste, schoss Werner die Röte ins Gesicht.

Proteste im Besucherzentrum

Bis heute ärgere ich mich, dass ich dem Mann nicht hinterhergelaufen bin, um ihn um ein Interview zu bitten. Aber seine Frau zog ihn eilig aus dem Besucherzentrum und ich blieb bei der 10 b, die ich an diesem Tag für einen Beitrag über außerschulische Lernorte in Berlin begleitete.

Wer war dieser Mann? Ein ehemaliger DDR-Funktionär, vielleicht sogar ein ehemaliger Grenzoffizier? Ein Ewiggestriger? Zu Letzterem tendierte Ahlemann, der, als er sich wieder gefangen hatte, seinen Schülern erklärte, der Mann habe »nichts begriffen«. Die Mauer sei »menschenverachtend« gewesen – und könne »schon per se nicht richtig« sein. »Außerdem konnten die Menschen damals nicht protestieren, wie sie wollten. Die DDR war eine Diktatur.« Punkt.

Als Ahlemann mit seinen Schülern das Besucherzentrum verlassen hatte, schaute ich mir noch einmal die Themenwand »Proteste« an. Ausgestellt sind Fotos von Demonstrationen gegen den Mauerbau: Bilder von der Kundgebung vor dem Rathaus Schöneberg am 16. August 1961, an der Hunderttausende teilnahmen, ein Bild von einem Protestmarsch zum ersten Jahrestag des Mauerbaus 1962, bei dem Jugendliche ein Kreuz mit der Aufschrift »Wir klagen an« tragen, ein Bild mit Demonstranten auf der Maikundgebung 1963, auf der ein Transparent mit der Losung »Die Mauer kann uns nicht trennen« hochgehalten wird. Die Fotos haben eines gemeinsam: Sie sind alle in West-Berlin aufgenommen. Zwar wird auch der Ausschnitt eines Ost-Berliner Polizeiberichtes vom 13. August 1961 gezeigt, der »Ansammlungen« und »Zusammenrottungen« auf der östlichen Seite der Sektorengrenze dokumentiert, aber der Ausschnitt ist geschickt gewählt. Liest man das Dokument in Gänze, dann kommt man zu dem Ergebnis: Proteste gab es vor allem in West-Berlin.

Warum das so ist, wird im Einführungstext der »Proteste«-Wand erläutert: »Die Empörung über den Mauerbau war auf beiden Seiten der Mauer enorm. In Ost-Berlin erstickte das SED-Regime den aufflackernden Protest im Keim. Die Volkspolizei zerstreute jede Menschenansammlung. Die West-Berliner protestierten massenhaft.«

Mehr kann eine kleine Ausstellung vielleicht nicht leisten. Aber ist die Erklärung schlüssig? Fabians Frage bleibt. Und mich bewegt sie schon seit Jahrzehnten. Der Versuch einer Antwort ist dieses Buch.

»Über alles wurde geschimpft, so dass ich mir oft die Frage stellte, wie nur solch ein Regime existieren kann, wenn kaum einer, wo es auch immer sei, mit ehrlicher Überzeugung dafür eintritt.«

DDR-Flüchtling Detlef R., 1962

Einleitung
Mehr als ein Motiv

Dieses Buch behauptet nicht, dass die Mauer richtig war. Im Gegenteil: Sie war Unrecht. 17 Millionen Ostdeutsche wurden ihrer Freiheitsrechte beraubt, Familien und Freundschaften auseinandergerissen und mindestens 140 Menschen verloren allein an der Berliner Mauer ihr Leben.

Dieses Buch möchte erklären, warum der Mauerbau von so vielen DDR-Bürgern widerstandslos hingenommen wurde. Es zeigt auf, dass die Verweise auf die Erfahrungen vom niedergeschlagenen Volksaufstand am 17. Juni 1953 und auf den nächtlichen Überraschungscoup der SED-Führung am 13. August 1961 als Begründung für ausgebliebene Massenproteste zu kurz greifen.[1] Wenn man von Handlungsspielräumen in einer Diktatur ausgeht, war eine passive Hinnahme der Mauer nicht alternativlos. Weil es jedoch nur vereinzelt zu Protesten gekommen ist, muss es weitere Gründe gegeben haben.

Obwohl der Bau der Berliner Mauer zu den wichtigsten Zäsuren in der DDR-Geschichte zählt, wurden die Reaktionen der Bevölkerung von der Forschung bisher wenig untersucht.[2] Das Interesse galt vielmehr den politischen und militärischen Aspekten der Grenzschließung im Kontext des Kalten Krieges: Fragen nach Ulbrichts Zielen, Chruschtschows Genehmigung, Honeckers Umsetzung, Adenauers Zurückhaltung und Kennedys Urlaub. Dabei stand und fiel die Mauer doch mit der Haltung der Menschen, denen sie galt.

Erfasst und gewichtet sind zwar alle Motivkomplexe der Menschen, denen vor und nach dem 13. August die Flucht gelang. Aber

Die Menschen hinter der Mauer: Ost-Berliner im August 1961

was dachten die 17 Millionen DDR-Bürger, die vor dem Mauerbau nicht fliehen wollten und nach dem Mauerbau nicht (mehr) fliehen konnten?

Dieses Buch stellt die Menschen hinter der Mauer in den Mittelpunkt. Es schildert, wie unterschiedlich die DDR-Bürger auf den 13. August reagiert haben, und zeigt auf, dass es mehr als ein Motiv gab, die Abriegelung der Berliner Sektorengrenze widerstandslos hinzunehmen. Und es hinterfragt die scheinbar in Beton gegossene Annahme, wonach die Mehrheit der Bevölkerung in der DDR gegen die Mauer war.

Eine Mehrheit gegen die Mauer?

Die Mauer gilt als Monstrum. Als steinernes Symbol des SED-Regimes, das die deutsche Teilung zementierte und seine Bürger einsperrte. So wird es bei Mauerjubiläen – ob zum Bau oder Fall – von den politischen Podien gepredigt. So steht es in den Geschichtsbüchern. Dass die Menschen, im Westen wie im Osten, die Mauer ablehnten, scheint da nur logisch. Dass einige in der DDR, wie Wolf Biermann, ihren Bau damals begrüßten – »als Rettung in höchster Not«[3] –, kann nur der SED-Propaganda geschuldet sein oder es muss eine politische Fehleinschätzung zugrunde liegen, die längst Geschichte ist.

Wie aber lässt sich belegen, dass die Mehrheit der DDR-Bürger die Mauer ablehnte? Mit den anhaltenden Fluchtversuchen einerseits und mit Hinweisen auf Verweigerung und Protest andererseits. Trotz der Abriegelung der Sektorengrenze gelang es bis Ende Februar 1962 etwa 11.800 Ostdeutschen, in den Westen zu fliehen. Allein im September 1961 verließen 3.370 Menschen illegal die DDR.[4] Als Fluchtwege dienten in den ersten Tagen nach dem 13. August die Wohnhäuser an der östlichen Sektorengrenze in Berlin-Mitte, die Kanalisation und Grenzgewässer; später kam es zu spektakulären Tunnelfluchten.[5] Weil das Grenzregime daraufhin ausgebaut und eine Flucht nach den ersten Todesschüssen Ende August 1961 lebensgefährlich wurde, »gehörte allerdings im Lauf der Jahre immer mehr Mut, Entschlossenheit und Einfallsreichtum dazu, die Grenzsperren zu überwinden«.[6] Bis 1989 flüchteten dennoch rund 40.000 Menschen in den Westen; 75.000 Fluchtversuche scheiterten.[7] Diese Fluchtaktionen sind ein klarer Beweis für den Freiheitswillen vieler Ostdeutscher, die sich gegen ein Leben in der eingemauerten DDR entschieden hatten.

Schwieriger ist es dagegen, Widerstand gegen den Mauerbau nachzuweisen. Wenige Tage nach dem 13. August 1961 tauchte in Zittau (Bezirk Dresden) ein Handzettel auf, der die SED alarmieren musste. Allein deshalb, weil er nicht aus dem Westen stammte. »Bürger und Genossen! Bei uns hat die rote die braune Farbe verdrängt. Der Geist ist geblieben. Kauft keine Lose, keine Zeitungen, spielt kein Lotto, zahlt keine Versicherung. Ihr finanziert euer eignes KZ. Übt Widerstand, wo es möglich ist. Beweist, dass ihr Deutsche seid. Die Welt schaut auf uns.«[8] Obwohl nicht geklärt werden konnte, ob das Flugblatt von einem Einzelnen oder von einer Gruppe stammte, kommen die Historiker Armin Mitter und Stefan Wolle, die sich seit Jahrzehnten mit der DDR-Geschichte auseinandersetzen, zu dem Schluss: »Aber eindeutig geht daraus hervor, dass unter der Bevölkerung ein quantitativ schwer auszumachendes Widerstandspotential vorhanden war, das in jedem Fall größer war als die Zahl derjenigen, die uneingeschränkt hinter der Regierung standen. Die Mehrheit der Bevölkerung hätte mit Sicherheit die Opposition gegen das Regime unterstützt.« Weil das auch der SED-Führung bewusst gewesen sei, hätte die nun den Schutz der Mauer genutzt, »um mit ihren tatsächlichen und vermeintlichen Gegnern bedingungslos abzurechnen«.[9]

Kurzum: Die Mehrheit der Bevölkerung stand also »mit Sicherheit« nicht hinter der Regierung. Und die Mehrheit »hätte« die Opposition gegen das Regime unterstützt, was aber aufgrund der Repressionen des SED-Staates nicht möglich war. Es existierten also keine Handlungsalternativen? Oder hätte es einer aktiven Opposition bedurft, damit die Mehrheit gegen den Mauerbau protestierte?

Das Fazit zum Zettel aus Zittau steht nicht allein. Obwohl keine statistischen Erhebungen über die Haltung der Ostdeutschen im August 1961 vorliegen, herrscht in der Forschung Konsens darüber, dass die Mehrheit dagegen war. Die Bevölkerung der DDR reagierte auf den Mauerbau, konstatiert der DDR-Oppositionelle und Historiker Rainer Eckert, »in ihrer Mehrheit mit stummer Wut und Ablehnung«.[10]

Der Literaturwissenschaftler Matthias Braun, der die Reaktionen der DDR-Künstler untersucht hat, behauptet, im Gegensatz zur SED-Führung habe die »große[n] Mehrheit der Bevölkerung« im Mauerbau »ein Schwächezeichen des Regimes« gesehen.[11] Und der Historiker Gerhard Sälter, Leiter des Arbeitsbereichs Forschung und Dokumentation an der Gedenkstätte Berliner Mauer, kommt gemeinsam mit dem Historiker Manfred Wilke zu dem Schluss: »Weder der nächtliche Aufmarsch bewaffneter Männer noch die Schließung der Grenze stieß bei den Ost-Berlinern mehrheitlich auf Zustimmung.« Die SED sei in den folgenden Monaten und Jahren jedoch nicht müde geworden, »das Gegenteil zu behaupten«.[12] Ist diese Behauptung schon deshalb nicht seriös, weil sie die SED aufstellte?

Auch Studien zu einzelnen Bevölkerungsgruppen kommen zum selben Ergebnis. Die Historikerin Anita Krätzner-Ebert bilanziert in ihrer Analyse über die DDR-Universitäten, dass »das Gros« der Universitätsangehörigen »mit dem Mauerbau und den folgenden Maßnahmen nicht einverstanden war«. Auf allen Ebenen, ob unter Funktionsträgern, Wissenschaftlern oder Studenten, hätten sich Gegner formiert. Zudem habe es lange nicht so viele Zustimmungserklärungen gegeben, wie von der SED gewünscht. »Ein Großteil der Wissenschaftler verfasste keine Zustimmungserklärungen, obwohl dies von ihnen verlangt wurde.« Was heißt ein »Großteil«, wenn kurz darauf die Behauptung folgt: »Viele jedoch resignierten oder fügten sich aus Angst vor den teilweise angedrohten Konsequenzen den Forderungen der SED.« Unstrittig, weil belegbar ist dagegen der Befund am Ende der Untersuchung: »Einige wenige Universitätsangehörige übten offenen Protest […].«[13] Dass nur wenige protestierten – dieser Befund lässt sich verallgemeinern. Für alle Bevölkerungsgruppen.[14]

Die Mutmaßungen der Geflüchteten

Die These, die Mehrheit sei gegen den Mauerbau gewesen, stützt sich vor allem auf zeitgenössische Aussagen. Für den englischen Historiker Patrick Major, einen der wenigen, die sich ausführlich mit den Reaktionen der DDR-Bevölkerung beschäftigt haben, können diese Einzelstimmen zwar nicht das Manko fehlender Erhebungen aufwiegen, sie ermöglichen jedoch – aufgrund der Fülle der Berichte in den DDR-Akten – »eine Vielzahl von Einsichten in zeitgenössische Denk- und Argumentationsweisen«.[15] Er zitiert in diesem Kontext die Aussage eines Ost-Berliner Ingenieurs vom Juli 1961 zum Verhältnis von Volk und Regierung: »Wir sollten nicht so viel sprechen von der Front zwischen der DDR und Westdeutschland, denn diese Front verläuft mitten durch die DDR. Sie besteht zwischen der Regierung und der Bevölkerung und 95 Prozent sind gegen die Regierung.«[16] Die Zahl erinnert an vermeintliche Zustimmungsquoten bei DDR-Wahlen – nur genau entgegengesetzt.

Der Ingenieur ist nicht der Einzige, der Zustimmung bzw. Ablehnung zu quantifizieren weiß. Major zitiert auch einen Ost-Berliner Gewerkschaftsfunktionär, der zwei Tage nach der Schließung der Sektorengrenze seinem Vorgesetzten berichtete: »Wenn ihr mit den Kollegen sprechen wollt, werden sie euch wahrscheinlich rauswerfen. 90 Prozent aller Menschen sind sowieso gegen diese Maßnahmen.«[17] Eine Zahl nannte auch ein junger DDR-Bürger, dessen Brief auf Umwegen zum West-Berliner Radiosender RIAS gelangte. Er schriebe, »um unsere Stimme« gegen »die Absperrmaßnahmen des Pankower Regimes« zu erheben. »Und wir wissen genau, dass 80 Prozent der Bevölkerung diese Maßnahmen nicht billigen.«[18]

Weil private Briefe ein nahezu ungefiltertes Meinungsbild wiedergaben, standen sie nach dem Mauerbau im Fokus der Staatssicherheit. Für eine Postanalyse wurden am 17. August 1961 »insgesamt 697 Sendungen zensiert«. In den 562 ausgewerteten Briefen dieses Tages aus der DDR »wurden 27 Äußerungen von der Bevölkerung der DDR [zur Grenzschließung] festgestellt, die sich wie folgt aufgliedern: 0 positiv; 27 negativ«.[19]

Ziemlich eindeutig ist auch das Ergebnis einer Auswertung von Berichten einiger DDR-Bürger, die erst nach dem 13. August in den Westen geflüchtet sind und ihre Erlebnisse und Erfahrungen nach der Abriegelung schriftlich festhielten.[20] »Ich kann versichern«, sagte Hildegard B., der die Flucht Anfang 1962 gelang, »dass 95 % der Bevölkerung nicht mit dem Regime einverstanden sind. Nach der Errichtung der Mauer sind auch bestimmt viele, die bisher Gutes sahen, geheilt.« Es gäbe »eine große Anzahl« ihr bekannter Menschen, »die nach der Errichtung der Mauer sagen, hätten sie das gewusst, wären sie gegangen«.[21] Drei geflüchtete Studenten gaben an, der »größte Teil der Bevölkerung« wäre mit dem Regime nicht einverstanden und würde »Vergleiche mit der Hitlerdiktatur« ziehen.[22]

In den Flüchtlingsberichten finden sich auch Einschätzungen über die Haltung der DDR-Bürger zum Mauerbau. »Die gesamte Bevölkerung war empört über die Maßnahmen [zur Grenzschließung am 13. August], die von einer Nacht zur anderen getroffen wurden«, gab eine junge Frau zu Protokoll.[23] Diese Maßnahmen würden, berichtete Jutta T., der die Flucht in November 1961 mit einem ausländischen Pass gelungen war, »von den meisten Menschen – auch Genossen der Partei – nicht bejaht, nicht verstanden, nicht gebilligt!«[24] Auch Stimmungsberichte von Flüchtlingen über einzelne Lebensbereiche ergeben dasselbe Bild. So schildert beispielsweise ein ehemaliger Grenzgängerstudent, der nach dem 13. August zunächst in einer Fabrik im Ost-Berliner Stadtteil Oberschöneweide arbeiten musste, »die Einstellung der Arbeiter zum herrschenden System« sei gekennzeichnet »durch aufgestauten Zorn und einen sorgsam zurückgehaltenen Hass«.[25]

In einigen Berichten wird Enttäuschung über die Passivität der DDR-Bürger artikuliert. Die Studentin Uta-Christine S. fragte nach ihrer gelungenen Flucht im Januar 1962: »Was sind die Menschen in der Zone? Sie sind Puppen ohne Willen, mit denen der Staat macht, was er will.« Und das, obwohl doch fast jede Berliner Familie von der »Trennungsmauer« betroffen sei. Überall höre man »nur missbilligende Stimmen«. Bedauernd ergänzte die Studentin: »Leider nicht öffentlich.«[26] Detlef R., ein weiterer Flüchtling, nannte den aus seiner Sicht entscheidenden Grund für die Passivität: »Die Resignation ist zu stark und der Terror zu groß, um einen aktiven Widerstand zu leisten.« Bemerkenswert ist jedoch, dass Detlef R. an anderer Stelle einen Widerspruch formuliert, der in einigen Berichten nur zwischen den Zeilen zu lesen ist. »Über alles wurde geschimpft«, sodass er sich »oft die Frage stellte, wie nur solch ein Regime existieren kann, wenn kaum einer, wo es auch immer sei, mit ehrlicher Überzeugung dafür eintritt«.[27] Wie gelang es der SED-Führung, ein ganzes Volk jahrzehntelang zu unterdrücken, wenn die Mehrheit das System ablehnte?

Wirtschaftliche und politische Zumutungen

Wenn die große Mehrheit gegen das SED-Regime im Allgemeinen und gegen den Mauerbau im Besonderen eingestellt war, ergibt sich zwangsläufig die Frage, warum die DDR-Bürger nicht massenhaft dagegen protestiert haben. Warum blieb die Revolte aus? Oder, mit den Worten des Wormser Schülers gefragt: Warum haben sich die Leute das gefallen lassen? Schließlich waren von der Sperrung der Sektorengrenze Millionen Familien und Zehntausende Berufspendler, die sogenannten Grenzgänger[28], betroffen.

Diese Frage drängt sich erst recht auf, wenn man die Gesamtsituation in der DDR 1961 berücksichtigt. Zugemutet wurden der Bevölkerung ja nicht nur der Mauerbau und die damit verbundenen Repressionen.[29] Die DDR steckte in einer handfesten Wirtschaftskrise. Das Ende der 1950er-Jahre ehrgeizig gesteckte Ziel der SED-Führung, die vermeintliche Überlegenheit des Sozialismus durch wirtschaftliche Erfolge zu demonstrieren (»Überholen ohne einzuholen«), erwies sich als nicht realisierbar. Wie ernst die Lage war, verdeutlicht Ulbrichts schonungslose Analyse vom Januar 1961, die nicht für die Öffentlichkeit bestimmt war. Im SED-Politbüro erklärte der Erste Sekretär der Partei, die DDR werde »die ökonomische Hauptaufgabe nicht lösen«. Was nichts anderes hieß, als dass die Produktionssteigerung zu gering war. Das schaffe »Schwierigkeiten im Innern«. Ulbricht untermauerte die Annahme mit einem sozialpolitischen Vergleich zur Bundesrepublik: »Westdeutschland erhöhte die Löhne im Jahr 1960 um ca. 9 Prozent und führt die 5-Tage- bzw. 40-Stunden-Woche ein. Wir haben keine Voraussetzungen für Lohnerhöhungen und Arbeitszeitverkürzungen.«[30]

Die Bürger spürten die Wirtschaftskrise, so der Historiker Peter Hübner, vor allem als Versorgungskrise. Die vollständige Kollektivierung der Landwirtschaftsbetriebe erschwerte bereits 1960 die Versorgung. Es kam zu Produktionsausfällen, die in Kombination mit einer Missernte 1961 zu hohen Ertragsausfällen bei Getreide und Hackfrüchten führten. Hinzu kamen ab Sommer 1961 die immensen Kosten für die Sperranlagen.[31]

Neben den Versorgungsengpässen musste die DDR-Bevölkerung nun auch noch die SED-Propaganda zur Rechtfertigung der »Maßnahmen vom 13. August« ertragen, die sich nach den ausbleibenden Protesten gegen die Grenzschließung noch steigerte, weil die SED – sowohl die Führung als auch die Basis – in einen »Macht- und Siegesrausch« verfallen war.[32] Ihren Triumph nutzte die SED-Führung darüber hinaus für weitere Kampagnen, die sich im Schatten der Mauer leichter durchsetzen ließen als bei offenen Grenzen. Das FDJ-Aufgebot vom 16. August 1961, das ihre Mitglieder zum »Ehrendienst« in den bewaffneten Kräften aufrief, bereitete die Einführung

»Antennen für den Frieden«: Aufruf zur FDJ-Aktion »Blitz kontra NATO-Sender«, *Junge Welt* vom 4.9.1961

der Wehrpflicht im Januar 1962 vor.[33] Das ebenfalls noch im August ausgerufene »Produktionsaufgebot« des FDGB (»Wir werden in der gleichen Zeit für das gleiche Geld mehr produzieren!«) zielte auf einen Lohnstopp.[34] Und im Rahmen der Aktion »Blitz contra NATO-Sender« (auch Aktion »Ochsenkopf«) begannen Anfang September 1961 FDJ-»Ordnungsgruppen«, private Rundfunk- und TV-Antennen von den Dächern abzumontieren, die Richtung Westen ausgerichtet waren, um künftig ein »ideologisches Grenzgängertum« zu verhindern.[35] Auch wenn die »Aktion Ochsenkopf« nicht zum Erfolg führte und das »Produktionsaufgebot« Ende 1962 stillschweigend eingestellt wurde, waren die Kampagnen erhebliche Stressfaktoren für die bis weit in die Privatsphäre drangsalierten Menschen. Und dennoch führten sie zu keinen Aufstand.

Dass die Menschen sich mit dem SED-Staat nach 1961 arrangierten, zeigt die Geburtenrate, die als ein entscheidendes Indiz gelten kann: Im Unterschied zu vorangegangenen DDR-Krisenjahren 1953 oder 1956/57 »stieg die Zahl der Geburten von 1961 bis 1963 kräftig an«.[36] Gegen den Mauerbau rebellierten nur Einzelne. Die Mehrheit blieb passiv. Warum – das wird in diesem Buch untersucht.

Versuch einer Antwort

Um die Frage zu klären, warum es in der DDR keine Massenproteste gegeben hat, werden zunächst die Reaktionen auf den Mauerbau beschrieben: die der Ost-Berliner am Tag der Grenzschließung und dann einzelner DDR-Bevölkerungsgruppen – Arbeiterschaft, Jugend, Wissenschaftler, Künstler. Anschließend werden vier Erklärungsansätze für das widerstandslose Verhalten der DDR-Bürger vorgestellt.

Grundlage für die Untersuchung sind weniger die umfangreich existierende Mauer-Literatur als vielmehr die bislang erschlossenen Quellen. Dazu gehören nicht nur die SED- und FDGB-Akten, sondern auch die im Rahmen der Publikation »Die DDR im Blick der Stasi« für das Jahr 1961 edierten MfS-»Informationen«, die eine Vielzahl von Stimmungsberichten aus der Bevölkerung enthalten.[37] Ausgewertet wurden zudem unzählige bereits veröffentlichte bzw. selbst geführte Zeitzeugeninterviews sowie zeitgenössische Aussagen von DDR-Bürgern wie die Berichte von Menschen, die unmittelbar nach dem Mauerbau flüchteten[38], Eingaben an die Regierung[39] und Briefe an Westverwandte, die bereits in den 1970er-Jahren publiziert wurden.[40]

Darüber hinaus wurde das Ergebnis einer 2020/21 selbst durchgeführten Umfrage zum Mauerbau berücksichtigt, an der sich trotz der Pandemie 600 Menschen der 1920er-, 1930er- und 1940er-Jahrgänge beteiligten, die den Mauerbau bewusst erlebt und am 13. August 1961 in der DDR gelebt haben. Es ist eine bisher nicht veröffentlichte Umfrage, die zu überraschenden Ergebnissen führte.

»Es trieb mich dazu, das mit Bangen Erwartete und doch nicht für möglich Gehaltene mitzuerleben, die Wandlung des Albtraums in Realität mit eigenen Augen zu sehen.«

Günter de Bruyn, Vierzig Jahre, 1996

Der Tag danach
Berlin am 13. August 1961

»Ein Aufstand ist nicht real«
DER SED-STAAT IN DER OFFENSIVE

Die große Unbekannte war das Volk. Während die SED-Führung die Absperrung der Sektorengrenze für den 13. August 1961 generalstabsmäßig vorbereitete[1], blieb unklar, wie die Menschen, insbesondere die Ost-Berliner, reagieren würden. Als der sowjetische Regierungschef Nikita Chruschtschow Walter Ulbricht während eines Telefonats am 1. August 1961 mit Erkenntnissen westlicher Geheimdienste konfrontierte, wonach »in der DDR die Bedingungen für einen Aufstand herangereift« seien, entgegnete der SED-Chef, ihm wiederum lägen »Informationen vor, dass die Bonner Regierung durch Abwerbung und Organisierung von Widerstand Schritt für Schritt die Bedingungen für einen Aufstand vorbereitet, der im Herbst 1961 stattfinden soll«. Er zählte zunächst einige Belege für die »Methoden des Gegners« wie »Sabotageakte« auf, um dann zu fragen: »Ist das alles real?«

Die Frage war rein rhetorisch. Ohne eine Antwort Chruschtschows abzuwarten, konstatierte Ulbricht: »Ein Aufstand ist nicht real.« Allerdings schloss er nicht aus, dass es zu einzelnen »Aktionen« kommen werde. Dabei verwies er exemplarisch auf die von »feindlich gesinnte[n] Ingenieure[n]« organisierte Unterschriftensammlung in einem Betrieb bei Berlin, mit der unter anderem »freie Wahlen« gefordert wurden. Hausdurchsuchungen »bei diesen Leuten« hätten ergeben, dass die Initiative »auf das Wirken amerikanischer Agenten«

zurückgehe. Obwohl Ulbricht andeutete, dass es »noch viele weitere Kreise [gibt], wo der Gegner solche Aktionen durchführt«, ging er davon aus, es werde »nichts Schlimmes passieren«.[2]

Dass die Grenzschließung für die SED dennoch ein politisches Risiko war, belegt Ulbrichts Äußerung im Sommer 1961, kurz vor dem Mauerbau, gegenüber dem sowjetischen Botschafter in der DDR Michail G. Perwuchin, wonach man »mit Massenaufläufen, offenen Versuchen des Ungehorsams, Schlägereien und vielleicht sogar mit Schießereien rechnen [müsse]«.[3] Aber der große Bruder hatte vorgesorgt: Marschall Andrej Antonowitsch Gretschko, seit 1960 Oberbefehlshaber der Streitkräfte des Warschauer Vertrages, ordnete Ende Juli an, das DDR-Gesundheitsministerium habe dem DDR-Verteidigungsministerium bis zum 10. August 35.000 Krankenhausbetten zur Verfügung zu stellen, um kurzfristig Armeelazarette einrichten zu können.[4] Und die SED-Führung mobilisierte nicht nur bewaffnete Einsatzkräfte, Panzer und Wasserwerfer gegen potentielle Demonstranten, sondern auch den gesamten Parteiapparat, um Unmut und Unruhen bereits im Keim zu ersticken. Spezielle »Agitatorengruppen« sollten in den Betrieben, in den »Hausgemeinschaften« und auf der Straße die Menschen von der Notwendigkeit der Maßnahmen überzeugen.[5]

Aktion »Rose«

Mit diesem Bündel von Präventivmaßnahmen hoffte man, die Lage im Griff zu haben. Überraschende Massenproteste wie am 17. Juni 1953 sollten sich auf keinen Fall wiederholen.[6] Tatsächlich befand sich der SED-Staat im Unterschied zu 1953 diesmal in der Offensive. Selbst der Zeitpunkt der Grenzschließung wurde bewusst gewählt: Man sollte, so Ulbricht gegenüber Botschafter Perwuchin im Sommer 1961, »an einem Sonntag handeln. Zurzeit herrsche herrliches Sommerwetter, und Berlin werde halbleer sein. Alle Welt fahre an einem solchen Tag ins Grüne. Wenn die Menschen abends zurückkehren, werde alles erledigt sein.«[7]

In die Vorbereitung zur Absperraktion war auch das Ministerium für Staatssicherheit eingebunden.[8] In einer MfS-Dienstberatung zwei

»Ein Aufstand ist nicht real«: Nikita Chruschtschow und Walter Ulbricht auf dem VI. Parteitag der SED in der Ost-Berliner Werner-Seelenbinder-Halle am 15.1.1963

Tage vor der Grenzschließung verlangte Staatssicherheitsminister Erich Mielke von seinen Mitarbeitern »höchste Einsatzbereitschaft«. Alle »negative Erscheinungen« seien zu verhindern, »Zusammenballungen« dürften nicht zugelassen werden. In der Besprechung gab Mielke eine Reihe von Instruktionen bekannt. Insbesondere sei die Stimmung in den Betrieben zu analysieren und »die Zusammensetzung der Beschäftigten nochmals zu untersuchen, um die richtigen politisch-operativen Maßnahmen treffen zu können«. Wer mit feindlichen Losungen auftrete, sei festzunehmen. »Feinde sind streng und in der jetzigen Zeit schärfer anzupacken.« Den Hintergrund für die »höchste Einsatzbereitschaft« deutete der Staatssicherheitschef zu Beginn der Sitzung nur an: »Gegen die Republikflucht werden Maßnahmen getroffen, wobei besonders der Ring um Berlin der Schwerpunkt sein wird.« Auch am Ende seiner Ausführungen blieb Mielke im Ungefähren. Zwar gab er bekannt, die »gesamte Aktion« erhalte die »Bezeichnung ›Rose‹«; er verriet aber nicht, was sie genau beinhaltete.[9]

Die Vorbereitungen zur Grenzabriegelung liefen unter strengster Geheimhaltung. Selbst in der SED-Führung wusste nur ein kleiner Kreis Bescheid. Eingeweiht waren neben Mielke beispielsweise Verteidigungsminister Heinz Hoffmann, Innenminimister Karl Maron, Verkehrsminister Erwin Kramer sowie der Sekretär für Sicherheitsfragen des ZK der SED, Erich Honecker, der mit der Leitung des Zentralen Einsatzstabes beauftragt worden war.[10] Nachdem Ulbricht in seiner Funktion als Vorsitzender des Nationalen Verteidigungsrates am 12. August gegen 16 Uhr die Befehle zur Durchführung der Operation »Rose« unterzeichnet hatte[11], bestellte er die Mitglieder des Minister- und Staatsrates sowie führende Funktionäre der SED und der Blockparteien zu einem »Beisammensein« auf seinen Landsitz am Döllnsee bei Berlin.[12] Gegen 21 Uhr wurde dort eine außerordentliche Sitzung einberufen, bei der Ulbricht die bis dahin ahnungslosen Anwesenden über die Grenzschließung informierte – gerade einmal drei Stunden vor der Auslösung der Aktion.[13] Als die Teilnehmer kurz vor Mitternacht zurückfuhren, »war die Chaussee nach Berlin bereits mit sowjetischen Panzern voll«.[14]

Dem Feind zuvorkommen

Der Startschuss für die Aktion »Rose« erfolgte um ein Uhr nachts.[15] Nachdem auf der östlichen Seite der Sektorengrenze die Straßenbeleuchtung ausgeschaltet worden war, begannen im Scheinwerferlicht von Militärfahrzeugen circa 20.000 bewaffnete Einsatzkräfte[16] des Ministerium des Innern (MdI), Transport-, Bereitschafts- und Volkspolizei sowie ausgewählte Betriebskampfgruppen, die 43,1 Kilometer lange Sektorengrenze zwischen West- und Ost-Berlin sowie den 111,9 Kilometer langen »Ring um Berlin (West)«, also die Grenze zwischen West-Berlin und der DDR, zu sperren.[17] Allerdings wurde in dem entsprechenden Einsatzbefehl des Verteidigungsministers Heinz Hoffmann die Anwendung der Schusswaffe »kategorisch verboten«. Scharfe Munition sollten nur die Wachen und Streifen erhalten.[18] Das

Innerhalb weniger Stunden: Abriegelung der Sektorengrenze am Potsdamer Platz, 13.8.1961

bestätigt der damals 22-jährige Lothar Werth, der im DDR-Außenhandel tätig war und ab dem 13. August für acht Tage als Mitglied der Betriebskampfgruppe die Sektorengrenze an der Mohren-, Ecke Glinkastraße in Sichtweite des Übergangs Checkpoint Charlie sicherte – mit Waffe, aber ohne Munition.[19] Für den Fall einer Konfrontation mit den Westmächten hielten sich Einheiten der Nationalen Volksarmee (NVA) sowie der sowjetischen Streitkräfte bereit.[20] Auch Mitarbeiter der Staatsicherheit kamen zum Einsatz, weil die Transportpolizei (Trapo) »auf mehreren Bahnhöfen« aufgrund eines Kommunikationsfehlers nicht rechtzeitig eingetroffen war.[21]

Innerhalb weniger Stunden war die Grenze dicht. Mit Ausnahme von zunächst dreizehn Grenzübergängen war die Sektorengrenze »mit Stacheldraht, Betonpfählen und sonstigem Sperrgerät« abgeriegelt worden.[22] Unterbrochen waren zudem der Durchgangsverkehr auf zwölf S- und U-Bahn-Linien. Weil alles nach Plan lief, konnte die Staatssicherheit am frühen Morgen in ihrem ersten Bericht über die

Durchführung der Aktion »Rose« melden: »Sämtliche Verbindungen nach Westberlin sind dadurch blockiert.« Und die »operative Lage« im Raum Berlin und in den Grenzbezirken Potsdam und Frankfurt/ Oder sei »bisher im Allgemeinen normal und ruhig«.[23]

Reibungslos verlief auch die Mobilisierung von Agitatoren, welche die militärischen »Schutzmaßnahmen« nun auch ideologisch absichern sollten: an Grenzübergängen, auf Bahnhöfen und in Versammlungen. Aktiviert wurden nicht nur der SED-Apparat, sondern auch FDGB-Funktionäre und Studenten. Dem ZK der SED konnte Honecker eine Woche nach der Grenzschließung berichten, dass die Büros der SED-Bezirksleitungen am 13. August »gegen 3 Uhr einsatzfähig [waren]«. Bereits in den frühen Morgenstunden hätten Funktionäre in den Schichtbetrieben und in »vielen Hausgemeinschaften« Versammlungen und Aussprachen organisiert.[24] Einzelne SED-Unterorganisationen leiteten schon am 13. August die Ergebnisse ihrer Aktivitäten weiter. So teilte die Kreisleitung Pankow gegen sechs Uhr mit, dass sich die »mobilisierten Genossen« vor dem Rathaus zur »Flugblattverteilung« sowie zum »Agitations- und Propagandaeinsatz« melden würden.[25]

Einer der Agitatoren war Wolf Biermann, der 1961 an der Berliner Humboldt-Universität Philosophie studierte. Die Studenten mussten sich am 13. August um sechs Uhr zum Appell im Hauptgebäude der Universität einfinden, wo sie von Funktionären der Universitätsleitung Einsatzbefehle erhielten. »Wir wurden gedopt mit kämpferischen Phrasen, jeder hatte an seinem Platz ehrenvoll seinen Klassenaufrag zu erfüllen, die parteilosen FDJler so treu wie die Genossen der SED […] Wir schluckten die Parolen wie Aufputschmittel.« Biermann wurde zusammen mit anderen Studenten in die Ackerstraße und dann in die Brunnenstraße abkommandiert. Sie erhielten Flugblätter, die sie »treppauf, treppab persönlich von Mensch zu Mensch in den Haushalten« zu verteilen hatten. Dabei sollten sie »die ›Aussprache mit der Bevölkerung‹ suchen und die neuesten ›Maßnahmen‹ offensiv verteidigen. Streng untersagt: Diskussionen unter uns oder mit Leuten in Pulks auf der Straße, bloß keine Zusammenrottung provozieren! Immer nur zwei und zwei. Alles sollte zivil aussehen.«[26]

Agitatoren im Einsatz: Verteilung eines Sonderblatts zu den »Maßnahmen« des 13. August in Leipzig, 14.8.1961

In den Betrieben wurde die SED vom staatlichen Freien Deutschen Gewerkschaftsbund (FDGB) unterstützt.[27] Selbstbewusst und siegessicher nahm der SED-Apparat für sich in Anspruch, die Partei sei »faktisch unter den Massen politisch wirksam [geworden], bevor der Feind überhaupt gewahr wurde, was geschehen war, und hatte die Lage fest in der Hand«.[28]

Die Ruhe vor dem Sturm?

Noch während der laufenden Grenzschließung wurde die staatliche Propagandamaschinerie in Gang gesetzt. Um kurz nach zwei Uhr verlas ein Nachrichtensprecher im DDR-Rundfunk erstmals eine Erklärung zu den Maßnahmen[29] und ab dem frühen Morgen verteilten die aus den Betten geklingelten SED-Funktionäre und -mitglieder vorbereitete »Extrablätter«.[30] »An jeder Ecke und an jeder freien Wand sah ich Anschläge angeklebt«, erinnerte sich Heidi H., die im Ost-Berliner VEB Typenprojektorientierung eine Ausbildung absolvierte und am 13. August eine Bekannte am Ostbahnhof abholen wollte. »Da mir noch Zeit blieb, las ich die Bekanntmachungen, verstand aber beim ersten Mal nicht viel, nur, dass die Grenzen zu sind.«[31]

Allerdings tauchten in den »Bekanntmachungen« weder die Begriffe »Grenzschließung« noch »Mauer« auf. Stattdessen wurde von »Schutzmaßnahmen« gesprochen und auf die »bedeutsamen Dokumente« verwiesen. Gemeint war nicht eine Erklärung bzw. Ansprache Ulbrichts, sondern beispielsweise der »Beschluss des Ministerrates der DDR«, der im Rundfunk verlesen[32], an öffentlichen Plätzen ausgehängt und in den Tageszeitungen veröffentlicht wurde.[33] Aber auch in diesem Dokument war lediglich von einer »Kontrolle« an den Grenzen zu West-Berlin die Rede – so »wie sie an Grenzen jedes souveränen Staates üblich ist«.[34]

Entsprechend verunsichert reagierten die ersten Ost-Berliner, die am frühen Morgen des 13. August nach West-Berlin fahren wollten. Kurz vor fünf Uhr berichtete die Transportpolizei an das Polizeipräsidium, auf den S-Bahnhöfen Schönhauser Allee und Friedrichstraße würde »ein Teil der Reisenden« darüber diskutieren, »dass die Grenze nun doch zugemacht« werde. »Provokatorische Äußerungen oder feindliche Haltungen gegenüber der Maßnahme wurden bisher nicht festgestellt.«[35] Als eine Stunde später gemeldet wurde, dass sich circa 50 Bürger vor dem S-Bahnhof Schönhauser Allee aufhalten und den Beschluss diskutieren – »und [darüber] schimpfen« – würden, entschied die Einsatzleitung, wenn sich bis sechs Uhr daran nichts ändere, »werden die Gruppen aufgelöst«.[36] Um sechs Uhr stellte die »Aufklärungsgruppe« fest, »dass sich nur noch 30 Personen vor dem Bhf. befinden und diese sich ruhig verhalten.«[37]

Auch die Staatssicherheit berichtete nahezu zeitgleich, die Lage an den Grenzübergängen sei »als ruhig einzuschätzen«. Der Geheimdienst zeigte sich sogar überrascht, dass sich bis zu diesem Zeitpunkt noch keine oder kaum neugierige Passanten von den eingeleiteten Maßnahmen überzeugten«. Dies träfe auch für die S- und U-Bahn-

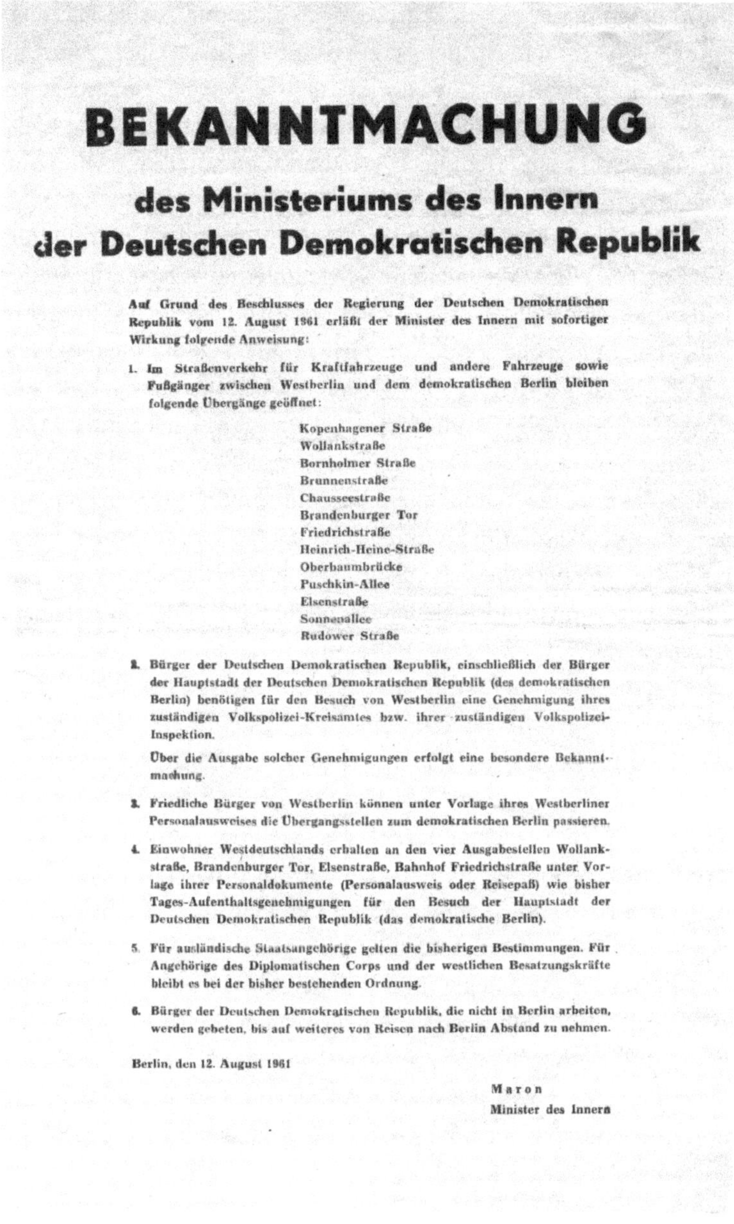

BEKANNTMACHUNG

des Ministeriums des Innern der Deutschen Demokratischen Republik

Auf Grund des Beschlusses der Regierung der Deutschen Demokratischen Republik vom 12. August 1961 erläßt der Minister des Innern mit sofortiger Wirkung folgende Anweisung:

1. **Im Straßenverkehr für Kraftfahrzeuge und andere Fahrzeuge sowie Fußgänger zwischen Westberlin und dem demokratischen Berlin bleiben folgende Übergänge geöffnet:**

   Kopenhagener Straße
   Wollankstraße
   Bornholmer Straße
   Brunnenstraße
   Chausseestraße
   Brandenburger Tor
   Friedrichstraße
   Heinrich-Heine-Straße
   Oberbaumbrücke
   Puschkin-Allee
   Elsenstraße
   Sonnenallee
   Rudower Straße

2. **Bürger der Deutschen Demokratischen Republik, einschließlich der Bürger der Hauptstadt der Deutschen Demokratischen Republik (des demokratischen Berlin) benötigen für den Besuch von Westberlin eine Genehmigung ihres zuständigen Volkspolizei-Kreisamtes bzw. ihrer zuständigen Volkspolizei-Inspektion.**

   Über die Ausgabe solcher Genehmigungen erfolgt eine besondere Bekanntmachung.

3. **Friedliche Bürger von Westberlin können unter Vorlage ihres Westberliner Personalausweises die Übergangsstellen zum demokratischen Berlin passieren.**

4. **Einwohner Westdeutschlands erhalten an den vier Ausgabestellen Wollankstraße, Brandenburger Tor, Elsenstraße, Bahnhof Friedrichstraße unter Vorlage ihrer Personaldokumente (Personalausweis oder Reisepaß) wie bisher Tages-Aufenthaltsgenehmigungen für den Besuch der Hauptstadt der Deutschen Demokratischen Republik (das demokratische Berlin).**

5. **Für ausländische Staatsangehörige gelten die bisherigen Bestimmungen. Für Angehörige des Diplomatischen Corps und der westlichen Besatzungskräfte bleibt es bei der bisher bestehenden Ordnung.**

6. **Bürger der Deutschen Demokratischen Republik, die nicht in Berlin arbeiten, werden gebeten, bis auf weiteres von Reisen nach Berlin Abstand zu nehmen.**

Berlin, den 12. August 1961

Maron
Minister des Innern

Kein Wort von Grenzschließung: Bekanntmachung des Ministeriums des Innern der DDR über die Sperrung der Sektorengrenze vom 12.8.1961 höfe zu, wo die Personen »zurzeit noch eine abwartende Haltung« einnehmen würden. An den Straßen- und S-Bahn-Übergängen im Berliner Randgebiet sei »die Lage ebenfalls als normal einzuschätzen. Bisher wurden keine größeren Personenkonzentrationen festgestellt, die die Absicht äußerten, nach Westberlin einzureisen.« Die »Aufrechterhaltung der Ordnung« sei gewährleistet.[38]

Allerdings berichteten die Informanten, dass die Unterbindung der Besuche von Verwandten und Bekannten in West-Berlin in den frühen Morgenstunden »eine breite negative Diskussion« ausgelöst habe. Für Empörung sorgte vor allem, »dass viele Berliner, die sich auf den Besuch vorbereiteten, von den Maßnahmen überrascht wurden«.[39] Dass auf den Bahnhöfen »viel Erregung« herrschte, wurde auch der SED gemeldet. Dort würde »eine größere Anzahl von Menschen, die über die Maßnahmen nicht informiert waren, fragen, wie sie nun nach Westberlin kommen sollten.« Die Gründe waren privater Natur: »Krankenbesuche, Familienfeiern, Friedhofsbesuche und Aufsuchen von Grundstücken, aber auch: Obst pflücken, Karnickel füttern usw.«[40]

Weil die Situation für die Einsatzkräfte beherrschbar blieb, konnte man sich zielgerichtet auf die wenigen »Vorkommnisse« konzentrieren. Sowohl die Trapo als auch das MfS berichteten beispielsweise über einen »Provokateur« aus dem Ost-Berliner Bezirk Mitte. Der 18-jährige Mann sei ein »Rückkehrer« [aus West-Berlin], »der in der Brunnenstr. gegenüber 20 Personen, die vor ›Ritas Tanzpalast‹ standen, hetzerische Äußerungen gegen den Gen[ossen] Ulbricht und gegen die eingeleiteten Maßnahmen unserer Regierung machte«. Der »Täter« wurde »zugeführt«.[41] Nachtschwärmer »provozierten« auch andernorts. Am Grenzübergang Wollankstraße in Berlin-Pankow wurden am frühen Morgen »zwei angetrunkene Personen« festgenommen, nachdem sie von der Polizei »mit Gewalt« daran gehindert worden waren, nach West-Berlin zu gelangen. »Vorübergehende Passanten« hätten sich »ruhig« verhalten und jeder Diskussion enthalten.[42]

War diese Passivität der frühen Uhrzeit geschuldet oder nur die Ruhe vor dem Sturm?

Schock und Starre

»ANSAMMLUNGEN« AN DEN GRENZÜBERGÄNGEN

Mit Kalkül hatte Ulbricht die Aktion »Rose« auf einen Sonntag im August gelegt. Die Mehrheit der Bevölkerung musste nicht zur Arbeit und schlief aus. Oder weilte im Urlaub. Es waren Schul- und Semesterferien. Auch die meisten West-Grenzgänger – DDR-Bürger, die in West-Berlin arbeiteten – betraf die Abriegelung der Übergänge erst am Montag. Andererseits bot die sonntägliche Arbeitsruhe auch die Möglichkeit, spontan die Grenze zu West-Berlin aufzusuchen, um sich vor Ort ein Bild von der Lage zu machen.

Am Grenzübergang Wollankstraße in Berlin-Pankow

Eine der Neugierigen war Renate T., die auch heute noch im Bezirk Pankow wohnt. Am Morgen hatte ihre Nachbarin an der Wohnungstür geklingelt, um ihr mit aufgeregter Stimme mitzuteilen, dass »die Panzer wieder durch die Stadt rollen«; sie solle das Radio einschalten. Im »Westsender« RIAS hörte Renate T. dann, dass die DDR damit begonnen habe, »die Grenze nach West-Berlin dichtzumachen«. Kurz darauf begab sich die 18-jährige Ost-Berlinerin zusammen mit ihrem Verlobten von ihrer Wohnung in der Damerowstraße zum Grenzübergang Wollankstraße, der den Ost-Berliner Bezirk Pankow vom West-Berliner Bezirk Wedding trennte. Renate T. berichtet, dass DDR-Grenzer die Wollankstraße vor der S-Bahn-Brücke, an der ein Transparent mit dem Schriftzug »Ende des demokratischen Sektors« gespannt war, mit Stacheldraht abgeriegelt und auf der Ostseite circa 50 bis 100 Menschen von den Absperrungen zurückgehalten hätten.

Als sie die Barrieren sah, war sie entsetzt. »Obwohl wir schon die ganze Zeit damit gerechnet hatten, dass etwas passiert, waren wir doch ziemlich erschüttert. Wir konnten uns einfach nicht vorstellen, dass man quer durch die Stadt einen Stacheldrahtzaun errichtet.« Die meisten Menschen »standen wie gelähmt einfach nur da«. Nur wenige hätten »lautstark geschimpft«. Andere hätten gefordert, »dass sie jetzt rüber zu ihren Verwandten wollen, weil sie verabredet seien«.[43]

Dass es am Übergang Wollankstraße nicht nur zu verbalen, sondern auch handgreiflichen Auseinandersetzungen gekommen ist, bestätigen die Berichte von Informanten. Eine Frau habe am Vormittag geschrien: »›Gehen wir doch in die Straßenmitte und machen einen gewaltsamen Durchbruch, wir sind alle Deutsche, wir wollen rüber zu unseren Brüdern.‹ Andere Jugendliche brüllten ›Eine Schande, dass ihr euch dafür hergebt, die Grenze zu bewachen und uns nicht hinüberzulassen. Ihr seid keine Deutschen.‹«[44] Und die Agitatorin Luise Z., die am 13. August am »Kontrollpunkt Wollankstraße« eingesetzt war, berichtete: »Als es wieder einmal notwendig war, Ordnung zu schaffen, wehrte sich ein Mann [...] gegen das Eingreifen unserer Polizei. [...] Als man den ganz Widerspenstigen mit ›Gewalt‹ zur Ordnung zwang, er beinahe schreiend unserer Volkspolizei folgte, sagte ein junger Mann, dass der Betreffende vielleicht deshalb so schreit, weil er 12 Jahre lang den Stacheldraht von Buchenwald gesehen hat. Man sollte ihn also verstehen und Verständnis entgegenbringen. Ohne es auszusprechen, war er also der Meinung, dass sich dieser Mann offensichtlich vor dem Stacheldraht der Arbeiter- und Bauernmacht fürchtet. Mit meiner Antwort, dass ein Mann, der 12 Jahre im Konzentrationslager der Faschisten saß, sich nicht gegen die Arbeiter- und Bauernmacht, nicht gegen die Volkspolizei auflehnt, war er einverstanden. Wenn es dennoch ein Mann tut, dann müsse er wohl zu einer anderen Sorte von Menschen gehören.«[45]

Am Abend suchte Renate T. noch einmal den Grenzübergang auf. Inzwischen sei »die Menge auf einige hundert Menschen angewachsen. Noch immer wurde in kleinen Gruppen über die Grenzschließung diskutiert.« Im Unterschied zum Vormittag »waren es nun vorrangig junge Leute; einige von ihnen angetrunken.« Die Polizei habe die Menschen immer wieder »zurück Richtung Osten« gedrängt. Nur vereinzelt sei »es zu Rangeleien gekommen«. So sah es wohl an allen Grenzübergängen aus, vermutet Renate T.[46]

Vereinzelt öffentliche Kritik

Diese Vermutung scheint auch durch eine »Information« der SED-Bezirksleitung bestätigt zu werden: »Von den meisten Sektoren-

»Wir konnten uns das einfach nicht vorstellen«: Kontrollpunkt Wollankstraße an der Sektorengrenze zwischen den Stadtbezirken Pankow (Ost) und Wedding (West), 1966

grenzen wird berichtet, dass es größere Menschansammlungen von zwei- bis dreihundert gibt«.[47] Etwas präziser ist die Einschätzung der Staatssicherheit, wonach es auf Ost-Berliner Seite nur an fünf Grenzübergängen zu »Ansammlungen« in dieser Größenordnung gekommen sei. Dabei wären die Kontrollpunkte Wollankstraße, Brunnenstraße, Brandenburger Tor, Eberswalder Straße und Bernauer Straße als »besondere Konzentrationsschwerpunkte« zu betrachten. Die Ansammlungen hätten »im Durchschnitt eine Stärke zwischen 100 und 500 Personen« erreicht.[48] Die höchsten Zahlen registrierte die Polizei in Mitte und Pankow: Jeweils 500 Personen wurden am Nachmittag am Grenzübergang Brunnenstraße[49] und am frühen Abend am Grenzübergang Wollankstraße[50] gemeldet. In Pankow waren es vor allem Jugendliche. Nach etwa einer halben Stunde wurden in der Wollankstraße die »Personen durch Einsatzkräfte zerstreut«.[51]

Das Ehepaar Max und Luise R., das später nach West-Berlin flüchtete, hatte sich am Vormittag zum Übergang Eberswalder Straße begeben. »Dicht an dicht« hätten dort »Arbeiterkampftruppen in feldmarschmäßiger Ausrüstung und viel Volkspolizei und zivile Beamte« alles abgeriegelt und die Aufgabe übernommen, »auf eventuelle Äußerungen der völlig verstörten Bevölkerung zu diesem Gewaltakt sofort einzuschreiten, zum sofortigen Weitergehen aufzufordern und jede Gruppenbildung zu verhindern«.[52]

Am Kontrollpunkt Bouchéstraße in Berlin-Treptow schritten die Einsatzkräfte ein und lösten eine Gruppe von etwa 150 Personen auf, weil »verschiedene Bürger eine staatsfeindliche Haltung ein[nahmen]«. Der »Rädelsführer, der ›das Deutschlandlied‹ anstimmte«, sei festgenommen worden, musste aber erst ins Krankenhaus gebracht werden, weil er sich bei der Aktion ein Bein gebrochen hatte.[53] Generell waren es nur Einzelne, die es wagten, öffentlich Kritik zu äußern. Im Kreis Strausberg bei Berlin kam es zum »Anschmieren von Hetzlosungen«[54] und in Berlin-Mitte wurde an einer Haustür »ein handgeschriebener DIN A4 Bogen mit einem langen provokatorischen Inhalt festgestellt«.[55]

Aber es gab auch Bürger, die sich aus der Anonymität wagten: »Der Pfarrer in Grünau« sagte in seiner Sonntagspredigt: »Der Eiserne Vorhang ist nun endgültig gefallen, man soll beten, damit nichts passiert.«[56] Im selben Berliner Ortsteil weigerte sich ein Tankwart, einen »Mitarbeiter der Sicherheitsorgane« zu bedienen, mit der Aussage: »Wenn alles streikt, streike ich auch. Hoffentlich bumst es bald.«[57] Und in Prenzlauer Berg kündigte ein Bäckermeister vor seinem Laden an, kein Brot mehr zu backen, »wenn die VP [Volkspolizei] und die Kampfgruppen nicht sofort abgezogen werden«.[58]

Aber in keinem Betrieb, in dem sonntags gearbeitet wurde, kam es zum Streik. Bereits am Morgen meldete die Polizei: In den Betrieben gäbe es »keine Störungen«.[59] So habe im VEB [Volkseigenen Betrieb] Kühlautomat im Bezirk Treptow »die Sonntagsschicht um 08:00 die Produktion voll aufgenommen.«[60] Und im VEB Kabelwerk Oberspree (KWO) im Berliner Ortsteil Oberschöneweide seien »alle Arbeiter« zur Schicht erschienen.[61] Lediglich der SED-Bezirksleitung wurde von einem Arbeiter im VEB Gasversorgung Berlin Gaswerk Lichtenberg berichtet, der zur Niederlegung der Arbeit aufgerufen hatte und »sofort verhaftet« wurde.[62] Zu einem Streik kam es am

13. August dagegen an der Grenze: Angehörige der Kampfgruppen am Heidekampweg im Ost-Berliner Bezirk Treptow meldeten am Nachmittag, »dass die dort eingesetzten Pioniere ihre Arbeit eingestellt haben, da sie den ganzen Tag noch nichts zu essen erhalten haben«. Mit dem »Anlegen der Sperre« wollten sie erst wieder beginnen, wenn man sie versorge.[63]

Polizei und Staatssicherheit registrierten keine größeren Protestaktionen oder gewaltsame Zusammenstöße mit den Einsatzkräften. Weder an den Grenzübergängen noch andernorts in Ost-Berlin, sieht man ab von einer »Schlägerei vor der Gaststätte Omeschinski, Oderberger Str. 39 [Prenzlauer Berg], durch Gäste des Lokals mit Angehörigen der Kampfgruppen«.[64] Im Allgemeinen seien die Ost-Berliner »jedoch passive Zuschauer« geblieben.[65] Daher kam es in den ersten Stunden nach der Grenzschließung auch nur zu vereinzelten Festnahmen: Vom Abend des 12. August bis zum Nachmittag des 13. August wurden in Berlin 52 und in Potsdam fünf Personen durch das MfS und die Polizei verhaftet.[66]

Die Proteste gegen die Grenzschließung blieben am 13. August lediglich spontane Versammlungen, auf denen nur vereinzelt offen Unmut artikuliert wurde. Kundgebungen und Demonstrationszüge mit Transparenten und Reden fanden dagegen nicht statt. Überschaubar blieb auch die Teilnehmerzahl der Ansammlungen an den Grenzübergängen. Legt man die Zahlen der Polizeimeldungen und der MfS-Berichte zugrunde, fanden sich dort verteilt über den gesamten Tag weniger als 8.000 DDR-Bürger ein. Und nicht alle von ihnen waren Protestierende. Abgerechnet werden müssen Schaulustige sowie Befürworter, zu denen auch die Mitglieder der SED-Agitationsgruppen zählten, die sich unter die Versammelten gemischt hatten. Ungeachtet dieser unsicheren Zahlenangabe muss jedoch konstatiert werden, dass es am 13. August 1961 weder zu Massenprotesten noch zu einem Aufstand gekommen war.

Im Gegenteil: Eine erleichterte SED-Bezirksleitung konnte bereits am Nachmittag bilanzieren, in Ost-Berlin herrsche im Allgemeinen »ein normales sonntägliches Leben«.[67] Die Staatssicherheit jedoch blieb skeptisch. In ihren Bericht vom 13. August nahm sie einzelne

Stimmen aus Ost-Berlin auf, die erst »am Montagmorgen mit Zusammenstößen und ernsteren Auseinandersetzungen« rechneten.[68]

Großdemonstration am Arkonaplatz?

Aber auch an den folgenden Tagen blieben Massenproteste aus. Das MfS meldete von der Ost-Berliner Seite der Sektorengrenze immer wieder dasselbe: »keine besonderen Vorkommnisse«. Am 16. August beispielsweise bildeten sich an den Grenzübergängen Sonnenallee und Bornholmer Straße »in den frühen Morgenstunden kleinere Menschenansammlungen bis zu 300 Personen, die jedoch schnell von unseren Sicherungskräften zerstreut werden konnten«. Und in den »Stadtbezirken Johannisthal, Köpenick, Adlershof, Berlin-Schöneweide und Friedrichstraße wurden jeweils kurze Zeit Diskussionsgruppen von Jugendlichen (bis zu 50 Personen) festgestellt«.[69]

In der Literatur wird darüber hinaus auf eine größere Protestaktion hingewiesen. Am 15. August hätten in den Mittagsstunden am Arkonaplatz, nahe der Grenze an der Bernauer Straße, »ein- bis zweitausend Menschen gegen die Abriegelung demonstriert«.[70] Beobachtet hat diese Demonstration Conrad Schumann, der als Angehöriger der Volkspolizei-Bereitschaften am 15. August die Sektorengrenze an der Kreuzung Ruppiner/Bernauer Straße bewachte und am selben Tag in den Westen flüchtete. Das Foto von seinem Sprung über den Stacheldraht wurde zu einer der Ikonen des Mauerbaus. Schumann berichtete, dass am Mittag »immer mehr Menschen zusammen[liefen]. Es waren wohl 1.000 oder 2.000. Wir hörten undeutlich Sprechchöre, die irgendetwas von ›Freiheit‹ riefen.« Dann seien plötzlich Schützenpanzerwagen aus den Seitenstraßen aufgetaucht. Volksarmeesoldaten mit vorgehaltenen Gewehren und aufgesetzten Bajonetten hätten die Demonstranten abgedrängt. »Ich werde nie vergessen, wie einige der Leute mit verschränkten Armen stehengeblieben sind und gerufen haben: ›Schießt doch! Schießt doch, ihr Feiglinge!‹«[71] Es wäre dies die einzige Großdemonstration gegen den Mauerbau gewesen. Aber weder in anderen Zeitzeugenberichten noch in den SED- und MfS-Akten sowie in den Polizeinachrichten, die in den ersten Tagen nahezu im Minutentakt jeden Zwischenfall meldeten,

Vereinzelte Proteste: Menschenansammlung an der Sektorengrenze in Ost-Berlin am 14.8.1961

existiert dafür ein Beleg. Weder am Arkonaplatz noch anderswo in Ost-Berlin.

Die DDR-Sicherheitskräfte waren in den Tagen nach der Grenzschließung mit anderen »Vorkommnissen« beschäftigt: mit »täglich etwa bis zu 30 ›Republikfluchten‹«, mit »Angsteinkäufen« sowie mit einem »Ansteigen der Hetztätigkeit« – sowohl »in mündlicher Form« als auch »durch Verstreuen selbstgefertigter Hetzschriften und durch Anschmieren von Hetzparolen an Häuserwände usw.«, wobei sich der überwiegende Teil dieser Hetzschriften »gegen führende Persönlichkeiten der Partei und des Staatsapparates, insbesondere aber gegen den Genossen Walter Ulbricht« richtete. Noch größere Sorgen bereitete der Staatssicherheit die »feindliche Tätigkeit« jenseits der Mauer: Gemeint waren die »an der Sektorengrenze westlicherseits auftretenden Provokationsgruppen«.[72] Denn seit dem 13. August kam es in West-Berlin zu zahlreichen Protestkundgebungen.

Proteste in West-Berlin

Die Proteste auf der westlichen Seite der Sektorengrenze unterscheiden sich sowohl quantitativ als auch qualitativ von denen im Ostteil der Stadt. Und sie waren nicht gewaltfrei. Zunächst schien es, als hätten die West-Berliner die Grenzschließung verschlafen. Die Polizei meldete erst in den Mittagsstunden größere Ansammlungen an den abgeriegelten Grenzübergängen[73] und die Staatssicherheit bilanzierte, dass sich am Nachmittag die »Provokationen von Westberliner Seite gegen die Maßnahmen der Regierung der DDR [verschärften]«[74]. Am Potsdamer Platz fanden sich circa 200 Jugendliche ein, »die in Sprechchören gegen unsere bewaffneten Organe hetzen«.[75] Am Übergang Schillingstraße in Mitte versammelten sich etwa 40 Frauen mit Transparenten, auf denen unter anderem die Losung »Den Frieden kann man nicht mit Panzern verteidigen« gezeigt wurde. Am Brandenburger Tor riefen Jugendliche »provokatorische Losungen gegen die DDR, besonders gegen die bewaffneten Kräfte, und sangen das Deutschlandlied. Auf mitgeführten Transparenten standen Losungen wie ›Berlin wird niemals rot‹ und ›Grenze auf‹«. Auf West-Berliner S-Bahnhöfen, die ungeachtet der Grenzschließung weiterhin von der DDR-Reichsbahn betrieben wurden, richtete sich die Wut gegen die SED-Propaganda: Hier wurden »Schaukästen der politischen Informationen […] von unbekannten Tätern zertrümmert«.[76]

An einigen Übergängen kam es zu gewaltsamen Zusammenstößen mit DDR-Einsatzkräften. Gegen Mittag begannen Demonstranten auf der Westseite am Brandenburger Tor und in der Friedrich-Ebert-Straße, die Grenzbefestigungen zu zerstören und »unsere Genossen anzugreifen«.[77] Am Übergang Bethaniendamm wurden Polizisten am Nachmittag »von Westb[erliner] Gebiet aus mit Bierflaschen beworfen«[78], am Übergang Köpenicker Straße gegen Abend mit Steinen.[79] Die Demonstranten wurden immer wieder Richtung Westen zurückgedrängt. Zum Einsatz kamen dabei auch Wasserwerfer.[80] Am Abend wurde an verschiedenen Grenzübergängen auf West-Berliner Seite eine Zunahme der »Konzentration der Provokationen« gemeldet. Hier hätten sich vor allem »jugendliche Provokateure zusammengerottet«. Ihren Höhepunkt erreichten die Proteste

Grenzschließung zunächst verschlafen? West-Berliner an der Sektorengrenze, August 1961

nach MfS-Angaben am 13. August in den frühen Abendstunden am Brandenburger Tor, wo sich 8.000 bis 10.000 Menschen versammelten.[81] Einer von ihnen war der 17-jährige Wilfried Mommert, der, wie viele andere West-Berliner, »Schande« zu den Grenzpolizisten hinüberrief, weil er es nicht fassen konnte, »dass da plötzlich am Brandenburger Tor Stacheldraht ausgerollt wurde«.[82] An »Menschen über Menschen« und »ein ständiges Rufen und Schreien« erinnert sich auch der West-Berliner Wolfgang Pagel. Der 26-jährige Polizeibeamte war am 13. August am Brandenburger Tor im Einsatz und berichtet, einige Demonstranten hätten in den Abendstunden versucht, die von der West-Berliner Polizei provisorisch im Tiergarten gespannten Seile mit Fackeln zu durchtrennen – was er und seine Kollegen schweren Herzens verhindern mussten.[83]

Die Vorgänge auf der Westseite beobachteten auch die Ost-Berliner Einsatzkräfte. Kurz vor Mitternacht ging beim Stab die Meldung ein, dass »südwestlich des Brandenburger Tores die dortigen Jugendlichen ca. 300 m von der Stupo [West-Berliner Polizei] in den Westsektor zurückgedrängt und aufgelöst [wurden]«. Zur selben Zeit seien »ca. 600–800 Personen in der Charlottenburger Chaussee Richtung Westsektor zurückgedrängt und aufgelöst« worden.[84] Im Ostteil der Stadt war um diese Zeit längst Ruhe eingekehrt. Die Einsatzkräfte meldeten keine größeren Ansammlungen mehr. An keinem der Grenzübergänge hatte sich am 13. August 1961 ein grenzübergreifender Protest in der nun geteilten Stadt formiert.

»Neugierige« und »Provokateure«

VOLKES STIMME IM BLICK DER STASI

Wie die DDR-Bürger auf die Grenzschließung reagierten, wurde durch die SED und das MfS von Anfang an in unzähligen Berichten detailliert protokolliert. Dabei sind insbesondere die geheimen Berichte der »Zentralen Auswertungs- und Informationsgruppe« (ZAIG), die seit dem Volksaufstand im Juni 1953 für die SED-Führung verfasst wurden, »eine zeitgeschichtliche Quelle von hohem historischem Wert«. Allerdings, so die Herausgeberin der edierten MfS-Berichte, sei der Wert der Quelle ambivalent. Zwar spiegelten sie »in komprimierter Form Problemlagen von Gesellschaft, Politik und Ökonomie« wider, zugleich würden sich jedoch »der spezifische Tunnelblick und die ideologisch bedingten Wahrnehmungsverzerrungen der Staatssicherheit« offenbaren.[85] Diese Widersprüchlichkeit verdeutlichen auch die Berichte über die Stimmungslage in der Bevölkerung. Bei den angeblich »typische Meinungen« wurde zwischen »positiven« und »negativen« Argumenten differenziert.[86]

Eine erste Bilanz von Volkes Stimme zog das MfS bereits am 13. August 1961. In dem Bericht identifizierte das MfS bei den »Menschenansammlungen« an den Grenzübergängen zwei Gruppen: Einerseits handele es sich »größtenteils um die Ansammlung Neugieriger«, andererseits um »Provokateure«, die aggressiv gegenüber »den Sicherheitskräften und den Agitatoren« auftreten oder versuchen würden, »negative ›Argumente‹ in die Diskussion zu bringen«.[87] Diesen beiden Gruppen, den »Neugierigen« und den »Provokateuren«, wurden auch die von Informanten zusammengetragenen Aussagen zugeordnet. In dem ersten Stimmungsbericht, der noch am 13. August an den sowjetischen Geheimdienst KGB, an MfS-Chef Mielke und den Zentralen Einsatzstab weitergeleitet wurde, kommt die Staatssicherheit zu dem Schluss, die Maßnahmen der Regierung würden »lebhaft diskutiert«. Zwar sei es nicht möglich, »das Verhältnis zwischen positiven und negativen Stimmen umfassend einzuschätzen«, aber aufgrund »der bisher vorliegenden Informationen und Berichte« müsse betont werden, dass »die positiven Stellungnahmen weitaus überwiegen«. In den »vielen Diskussionen« werde allgemein hervorgehoben, dass es für die Durchführung der Maßnahmen »höchste Zeit gewesen« sei; oft werde zum Ausdruck gebracht, diese hätten »schon früher« erfolgen müssen. Mit Genugtuung sei festgestellt worden, dass »endlich der ›Republikflucht‹ ein Riegel vorgeschoben« und »den Grenzgängern und Schiebern das Handwerk gelegt« worden sei. Darüber hinaus seien die Maßnahmen »ein Schlag gegen die Agententätigkeit und gegen die von Westberlin ausgehende direkte Unterminierung der DDR«.

Einen breiteren Raum nimmt in dem Bericht die Auflistung der »negativen Stimmen« ein. Es würden »Vergleiche mit der Situation vom 17. Juni 1953 angestellt«. Dabei würden »[b]esonders provokatorisch auftretende Einzelpersonen« behaupten, »dass ›nun die KZ-Lager nicht ausreichen‹ würden und sich eine ›Ordnung mit Stacheldraht‹ nicht lange werde halten können«. Zudem wurde geäußert, dass durch die Maßnahmen »die ›Freiheit‹ wesentlich eingeschränkt würde«; diese Einschätzung sei »verbunden mit der Forderung nach Abhaltung ›freier Wahlen‹«. In »Einzeläußerungen« werde gesagt, die DDR hätte die Spaltung vertieft und sei nicht an der Lösung der Deutschlandfrage interessiert. Außerdem sei in einer Reihe von Äußerungen die Forderung erhoben worden, »dass sich die Bevölkerung der DDR die Maßnahmen nicht gefallen lassen dürfe«. Ungeachtet dessen kämen in »verschiedenen Diskussionen« – sowohl in Ost-Berlin als auch in den Bezirken der DDR – vor allem zwei

Befürchtungen zum Ausdruck: dass zum einen »die Kriegsgefahr erhöht« und dass zum anderen »die Verbindung zu Verwandten in Westberlin vollkommen unterbunden werden könnte und damit die ›Missstimmung‹ vergrößert würde«.[88]

Im Gegensatz zu den »positiven Stimmen« werden die »negativen Stimmen« in dem MfS-Bericht vom 13. August diskreditiert, und zwar in mehrfacher Hinsicht. »Negative Diskussionen« stünden »meistens mit provokatorischem Auftreten« in Verbindung. In Ost-Berlin wären »größtenteils« Jugendliche »provokatorisch« aufgetreten, die dabei versucht hätten, »negative ›Argumente‹ in die Diskussion zu bringen«. Zudem sei bezeichnend, dass einerseits diese »negativen Äußerungen oft mit westlichen Hetzparolen identisch sind« und dass andererseits »versucht wurde, die Maßnahmen der Regierung der DDR verfälscht, verzerrt oder ›überspitzt‹ wiederzugeben«. Ohnehin werden die kritischen Aussagen abgewertet, indem das Wort »Argument« durchgängig in Anführungszeichen gesetzt ist.

Bei der wissenschaftlichen Bewertung dieses Berichtes durch die Herausgeberin Daniela Münkel ist es genau umgekehrt: Während die Kritik der DDR-Bürger an der Grenzschließung ohne Wertung zusammengefasst wird, werden Quantität und Qualität der zustimmenden Äußerungen relativiert. Dass die »positiven Stellungnahmen« überwiegen, sei eine »rituelle Feststellung einer zustimmenden Haltung der Bevölkerungsmehrheit zur Politik der Führung.« Das sei »typisch für MfS-Stimmungsberichte«. Bei den zitierten Meinungen handele es sich »offensichtlich« um Äußerungen von Funktionären und SED-Mitgliedern, »die auf Geheiß der Ostberliner Parteileitungen den ganzen Tag zu ›Agitationseinsätzen‹ ausgeschwärmt waren, um an den Hauptbrennpunkten die Stimmung zu beeinflussen«. Kurzum: Die »positiven Stimmen« müssten als Ausdruck des »obligatorischen, diktaturimmanenten Selbstbetrugs« angesehen werden. Dennoch räumt Münkel ein, dass die »negativen Stimmen« in den MfS-Berichten einen »deutlich breiteren Raum« einnehmen.[89]

Es ist bemerkenswert: Die Staatssicherheit behauptete gebetsmühlenartig, die »positiven Stellungnahmen« würden in der Bevölkerung »weit überwiegen«.[90] Und in der DDR-Forschung dienen die kritischen Stimmen als Beleg für die Annahme, die Mehrheit sei gegen den Mauerbau gewesen.[91]

Was aber dachten die Ostdeutschen, deren Stimmen nicht von der Staatssicherheit »eingefangen« wurden? Was dachte die Mehrheit, die sich weder an den Grenzübergängen noch in den Betrieben in Diskussionen offen äußerte?

»Wie jeder Berliner weiß ich natürlich um die Unbequemlichkeiten, die eine solch notwendige Kontrolle in unserer Hauptstadt bis zum Abschluss eines Friedensvertrages mit sich bringt.«

Der Schriftsteller Paul Wiens, *Neues Deutschland*, 14. August 1961

Proteste ohne Massen

Reaktionen auf den Mauerbau

Reibungsloser Betriebsverlauf?

DIE ARBEITERSCHAFT

Nachdem am 13. August 1961 größere Protestaktionen gegen die Grenzschließung in der DDR ausgeblieben waren, richtete sich der Blick auf den Beginn der neuen Arbeitswoche. Würde es zu Streiks kommen? Und wie würden die Grenzgänger reagieren, wenn der Weg zu ihren Arbeitsplätzen in West-Berlin versperrt war? Die Staatssicherheit war misstrauisch. Zwar hatte sie sich am 13. August überrascht gezeigt, dass es »bis jetzt verhältnismäßig wenig negative Diskussionen« von Grenzgängern gebe und dass Aufforderungen zu Arbeitsverweigerungen »ebenfalls nur im geringen Ausmaß festzustellen« seien; aber sie protokollierte auch Aussagen von Bürgern, wonach nicht nur eine »Zunahme der ›Missstimmung‹« befürchtet werde, sondern »am Montagmorgen mit Zusammenstößen und ernsteren Auseinandersetzungen« zu rechnen sei.[1] Alarmiert waren in erster Linie die Grenzeinheiten, die am 14. August Proteste und Fluchtversuche prognostizierten. Der Gegner werde »vermutlich« versuchen, so der Kommandeur der 5. Grenzbrigade, Oberstleutnant Frömming, »an der Grenze oder im grenznahen Hinterland Provokationen der verschiedensten Ausmaße hervorzurufen. Er wird vor allem die Lage in den frühen Morgenstunden zu den Hauptverkehrszeiten ausnutzen«. Grenzverletzer seien »in beiden Richtungen zu erwarten. Hauptrichtung DDR – WB [West-Berlin].«[2]

In Anspannung befanden sich auch die SED-Funktionäre. Zahlreiche Parteiberichte beschäftigten sich mit der Initiative des [West-] Deutschen Gewerkschaftsbundes (DGB), der nicht nur die West-Berliner, sondern auch die DDR-Bürger am 14. August in der Zeit von 14.00 bis 14.15 Uhr zu einer Arbeitsniederlegung aufgerufen hatte.[3]

»Meist ohne Widerspruch«

Die ersten Informationen der Sicherheitskräfte zur Lage in Ost-Berlin vom 14. August deuteten jedoch darauf hin, dass es in den Betrieben weder zu flächendeckenden Streiks noch zu größeren Protesten kommen würde. Kurz nach sechs Uhr meldete die Polizei aus Lichtenberg, dass sowohl die Arbeitsaufnahme als auch der Berufsverkehr »normal« verlaufe; »staatsfeindl[iche] Handlungen« seien nicht festgestellt worden«.[4] Arbeitsausfälle im Nahverkehr hätten zudem kompensiert werden können, da sich – wie im Straßenbahnhof Elsenstraße in Treptow – dienstfreie Kollegen meldeten, »um etwaige Lücken zu füllen«.[5]

Auch in Köpenick zeige sich im Straßenbild eine »normale Lage«. Die Arbeiter würden sich in den Verkehrsmitteln und auf der Straße »ruhig« verhalten. In den Straßen bildeten sich »keine Diskussionsgruppen«, auf den Endbahnhöfen »keine Zusammenrottungen«.[6] Ein politisches Statement setzten die Arbeiter vom VEB Milchhof Berlin in Weißensee. Die Nachtschicht hätte einen Brief an Ulbricht verfasst, »in dem die Maßnahmen zum Schutz der Republik begrüßt werden«. In Klammern ist der Meldung hinzugefügt, es sei veranlasst worden, den Brief mit 23 Unterschriften »sofort« der Presse zu übergeben.[7] Ob es sich um die Eigeninitiative der Schichtarbeiter handelte oder um einen bereits von der SED-Betriebsleitung vorbereiteten Brief, ist der Meldung nicht zu entnehmen. Für letzteres spricht die Flut der – häufig gleichlautenden – Zustimmungserklärungen und Solidaritätsadressen an die DDR-Regierung, die ab dem 14. August von SED- und Gewerkschaftsfunktionären organisiert wurden.[8] Die Beschäftigten sollten mit ihrer Unterschrift unter vorgegebenen Texten ihre Zustimmung zur Grenzschließung dokumentieren. Diese Erklärungen wurden in den Medien veröffentlicht und dienten der

Auch die Arbeiter und Werktätigen unseres Kombinates forderten von unserer obersten Volksvertretung und Regierung dem Treiben der von Westberlin dirigierten Gaunern, Menschenfängern, Hetzern und Spekulanten einen Riegel vorzuschieben.

Sie forderten, endlich Schluß zu machen und Ordnung zu schaffen.

Seit Sonntag ist diese Ordnung eingeführt!

Die Erkenntnis der sozialistischen Brigade „Ernst Thälmann" der E-Lokfahrer:

„Der 13.8.1961 ist ein Sieg der deutschen Arbeiterklasse und aller friedliebenden Menschen,"

muß zum Allgemeingut aller Belegschafter werden.

Das gilt auch für die Kollegen Wagner, EN/ Stein, EN/ Duda, EN/ Wilde, EK/ Meißner, JT/ Jakob, CT/D / Thomack, CA / Walther, CA / die mit ihrer Meinung nicht herauskommen und sich nicht bekennen wollen, die Zweifel an der Richtigkeit der Maßnahmen unserer Regierung haben, die diese Anordnungen zu hart finden und die kein Vertrauen zur Kraft der Arbeiterklasse besitzen.

Wer jetzt nicht Partei ergreift,

Wer schweigt oder schwankt, dient den geschlagenen Frontstadtpolitikern, dient den Bonner Ultras, dient den Menschenhändlern und Kindesräubern.

Klare Verhältnisse sind jetzt geschaffen.

Darum angefaßt! Mit der Ordnung in Berlin, mit der Stärkung der DDR bereiten wir den Abschluß eines Friedensvertrages vor.

VEB KOMBINAT ESPENHAIN / DAS BETRIEBSKOMITEE
KAMPF GEGEN MENSCHENHANDEL

LIZENZ-NR. 8

Kampagne des SED-Staates: Zustimmungserklärung des VEB Kombinat Espenhain (Bezirk Leipzig), August 1961

SED-Führung zur nachträglichen Legitimation ihrer Entscheidung.[9] Involviert in diese SED-Kampagne war von Anfang an der FDGB. Dessen Betriebsleitungen hatten ab dem 15. August »immer mehr darauf orientiert, eine breite Verpflichtungsbewegung zum Schutze und zur Stärkung« der DDR zu organisieren.[10]

Am 16. August meldete das MfS, es seien »nur wenige Fälle bekannt, in denen einzelne Brigaden bzw. eine geringe Zahl von Arbeitern ihre Zustimmung zu den Maßnahmen der Regierung verweigerten«. Betriebe und Brigaden, in denen es zu Verweigerungen gekommen war, wurden – soweit gemeldet – namentlich aufgeführt: »Eine ablehnende Haltung nahmen die Brigade Gollwitz, VEB Elektroprojekt Berlin-Lichtenberg, fünf Brigaden des VEB Herrenmode Großenhain und die Brigade Naumann vom Bahnhof Magdeburg-Rothensee ein.«[11] Dass offenbar nur wenige ihre Unterschrift verweigerten, wird von Zeitzeugenberichten bestätigt. Eine Ost-Berliner Arbeiterin berichtete nach ihrer Flucht am Neujahrstag 1962, dass sie sich nach der Grenzschließung »bei einer Belegschaftsversammlung in heftige Diskussionen über die Mauer einließ«. Sie habe sich »nicht wie die anderen Mitarbeiter aus Angst solidarisch« erklärt und ihre »Unterschrift für die Maßnahmen des 13. August« nicht erteilt. Von diesem Tage an sei sie »das schwarze Schaf im Betrieb« gewesen.[12]

Zusammenfassend konnte das MfS feststellen, dass sich die Arbeitsaufnahme in der Mehrzahl der Ost-Berliner Industrie- und Reichsbahnobjekte »am Morgen des 14.8.1961 reibungslos vollzogen« habe. Dass »in Einzelfällen« Beschäftigte zu Arbeitsbeginn »unentschuldigt fehlten«, hatte keine politischen Gründe. Im VEB Bergmann-Borsig in Berlin-Pankow waren beispielsweise »nur etwa 60 % der Arbeiter pünktlich zur Arbeitsaufnahme« erschienen, weil die Beschäftigten aus den Randgebieten Berlins aufgrund widersprüchlicher Anweisungen des Verkehrsministeriums zunächst an der Weiterfahrt Richtung Stadtgebiet gehindert wurden.[13]

Das MfS war am 14. August daher auf andere »[g]egnerische Provokationen und Vorkommnisse« fokussiert. Zu den »Schwerpunkten« gehörten beispielsweise Hamsterkäufe. Übereinstimmend werde aus den Ost-Berliner Stadtbezirken und den Randgebieten gemeldet,

»dass größere Angsteinkäufe in Lebensmittelgeschäften durchgeführt werden, sodass die Verkäuferinnen dem Ansturm nicht mehr gewachsen waren. Gekauft werden in erster Linie Nährmittel, Hülsenfrüchte, Zucker sowie Fleischkonserven.«[14] Auch die Polizei meldete »überhöhte Lebensmitteleinkäufe«.[15] Die Hamsterkäufe resultierten vorrangig aus der Angst, die einseitige Grenzschließung der DDR würde die Kriegsgefahr erhöhen.[16]

Eisiges Schweigen

Dass sich aus Sicht der DDR-Sicherheitskräfte am 14. August ein reibungsloser Arbeitsbeginn vollzogen hatte, darf nicht darüber hinwegtäuschen, dass die Grenzschließung nicht von allen Belegschaften widerspruchslos hingenommen wurde. Zwar bemühten sich die Betriebsfunktionäre der SED und des FDGB, bereits »in der ersten Stunde« einen offenen Meinungsaustausch unter den Beschäftigten durch eine »polit[ische] Betreuung« mittels gesteuerter »Blitzversammlungen« und »Aktivtagungen« zu unterbinden[17], dennoch kam es in einzelnen Betrieben zu Protesten. Die Formen reichten vom Schweigen bis zur Sabotage. Im Hennigsdorfer VEB Lokomotivbau Elektrotechnische Werke »Hans Beimler« (LEW), der 1961 die ersten Baureihen elektronischer Lokomotiven für die Deutsche Reichsbahn entwickelte, herrsche, so der MfS-Bericht, unter den Arbeitern »Schweigen«, das ständig zunehme. Es gäbe »oft Sympathien mit Provokateuren«. Zustimmungserklärungen zur Grenzschließung würden »meist ohne Widerspruch« unterschrieben; »es gibt darüber keine Diskussionen«.[18] Auch in anderen Betrieben schlug den Funktionären »eisiges Schweigen« entgegen.[19]

Darüber hinaus gab es Industriebetriebe, in denen die offiziell angeordneten Diskussionen gar nicht erst stattfinden konnten. Das MfS beobachtete »Anzeichen«, dass »Vertrauensleute« und Mitglieder der Betriebsgewerkschaftsleitung (BGL) aufgrund der Grenzschließung versuchten, »von ihren Funktionen entbunden zu werden«. Sie würden es damit begründen, »dass sie niemanden überzeugen könnten, wenn sie nicht selbst überzeugt seien«.[20]

Aber der Protest blieb nicht überall still – und friedlich. Am Morgen des 14. August versuchten im Berliner VEB Betonwerk »Dr. Richard Sorge« Grünau fünf Arbeiter, »eine Resolution gegen den Regierungsbeschluss zu verfassen«.[21] Und im VEB Bauhof Friedrichshain, der 1961 unter anderem an der Umgestaltung des Bersarinplatzes beteiligt war, kam es während einer Betriebsversammlung am 21. August zu Zwischenrufen, »die darin gipfelten, dass die Gemeinheiten von hier [der DDR] kämen und nicht von drüben«. Es sei nicht möglich gewesen, »einen disziplinierten Versammlungsablauf zu erreichen«. Erst als sich SED-Funktionäre am Ausgang und an den Fenstern aufgestellt hätten, »wurde die Versammlung ruhiger«.[22]

In anderen Betrieben begannen die Beschäftigten sich erst nach Tagen kritisch über den 13. August zu äußern. Ein vertraulicher FDGB-Bericht bilanzierte zwar, in allen Bezirken der DDR würde »die Mehrheit unserer Mitglieder die Maßnahmen unserer Regierung zum Schutze des Friedens begrüßen, ihre volle Sympathie äußern und unterstützen«, räumte aber zugleich ein, dass »im weiteren Verlauf der Diskussionen mit den Werktätigen« verstärkt »feindliche Argumente« zur Sprache kämen. In vielen Argumenten zeige sich »ein offenes Auftreten« gegen die SED und die Regierung. Die DDR habe »kein Recht, die Grenzen zu schließen – Stacheldraht zu spannen und Panzer auffahren zu lassen«. In weiteren Argumenten werde geäußert, »für den Stacheldraht fehlt nur noch der Strom, und das KZ-Lager ist fertig«. Für die verstärkte Kritik machten die Gewerkschaftsfunktionäre den Westen verantwortlich: Dieser Teil der Werktätigen würde »den ›RIAS-Sendungen‹ und ihren ›Parolen‹ Gehör schenken und ihnen unterliegen«.[23] Berichtet wurde vereinzelt auch über körperliche Gewalt und Sachbeschädigung. Am 14. August wurde in der Friedrichshainer Filiale (Werk II) des VEB Kühlautomat Berlin nach einer Diskussion über die Grenzschließung der ehrenamtliche Parteisekretär, der »positiv und aufklärend auftrat, von einem ehemaligen SED-Mitglied niedergeschlagen«.[24] Am selben Tag meldete die Polizei aus drei Berliner Betrieben Brandstiftungen, bei denen aber niemand verletzt wurde.[25] Gewalt bzw. Drohungen gegen Funktionäre sowie Sabotage als Reaktionen auf den Mauerbau blieben allerdings auch in den folgenden Wochen Einzelfälle.[26]

Wie viele Arbeitsniederlegungen gab es?

Überschaubar war auch die Zahl der Streiks. Und dort, wo sie auftraten, entwickelten sie keine Breitenwirkung. Im VEB Holzbau Oranienburg (Bezirk Potsdam) nahmen am 14. August 25 der 200 Beschäftigten ihre Arbeit nicht auf und forderten eine Rücknahme der Grenzschließung. Daraufhin wurden die drei »Rädelsführer« festgenommen.[27] Abgeführt wurden auch die fünf »Streikführer« einer Arbeitsniederlegung im VEB Holzindustrie Hennigsdorf (Bezirk Potsdam), die umgehend wegen Staatsverleumdung zu Gefängnisstrafen zwischen drei und acht Monaten verurteilt wurden. Zunächst waren am Vormittag 13 Tischler in den Ausstand getreten; am Nachmittag schlossen sich 27 weitere Arbeiter an. Sie kritisierten, »vor der Einführung der Maßnahmen nicht gefragt worden zu sein, obwohl es doch immer heißt: Plane mit, regiere mit.« Daher forderten sie die Aufnahme des Streikrechts in das Arbeitsgesetzbuch. Außerdem verlangten sie hinsichtlich der Absperrungen in Berlin: »Die Panzer, Truppen, Betonpfähle müssen weg.«[28] Auch hier kam es zu keiner weiteren Ausweitung der Arbeitsniederlegungen – anders als am 17. Juni 1953, als Hennigsdorf ein Schwerpunkt des Volksaufstandes gewesen war. Tausende Arbeiter waren damals zu Fuß mehr als 30 Kilometer nach Berlin-Mitte marschiert. Der Demonstrationszug hatte 1953 in Hennigsdorf »wie ein Magnet« gewirkt. Schätzungen zufolge schlossen sich etwa 15.000 Menschen an.[29]

Auch der DGB-Aufruf zu einer »Arbeits- und Betriebsruhe« am 14. August von 14.00 bis 14.15 Uhr entwickelte sich nicht zu einer Initialzündung. Während das MfS registrierte, dass sich »der größte Teil der Westberliner Bevölkerung« an der Aktion beteiligt hatte[30], wurde dem Aufruf nach Polizeiangaben in Ost-Berlin nur in Einzelfällen Folge geleistet. Im Werk für Fernsehelektronik in Berlin-Oberschöneweide legten »gegen 14.00 Uhr« von über 2.000 Beschäftigten zunächst sieben aus dem Labor, dann acht aus der Abteilung Halbleiter ihre Arbeit nieder. In beiden Fällen hätten die »Genossen der Partei« bewirkt, dass die Arbeit »nach ca. 20 Minuten« wieder aufgenommen wurde.[31] Wie tags zuvor an den Grenzübergängen kam kein grenzübergreifender Protest zustande.

Kein zweites 1953: Gedenktafel für die Hennigsdorfer Stahlarbeiter in Tegel (West-Berlin)

Wie wenige Arbeiter streikten, zeigen interne Statistiken des FDGB für die gesamte DDR. Von den 36 für das dritte Quartal 1961 gemeldeten Arbeitsniederlegungen entfallen 29 auf den Zeitraum zwischen dem 13. August und Ende September. Gestreikt wurde vorrangig in der Holz- und Metallindustrie. Mit sieben Arbeitsniederlegungen steht der Bezirk Halle an der Spitze, gefolgt vom Bezirk Potsdam mit fünf.[32] Von Mitte August bis Ende Dezember 1961 registrierte der FDGB 65 Streiks.[33] Auf der Grundlage umfangreicher Berichte der SED-Bezirksleitungen müsse man jedoch, so die Historikerin Elke Stadelmann-Wenz, von mindestens 80 Streiks ausgehen.[34]

Noch schwerer ermitteln lassen sich die genaue Teilnehmerzahl und die Gründe für die einzelnen Ausstände. Somit bleibt unklar, ob sich alle Streiks nach dem 13. August gegen die Grenzschließung richteten. Dass in der DDR zu dieser Zeit nicht nur aus politischen Gründen gestreikt wurde, zeigt eine MfS-Analyse über »Formen der feindlichen Tätigkeit« in Ost-Berlin für das erste Halbjahr 1961. In den Betrieben sei es zu »fünf direkten Arbeitsniederlegungen« gekommen, »während in zahlreichen anderen Fällen mit Arbeitsniederlegungen bzw. Kündigungen gedroht wurde, meist um Druck bei der Durchsetzung finanzieller Forderungen oder Beibehaltung finanzieller Vorteile auszuüben«. Es ging jedoch nicht nur um Lohnfragen, sondern auch um die Arbeitsbedingungen. Im Werk für Fernsehelektronik (WF) in Berlin-Oberschöneweide verließen zwei Brigaden »vorzeitig ihre Arbeitsplätze, weil die Arbeitsräume ungenügend geheizt waren«.[35]

Dass der Mauerbau zu keinem Anstieg der Streiks führte, belegt ein Jahresvergleich. Für 1961 registrierte der FDGB 135 Arbeitsniederlegungen in der DDR.[36] Ein Jahr zuvor waren es noch 234.[37] Die Anzahl der Streiks schnellte auch im folgenden Jahr nicht in die Höhe; 1962 zählte eine FDGB-Aufstellung 144[38], eine andere 166[39] Arbeitsniederlegungen.

Das »Grenzgängertum«

Unmittelbare Folgen hatte der 13. August für die Berufspendler, die die Sektorengrenze passieren mussten, weil sie in West-Berlin (West-Grenzgänger) oder in Ost-Berlin bzw. in der DDR (Ost-Grenzgänger) arbeiteten. Zum Problem waren die Grenzgänger schon mehr als ein Jahrzehnt früher geworden, als Berlin 1948 in unterschiedliche Währungsgebiete geteilt worden war. Um wenigstens einen einheitlichen Arbeitsmarkt aufrechtzuerhalten, führten die Westmächte ein Lohnausgleichsverfahren ein. Es basierte auf dem Prinzip der Verrechnung potentieller Währungsverluste der Ost-Grenzgänger mit den potentiellen Währungsgewinnen der West-Grenzgänger. Die Einkommen wurden damit praktisch quotiert.[40] So erhielten die West-Grenzgänger nur einen Teil ihres Gehaltes in D-Mark West, den Rest in Mark der DDR.

Für die DDR blieben vor allem die West-Grenzgänger ein Problem, weil ihre kontinuierlich wachsende Zahl vor allem dem Ost-Berliner Arbeitsmarkt, der aufgrund der andauernden Fluchtbewegung ohnehin ausgedünnt war, verloren ging. Bemühungen des Staates, das »Grenzgängertum« einzudämmen, scheiterten jedoch. Weil es aufgrund der »allgemein noch respektierten Freizügigkeitsgarantie« auch nicht verboten werden konnte, begann die SED »einen regelrechten Kleinkrieg gegen die West-Grenzgänger, dessen Methodenspektrum bei steigender Intensität von individueller Nötigung

Nicht einzudämmen: Grenzgänger am (1980 stillgelegten) Berliner S-Bahnhof Düppel an der Grenze zwischen Nikolassee (West-Berlin) und Kleinmachnow (DDR), 1955

und Maßregelung bis zu kollektiver Diffamierung durch die Medien reichte«.[41] Flankiert wurde dieses Vorgehen durch eine Reihe von administrativen Maßnahmen. Acht Tage vor dem Mauerbau meldete beispielsweise das SED-Zentralorgan *Neues Deutschland*, der Magistrat habe die »Wünsche der Bevölkerung« verwirklicht: »Grenzgänger werden registriert und zahlen Miete, Strom, Gas und Wasser in Westgeld.«[42] Die Schlagzeile ging auf einen Beschluss des Magistrats von Groß-Berlin, der Ost-Berliner Stadtregierung, vom 4. August 1961 zurück, dem auch die DDR-Bezirke Potsdam und Frankfurt/Oder mit vergleichbaren Beschlüssen folgten.[43]

Um wie viele West-Grenzgänger es sich handelte, war für die DDR schwer zu ermitteln. Dem MfS waren einer Analyse vom Juli 1961 zufolge »insgesamt 28.055 Grenzgänger namentlich bekannt«. Das Ministerium ging allerdings davon aus, dass es laut »internen

Angaben aus Westberlin« zwischen 50.000 und 55.000 sein dürften.[44] Tatsächlich lag die Zahl noch höher. Der Historiker Frank Roggenbuch hat ermittelt, dass im Juli 1961 bei den West-Berliner Arbeitsämtern 61.200 West-Grenzgänger registriert waren. Hinzu kämen schätzungsweise 20.000 überwiegend weibliche illegale West-Grenzgänger, die zumeist in der Textilbranche oder als Reinigungskräfte in Privathaushalten (»Scheuerlappengeschwader«) tätig waren. Roggenbuch geht davon aus, dass kurz vor dem Mauerbau jeder zehnte der Ost-Berliner Erwerbstätigen in West-Berlin beschäftigt war.[45]

Wie würden diese Grenzgänger reagieren, wenn sie von einem Tag auf den anderen ihren Arbeitsplatz im Westteil der Stadt verlören? Zunächst sah es so aus, als würden sie für die DDR-Regierung ein Problem bleiben: jetzt als potentielle »Provokateure«, weil sie die Grenzschließung nicht einfach so hinnehmen würden. Am 13. August wurden der Polizei Äußerungen von Grenzgängern aus Köpenick gemeldet, »dass sie nun hinter Gittern sitzen«.[46] Die Staatssicherheit berichtete, am Kontrollpunkt Oberbaumbrücke in Friedrichshain würden Grenzgänger mit der Behauptung auftreten, dass es in Ost-Berlin »keine Arbeit für sie gebe«. Und am Rathaus Pankow sei es »zu einer Zusammenrottung von Westgängern« gekommen, »die Auskunft über neue Arbeitsverhältnisse« in Ost-Berlin forderten.[47]

Die DDR-Regierung hatte jedoch vorgesorgt. In Berlin und Potsdam waren Registrierstellen eingerichtet worden, die den Grenzgängern neue Jobs vermitteln sollten, vor allem in den unterbesetzten staatlichen Betrieben, die Arbeitsplätze bereitzustellen hatten.[48] Es war angeordnet worden, keinen Grenzgänger zurückzuweisen; wenn kein Arbeitsplatz zur Verfügung stünde, sollte eine »Vermittlung zu anderen Betrieben vorgenommen« werden.[49] Die Reaktionen auf dieses Angebot fielen unterschiedlich aus. Nur ein kleiner Teil der Grenzgänger begab sich in die zugewiesenen Volkseigenen Betriebe, die bereits am 14. August die ersten Arbeitssuchenden registrierten. Bis zum frühen Abend hatten sich im Köpenicker Werk für Fernsehelektronik (WF) 40 und im Treptower VEB Elektro-Apparate-Werke »Friedrich Ebert« (EAW) 170 Grenzgänger »zur Arbeitsaufnahme« gemeldet.[50] Andere versuchten das Beste aus der Situation

Vorgesorgt: »Registrierung der Grenzgänger im demokratischen Berlin. Im Vordergrund: Die Kontoristin Ingeburg Ahlgrimm aus Baumschulenweg will im VEB ›Hermann Schlimme‹ ihre Arbeit aufnehmen.« (Bildunterschrift in der DDR-Presse, August 1961)

herauszuholen. Die Berliner SED-Kreisleitung berichtete, dass die Grenzgänger »bei der Diskussion um den Arbeitsplatz [beginnen] Forderungen zu stellen: Spitzenlöhne, Normalschicht, Ablehnung bestimmter Betriebe, keine schwere Arbeit«.[51] Und die SED-Bezirksleitung Frankfurt/Oder meldete, dass mehrere hundert ehemalige Berufspendler die ihnen zugeteilte Arbeit aufgrund zu geringen Lohnes verweigert hätten.[52]

Propaganda gegen Grenzgänger

Dass es die West-Grenzgänger nicht in die staatlichen Großbetriebe zog, hatte offenbar nicht nur materielle Gründe. In den Volkseigenen Betrieben begegnete ihnen häufig Ablehnung und Häme. Im VEB Funkwerk Köpenick, der Mittel- und Langwellensender für die DDR-Rundfunkgeräte herstellte, hätten »alte Betriebsangehörige«

ehemalige Grenzgänger zur Rede gestellt, »weil sie zu gut arbeiten und damit die ›Norm‹ gefährden«.[53] Ungeachtet dessen meldete die Polizei bereits am 14. August: »Von Arbeitern wird begrüßt, dass das Grenzgängertum aufgehört hat.«[54] Weit verbreitet war die Genugtuung, dass die ehemaligen Pendler nun keine Vorteile mehr genossen. Tatsächlich erhielten die Grenzgänger, die in West-Berlin arbeiteten und in Ost-Berlin bzw. in der DDR wohnten, einen Teil ihres Gehalts in West-Mark. Dieses Geld verwendeten sie zum Erwerb von Konsumgütern, die es nur im Westen gab, oder für den Umtausch in Ost-Mark zum für sie überaus günstigen Kurs von eins zu vier. Andererseits zahlten sie die – im Vergleich zum Westen – preiswerten Lebensmittel sowie bis Anfang August 1961[55] die Miete und die Betriebskosten in Ost-Mark.

In den Genuss dieser Vorteile kamen auch die Eltern von Renate T., die bis zu ihrer Flucht Anfang August 1961 als Grenzgänger in Pankow wohnten. Der Vater arbeitete als Maurer in einem privaten Baubetrieb, der seinen Firmensitz in Folge der Ereignisse von 1953 von Ost- nach West-Berlin verlegt hatte. Ihre Mutter war stundenweise als Haushaltshilfe tätig und erhielt den Lohn »schwarz« auf die Hand. Mehrmals habe sie ihre Mutter »zur Arbeit« begleitet und beim Putzen geholfen. Sie erinnert sich, dass in einer Charlottenburger Wohnung das Geld (circa fünf bis acht D-Mark für einen Vormittag) abgezählt auf dem Küchentisch bereit lag.

Aber es gab auch eine Kehrseite des »Grenzgängertums«. Weil der Vater bei den DDR-Behörden als Berufspendler registriert war, erhielt er mehrmals unangemeldet Besuch von SED-Funktionären, die erfolglos auf ihn einredeten, wieder ein Arbeitsverhältnis in Ost-Berlin aufzunehmen. »Wenn es abends überraschend an der Haustür klingelte und es nicht unsere Nachbarin war, drehten wir im Radio den RIAS-Sender weg und ließen die Westzeitung im Schrank verschwinden«, erinnert sich Renate T. Nach dem Gespräch sei ihr Vater »immer sehr aufgebracht« gewesen. »Für ihn war dieser Druck mit ein Grund, in den Westen zu gehen.« Unangenehm für Renate T. »war die Missgunst wegen der West-Produkte«, die in der DDR Mangelware oder die erst gar nicht zu bekommen waren. Ihre Eltern dagegen kauften mit dem West-Geld vor allem Kaffee, Süßigkeiten, Obst, Kosmetikartikel, Stoffe, um sich selbst Kleidung zu nähen, sowie technische Geräte wie Kühlschrank und Radio, die sie mit der S-Bahn von Gesundbrunnen nach Pankow transportierten. Das blieb Freunden und Kollegen nicht verborgen. So habe ihre Nachbarin, zu der ihre Familie ein freundschaftliches Verhältnis hatte, »in einem vorwurfsvollen Ton immer wieder die Bemerkung gemacht: »›Na, *ihr* habt doch Westgeld.‹«[56]

Befeuert wurde der Unmut über die Grenzgänger durch die SED-Propaganda, die damit nicht nur den sozialen Neid schürte, sondern die Pendler kriminalisierte. Man warf ihnen »unmoralisches Verhalten« vor und stellte sie in eine Reihe mit »Gaunern«, »Menschenfängern«, »Hetzern« und »Spekulanten«, denen man einen Riegel vorschieben müsse.[57] Die Kampagne zur Diskreditierung der Grenzgänger lief in den Wochen vor der Grenzschließung auf Hochtouren. Der Bürgermeister von Bernau, einer Kleinstadt nordöstlich von Berlin, behauptete in einer Bekanntmachung vom 22. Juli 1961, in den letzten Tagen kämen immer mehr Werktätige aus Bernau »und erheben die Forderung, entschiedene Maßnahmen gegen das Grenzgängerunwesen zu ergreifen«. Mit Recht würden sie sich »gegen eine Handlungsweise empören, die unseren friedlichen sozialistischen Aufbau stört und Handlangerdienst für diejenigen Kräfte ist, die das deutsche Volk ein drittes Mal in eine verheerende Kriegskatastrophe stürzen wollen«.[58] Zwei Tage später berichtete das *Neue Deutschland* aus dem Ort Klosterfelde, der zum Kreis Bernau gehörte, von 15 DDR-Bürgern, die der »Frontstadt Westberlin« den Rücken gekehrt und beschlossen hätten, nicht mehr in West-Berliner Betrieben zu arbeiten. In der gegenwärtigen Situation sei ihnen klar geworden, »dass man seine Arbeitskraft nicht dem Spionage- und Sabotagezentrum von Adenauer, Strauß und Brandt zur Verfügung stellen und dem ersten deutschen Arbeiter- und Bauernstaat dadurch Schaden zufügen dürfe«. In derselben Ausgabe findet sich die Meldung über einen in Potsdam aufgeklärten Mord. Der Mörder habe mehrere Jahre in Westdeutschland gelebt; er sei »bekannt als eifriger Leser von Gangster- und Schundliteratur«.[59]

Propaganda gegen Grenzgänger: »Grenzgewinnler! Pfui Teufel!«, Plakat vom 3.8.1961

In einer Diktion wie der des Berichtes über die Klosterfelder Kollegen ließ die SED in der Presse nicht nur die Arbeiterschaft zu Wort kommen. Mathilde Danegger, Schauspielerin am Deutschen Theater, gab in der *Berliner Zeitung* vom 14. August zu Protokoll, es sei höchste Zeit, »dass mit den gefährlichen Geschäften der Menschenhändler, der Agentenzentralen und auch jener Menschen aus der DDR, die Geld und ihre Arbeitskraft nach Westberlin getragen haben, Schluss gemacht wird«. Sie sei »erfreut darüber, in welcher klugen Weise diese Aufgabe gelöst wurde«.[60]

Die Propaganda gegen Grenzgänger erreichte selbst die Jüngsten. Der Historiker Stefan Wolle erinnert sich an einen Geschichtslehrer, der am 13. August die Sicherung der Staatsgrenze den Kindern im DDR-Pionierferienlager erklärte. »Schieber und Spekulanten hätten die Geschäfte im Demokratischen Sektor leer gekauft, Grenzgänger hätten im Westsektor gearbeitet und ihr Geld eins zu vier umgetauscht, aber gleichzeitig von den billigen Mieten und niedrigen Lebensmittelpreise im Osten profitiert.«[61] In den Betrieben, konstatierte die SED, sei die »direkte Zustimmung« zur Grenzschließung »immer mit Freude oder sogar Schadenfreude gegenüber den Grenzgängern verbunden«.[62]

Die staatliche Arbeitskräftesteuerung konnte nur einen Teilerfolg verbuchen. Bis zum 1. September hatten sich in den Bezirken Ost-Berlin, Frankfurt/Oder und Potsdam insgesamt 41.838 ehemalige Grenzgänger registrieren lassen. 30.637 von ihnen wies man einen Arbeitsplatz zu, der von 24.629 angenommen wurde. Knapp 20 Prozent hatten entweder die vermittelte Arbeitsstelle abgelehnt oder sie waren von der Betriebsleitung nicht eingestellt worden.[63]

Viele ehemalige Grenzgänger ließen sich erst einmal nicht registrieren, um die weitere Entwicklung »in Hoffnung auf eine Änderung der Verhältnisse« abzuwarten.[64] Unter ihnen auch Arbeiter, die offenbar davon ausgingen, dass die Grenzschließung nicht ihnen galt. So stellte die Staatssicherheit fest, »dass sog. Grenzgänger verschiedentlich auf ihren Polizeidienststellen Passierscheine für Westberlin verlangten und, nachdem sie abgewiesen worden waren, sich in Gruppen, z. T. in Gaststätten, zusammenfanden«.[65] Hier kam es zu vereinzelten handgreiflichen Auseinandersetzungen mit Einsatzkräften. Im Treptower Restaurant »Casino« seien kurz nach Mitternacht am 15. August zwei Transportpolizisten von Grenzgängern, »die provozierten und staatsverleumderische Äußerungen machten«, bedrängt worden, »worauf ein Genosse die Schusswaffe zog«. Die Meldung endet mit dem Vermerk: »Kein Waffengebrauch.«[66] Weder derartige »Vorkommnisse« noch spontane Zusammenkünfte von Grenzgängern mündeten in Protestaktionen.[67]

»Ob ihr wollt oder nicht«

DIE JUGEND

Den heftigsten Widerspruch löste die Grenzsperrung bei der DDR-Jugend aus. Ihr Protest war mutiger und massiver als der anderer Bevölkerungsgruppen. Und er steigerte sich im Verlauf des Herbstes 1961 – was nicht nur auf den Mauerbau zurückzuführen ist. Die Feststellung der Staatssicherheit, »dass bei negativen Diskussionen und Erscheinungen sowohl in der DDR als auch im demokratischen Berlin [Ost-Berlin] besonders Jugendliche hervortreten«[68], zieht sich wie ein roter Faden durch die MfS-Berichte, die unmittelbar nach der Abriegelung der Grenze verfasst wurden.[69]

Bereits am 13. August berichteten Informanten, bei Menschenansammlungen in Ost-Berlin würden »größtenteils Jugendliche« auftreten und versuchen, »negative ›Argumente‹ in die Diskussion zu bringen«.[70] Derartige »Diskussionsgruppen und Ansammlungen« registrierte das MfS unter anderem »in einigen Straßen des Bezirkes Prenzlauer Berg«, wo »die Agitatoren der Nationalen Front und der SED« zum Einsatz kamen und mit den Jugendlichen diskutierten.[71] Nicht überall blieb es beim verbalen Schlagabtausch. Am Grenzübergang Eberswalder Straße in Prenzlauer Berg wurden gegen sieben Uhr fünf Jugendliche »wegen Provokation und Anpöbeln von VP-Angehörigen [Volkspolizisten]«[72] und in Hoppegarten zeitgleich »drei Jugendliche festgenommen, die Angehörigen der Grenzpolizei gegenüber provokatorisch auftraten«[73]. In den Parkanlagen zwischen

Brandenburger Tor und Potsdamer Platz trieben Kampfgruppen »Gruppen Jugendlicher« auseinander.[74]

Festgehalten wurde auch eine Reihe von Drohungen. So hätten am 13. August »[v]erschiedene Jugendliche« geäußert, »dass sie morgen nicht zur Arbeit gehen würden«.[75] Am Übergang Heinrich-Heine-Straße in Berlin-Mitte seien Angehörige der Zollverwaltung und der Volkspolizei »von ca. 10–15 Jugendlichen mit den Worten angepöbelt worden: ›Lasst mal erst die Nacht kommen.‹«[76] Am 14. August wurden ähnliche Warnungen auch aus anderen Orten der DDR gemeldet. Im Klubhaus Apolda (Bezirk Erfurt) erklärten Jugendliche, sie wären nicht damit einverstanden, dass man »nicht mehr nach Berlin fahren [könne], wie man wolle«. Man würde »Berlin wieder erobern«. Und im nördlich von West-Berlin gelegenen Hennigsdorf äußerten Jugendliche, »sie würden einen Grenzdurchbruch unternehmen, falls sie nicht mehr nach Westberlin gelassen werden«.[77]

»Feindliche« Jugend-Banden

Obwohl sich die Drohungen nicht bewahrheiteten und sich in den folgenden Tagen keine weiteren »Diskussionsgruppen« im öffentlichen Raum gebildet hatten, waren nicht alle Jugendlichen bereit, die Grenzschließung widerstandslos hinzunehmen. Im Gegensatz zu anderen Bevölkerungsgruppen kam es in Einzelfällen auch zu einem organisierten Protest. Die Staatssicherheit dokumentierte in den ersten Wochen nach dem Mauerbau die Aktivitäten von 23 »feindlichen Gruppen«.[78] Die bekanntesten waren der »Club Deutscher Jugend« im Bezirk Karl-Marx-Stadt, der »Ted Herold Club« um Michael Gartenschläger im Bezirk Frankfurt/Oder und die sogenannte »Kuno-Parteibande« im Bezirk Rostock.

Zur »Kuno-Parteibande« (auch »Kuno-Bande«), die sich wenige Tage vor dem 13. August gebildet hatte, gehörten nur junge Männer, die mehrheitlich im VEB See- und Hafenbau Rostock arbeiteten. Laut Staatssicherheit vereinte die Mitglieder ein »lautes Wesen«, »Zechtouren«, kleinkriminelle Taten, ein »Stoppelhaarschnitt« – als äußeres Erkennungszeichen – sowie eine »negative Einstellung zur

DDR«, die sich unter anderem durch das Anbringen politischer Parolen rund um den Überseehafen Rostock äußere. Am 16. August wurden Angehörige der Gruppe in Rostock-Gehlsdorf in eine Wirtshausschlägerei mit der Polizei verwickelt, bei der politische Äußerungen wie »Ist das Demokratie? Schweinerei ist das«, »Rauf auf die Bolschewisten«, »Die Demokratie wird mit Füßen getreten«, »Wir wollen unsere Freiheit«, »Es lebe die Freiheit! Spitzbartsöldner« gefallen seien. Die Männer wurden festgenommen, wegen »staatsgefährdender Gewaltakte« angeklagt und vom Bezirksgericht Rostock am 14. Oktober zu mehrjährigen Haftstrafen verurteilt.[79]

Verhaftet »wegen dringenden Verdachts einer staatsfeindlichen Tätigkeit« wurden am 19. August auch die Mitglieder der Strausberger Gruppe »Ted Herold Club« – benannt nach dem West-Berliner Rock'n'Roll-Sänger. Die Jugendlichen hätten bereits im Dezember 1960 »Störaktionen anlässlich der Jahresabschlussfeier an der Oberschule Strausberg« geplant und auf einem Laubengrundstück eine Bar eingerichtet, um den »gemeinsamen Empfang« von »heißer Musik« zu organisieren. Nach dem 13. August begannen sie, Protestaktionen gegen den Mauerbau zu initiieren: Dazu gehörten das (erfolglose) Besorgen von Flugblättern in West-Berlin, das Anbringen von »Hetzlosungen« wie »Macht das Tor auf« oder »SED – Nee« in einer verkehrsreichen Strausberger Straße sowie das Inbrandsetzen einer mit Ernte gefüllten LPG-Scheune. Die Jugendlichen hätten übereinstimmend ausgesagt, »dass sie mit dieser Brandlegung der DDR Schaden zufügen und darüber hinaus dem Westen zeigen wollten, dass es in der DDR auch Kräfte gibt, die mit den Schutzmaßnahmen nicht einverstanden sind«.[80]

Sechs Jugendliche der Gruppe wurden am 15. September vom Bezirksgericht Frankfurt/Oder wegen »Diversion im schweren Fall, staatsgefährdender Gewaltakte, Propaganda und Hetze« zu hohen Haftstrafen verurteilt; zwei von ihnen, darunter der 17-jährige Autoschlosser Michael Gartenschläger, zu einer lebenslänglichen Zuchthausstrafe.[81] Gartenschläger ließ sich allerdings nicht einschüchtern. Nachdem er 1976 nach 15 Jahren Haft von der Bundesrepublik freigekauft worden war, protestierte er auch im Westen gegen die Mauer.

Er betätigte sich als Fluchthelfer und demontierte an der innerdeutschen Grenze Selbstschussgeräte. Während einer solchen Aktion wurde er am 2. Mai 1976 bei einem Schusswechsel mit einem MfS-Spezialkommando getötet.[82]

Flucht als Protest?

Viele Jugendliche beteiligten sich jedoch weder an Diskussionen noch leisteten sie Widerstand. Sie protestierten, indem sie in den Westen flüchteten. Unmittelbar nach der Grenzschließung nutzten sie vor allem die noch weitgehend ungefährlichen Fluchtwege durch die Berliner Kanalisationsanlagen und Grenzgewässer. Von der Lohmühlenstraße in Treptow schwammen am 13. August drei Jugendliche »in Sachen« durch den Landwehrkanal nach West-Berlin[83], vom Treptower Ortsteil Johannisthal aus überquerten zwei Jugendliche mit einem Schlauchboot den Britzer Zweigkanal »und begaben sich illegal nach Westberlin«[84]. Auch in den folgenden Tagen nutzten junge DDR-Bürger den Wasserweg als Fluchtroute. Das MfS konstatierte am 17. August »noch immer ernsthafte Lücken im Sicherungssystem« und identifizierte als »Schwerpunkte« das »Gebiet der Charité« und den Teltowkanal. Zudem meldete die Potsdamer Polizei, dass zum Beispiel in Werder ein verstärkter Ankauf von Sporttaucherausrüstungen zu beobachten sei, die »zum Zweck des illegalen Verlassens der DDR besonders durch Jugendliche benutzt werden«.[85]

Auch der 24-jährige Günter Litfin aus dem Ost-Berliner Stadtbezirk Weißensee versuchte, über einen Wasserweg in den Westen zu gelangen. Die Flucht scheiterte. Als Litfin am 24. August 1961 durch den Humboldthafen schwamm, wurde er von Transportpolizisten erschossen. Er war das erste Todesopfer an der Mauer. Litfin, der 1957 in die West-Berliner CDU eingetreten war und sich für die seit 1948 in der SBZ verbotene Junge Union (Kreisverband Weißensee) engagierte, hatte bis zum 13. August als Maßschneider im West-Berliner Modeatelier Krocol gearbeitet und wollte nach Charlottenburg übersiedeln. Die Abriegelung der Grenze verhinderte den Umzugsplan.[86] Sowohl seine Flucht als auch die Bergung seiner Leiche, die auf West-Berliner Seite rund 300 Menschen verfolgten, wurde vom

MfS minutiös protokolliert: »Wie nach der gegen 19.10 Uhr in Nähe der S-Bahn-Brücke Humboldt-Hafen von der Feuerwehr vorgenommenen Bergung und der späteren Untersuchung der Leiche festgestellt wurde, wurde die Person durch einen Einschuss im Genick und Ausschuss am Kinn tödlich verletzt und ertrank.«[87]

Während der Fall im Westen große Empörung auslöste – die *BZ* titelte: »Ulbrichts Menschenjäger wurden zu Mördern!«[88] –, wurde Günter Litfin in den DDR-Medien als »Verbrecher« bezeichnet.[89] Anfang September legte das *Neue Deutschland* noch einmal nach und verunglimpfte Litfin in einem Beitrag mit dem Titel »Ein Denkmal für ›Puppe‹?«, in dem ausgeführt wurde: »Man muss damit rechnen, dass sie ›Puppe‹ in Westberlin ein Denkmal setzen werden. ›Puppe‹ war der eindeutige Spitzname eines Homosexuellen, der in den einschlägigen Westberliner Kreisen gut bekannt« gewesen sei.[90]

Jugendliche flüchteten nicht nur durch Berliner Gewässer, sondern auch über die Ostsee. Getarnt als Touristen, nutzten sie die Fährverbindungen nach Schweden bzw. Dänemark. Am 22. August sprangen zwei junge Männer während der Liegezeit der Fähre, die zwischen Saßnitz auf der Insel Rügen und dem schwedischen Trelleborg pendelte, »vom Bootsdeck über die Reling auf den ca. 8 m tiefer liegenden Trelleborger Landgangssteg«. Dass sie sich dabei schwer verletzten und in ein Krankenhaus gebracht werden mussten, wurde bekannt, weil ein weiterer Passagier die Bergung fotografierte.[91] Am 24. August scheiterte die Flucht eines jungen wissenschaftlichen Mitarbeiters der Bergakademie Freiberg im dänischen Hafen Gedser. Nachdem er über Bord gesprungen war, holten ihn Angehörige des DDR-Zollamtes durch ein »Bergungsmanöver« wieder zurück und übergaben ihn in Warnemünde der Polizei.[92]

Die angeführten Beispiele sind nur die Spitze des Eisberges gelungener und missglückter Fluchten von Jugendlichen in den Westen. Die Staatssicherheit schätzte, dass 75 Prozent der im vierten Quartal des Jahres 1961 geflohenen DDR-Bürger unter 25 Jahre alt waren.[93] Da sie für diesen Zeitraum von 8.482 geglückten »Grenzdurchbrüchen« ausging[94], flüchteten demnach von Mitte August bis Ende Dezember 1961 circa 6.360 Jugendliche in die Bundesrepublik. Schon

»Einschuss im Genick«: Bergung des toten Günter Litfin aus dem Becken des Humboldthafens durch die Ost-Berliner Feuerwehr am 24.8.1961

vor der Grenzschließung machten Jugendliche im Alter von 15 bis 25 Jahren durchschnittlich ein Drittel der Flüchtlinge aus. Ihren Höhepunkt erreichte die Fluchtwelle unter Jugendlichen in der ersten Augusthälfte 1961: Innerhalb von 12 oder 13 Tagen flohen über 15.400 Jugendliche in den Westen.[95]

Lässt sich die Flucht junger Menschen mit Widerstand in der DDR gleichsetzen? Die Historikerin Dore Zilch, welche die Fluchtmotive der 1950er-Jahre untersucht hat, kommt zu dem Schluss, dass diese Gleichsetzung »nur sehr begrenzt, und zwar allein bezogen auf die im engeren Sinne politischen Motive, bejaht werden kann«. Es erscheine angemessener, die Republikflucht von jungen Menschen aus der DDR »als extremste Form der Verweigerung zu charakterisieren«. Verweigerung gegenüber einem Land mit negativen Erscheinungsformen wie beispielsweise Rückschritte in der Konsumgüterproduktion bzw. permanentes Hinterherhinken im Vergleich zum Westen.[96]

Politische Gründe?

Politische Motive spielten – abgesehen von den bereits genannten Jugend-Banden – auch bei der ablehnenden Haltung gegenüber der Grenzschließung am 13. August »eher eine untergeordnete Rolle«. Vielmehr ging es den Jugendlichen um »die Veränderungen des Freizeitlebens, die der Mauerbau mit sich brachte«.[97] Vor allem die Jugendlichen, denen durch die offene Grenze nach West-Berlin bis zum 13. August eine begrenzte Teilhabe an der westlichen Jugendkultur ermöglicht war, fühlten sich in ihrer Bewegungsfreiheit nun stark eingeschränkt.[98] Was sie genau vermissten, zeigt exemplarisch der FDGB-Bericht über eine Jugendbrigade im VEB Transformatorenwerk »Karl Liebknecht« Oberschöneweide: »Als wir [FDGB-Funktionäre] konkret über ihr Verhalten nach dem 13.8., über ihre West-Berlin-Besuche, Kino, Westberlin-Einkäufe usw. zu sprechen kamen, war ein groß[er] Teil dieser Kollegen verstockt und brachte nicht ihre wahre Meinung zum Ausdruck, bis wir dann jeden persönlich ansprachen. Dann kamen solche Argumente wie: ›Hier ist nichts los wie in Westberlin‹, ›wir können uns hier nicht das kaufen, was wir möchten‹, ›wir möchten, dass ganz Berlin Freie Stadt wird‹.«[99] Um persönliche Freiheit ging es auch einigen Studenten der Universitäten Rostock, Greifswald und Ost-Berlin, die sich zur Zeit der Grenzschließung auf Hiddensee aufhielten. Der Staatssicherheit »wurde bekannt, dass sie am 14. und 15.8. Protestversammlungen durchführten und eine Resolution ausarbeiten wollten, deren Inhalt etwa auf die Formel zu bringen sei: ›Wir wollen unsere Freiheit haben, wir sind erwachsene Menschen und müssen selbst wissen, wohin wir zu gehen haben oder nicht‹.«[100]

Ähnliche Meinungen fasste das MfS in seinem Jahresbericht für 1961 zusammen: Für viele Jugendliche sei typisch, »dass sie offen erklären, nicht mehr ihren ›Interessen‹ entsprechend nach West-Berlin fahren [zu] können oder dass sie mit Bestimmtheit noch republikflüchtig geworden wären, wenn sie vorher etwas von diesen Maßnahmen hätten ahnen können«. Besonders verbreitet seien diese Meinungen in den Grenzbezirken Potsdam, Frankfurt/Oder und Ost-Berlin. Diese Grundhaltung zeige sich »auch in den zahlreichen und teils gelungenen Versuchen [...] gewaltsam die Staatsgrenze nach Westberlin zu durchbrechen«.[101]

Politisch motiviert wurde der Jugendprotest vor allem erst durch eine Kampagne der FDJ, die nicht nur zeitlich im Kontext der Grenzschließung stand. Sie war Teil einer ganzen Reihe von staatlichen Initiativen, die dem SED-Regime nun zur Machtsicherung nach innen dienten.[102] Zunächst rief der FDJ-Zentralrat am 16. August unter dem Slogan »Das FDJ-Aufgebot – Das Vaterland ruft! Schützt die sozialistische Republik!« jedes männliche FDJ-Mitglied dazu auf, sich »freiwillig zum Ehrendienst in den bewaffneten Kräften« der DDR zu verpflichten.[103] Zwei Tage später folgte der »Kampfauftrag der FDJ«, der den Aufruf konkretisierte: Alle Männer zwischen 18 und 23 Jahren sollten sich zum »freiwilligen« Militärdienst in der NVA verpflichten.[104] Weil die Jugendlichen in der Praxis jedoch genötigt wurden, eine Verpflichtungserklärung zu unterschreiben, leitete die Kampagne die schleichende Einführung der Wehrpflicht ein, die ein halbes Jahr später mit dem Verteidigungsgesetz auch beschlossen wurde.[105]

Die Wirkung des »FDJ-Kampfauftrages« beschäftigte die Staatssicherheit mehr als die Reaktionen auf die Grenzschließung. Obwohl »die positive Haltung der Jugendlichen insgesamt« zur FDJ-Initiative überwiege, sei in allen Bezirken die Ablehnung gegenüber einem Einritt in die NVA »gleichermaßen stark«. Zu den Hauptargumenten gehörten: »Wozu verstärkte Armee, wenn wir doch den Frieden wollen«, »Wir schießen nicht auf unsere Brüder und Schwestern« und »Wir nehmen keine Waffe in die Hand, denn Waffe ist Waffe«.[106] Das MfS registrierte vielfältige Formen der Verweigerung: »Ein Teil der Jugendlichen reagiert mit dem Austritt aus der FDJ, verweigert Aussprachen, auch individuelle, und löst das Arbeitsverhältnis in der derzeitigen Arbeitsstätte.« In Einzelfällen würden »die Appelle und Aussprachen durch Zwischenrufe, Unruhe und durch Schweigen boykottiert«. Besonders massiv war die Abwehrhaltung in der Mathias-Thesen-Werft in Rostock, wo »nach zwei Versammlungen mit jeweils 500 Jugendlichen keine Verpflichtungen zum Beitritt zur NVA abgegeben worden [sind]«.[107] Zu »erregte[n] Diskussionen« kam es auf der FDJ-Versammlung im thüringischen Holzthaleleben, nachdem der Versammlungsleiter, ein FDJ-Funktionär aus dem Kali-Werk »Glückauf« Sondershausen, erklärt hatte, »dass die Jugendlichen, die sich nicht freiwillig der NVA zur Verfügung stellen, dem Staatsorgan übergeben werden«.[108]

Wie im Extremfall mit jungen Männern verfahren wurde, die sich spontan und offenbar ohne Unterstützung anderer Jugendlicher dem FDJ-Aufgebot widersetzten, verdeutlicht ein Bericht aus Wurzen im Bezirk Leipzig. In einer öffentlichen Versammlung erklärte Günther H. am 17. August »nach dem Verlesen des Kampfauftrages der FDJ in Eigenschaft als 1. Sekretär der [FDJ-]Grundeinheit Wurzen«, dass er den Beitritt zu den bewaffnen Organen ablehne, da er ab dem 31. August zum Studium an die Technikerschule Eisenach delegiert wäre, und »dass solche zur Armee gehen sollen, die Lust und Liebe [dazu] haben«. Weil Günther H. bei seiner Meinung blieb, wurde er auf einer weiteren Versammlung von Mitgliedern der Gesellschaft für Sport und Technik (GST) lautstark beschimpft und anschließend auf einem offenen Lkw durch Wurzen gefahren. Auf beiden Seiten des Lkw waren Plakate angebracht: »›Dieser Provokateur wollte auf Kosten der Arbeiter und Bauern studieren‹, auf der anderen Seite stand ›Dieser Jugendliche beschimpfte unsere NVA‹.« Die öffentliche Demütigung und weitere Drohungen verfehlten nicht ihre Wirkung. Günther H. erklärte sich zum Eintritt in die NVA bereit und wurde am 25. August eingezogen.[109]

Druck auf Abiturienten und Studenten

Obwohl in den DDR-Medien propagiert wurde, der FDJ-Kampfauftrag würde auf große Zustimmung stoßen, gab es in der Bevölkerung zum Teil erhebliche Zweifel. Hildegard B. gab nach ihrer Flucht Anfang 1962 zu Protokoll, der Erfolg der freiwilligen Meldung sei »nicht annähernd so groß, wie die Zeitungen es hinstellten«.[110] Tatsächlich war die Resonanz ernüchternd. Während in der *Deutschen Lehrerzeitung* Anfang September behauptet wurde, dem Aufruf seien 70.000 FDJ-Mitglieder gefolgt[111], belegen interne Zahlen, dass nur 35.141 Verpflichtungserklärungen vorlagen.[112] Daher wurde die Kampagne zu Beginn des neuen Schul-, Studien- bzw. Lehrjahres Anfang

»Freiwillig und ohne Druck von oben«? Kundgebung der FDJ zum »Kampfauftrag« in Schwerin am 19.9.1961

September 1961 intensiviert. Auf FDJ-Versammlungen wurden die männlichen Jugendlichen genötigt, eine Verpflichtung zum freiwilligen Militärdienst in der NVA zu unterschreiben. Die Verstärkung der Kampagne diente auch als ideologische Prävention, weil die Schüler, Lehrlinge und Studenten nach den Ferien erstmals seit der Grenzschließung wieder zusammentrafen.

Schlussendlich beugte sich die Mehrheit der Jugendlichen dem Druck, weil Schülern die Relegation und Studenten die Exmatrikulation drohte. Die Studentin Uta-Christine S. berichtete nach ihrer Flucht im Januar 1962, dass die Studierenden im September 1961 zunächst zu einem dreiwöchigen Ernteeinsatz geschickt wurden. Auf dem Land hätte man damit begonnen, »die sogenannten ›freiwilligen Unterschriften‹ zur Verteidigung der Heimat zu erzwingen«. Nachdem sich die männlichen Kommilitonen drei Wochen lang dagegen gewehrt hätten, wurde ihnen mit Exmatrikulation gedroht.[113] Andere Studenten wurden in einer politisch-ideologischen Schulungswoche (»Rote Woche«) unter Druck gesetzt. So hatte sich an der Universität Dresden zu Beginn der Schulungswoche nur die Hälfte der männlichen Studierenden zu einem freiwilligen Militärdienst bereit erklärt; am Ende der Woche waren es rund 90 Prozent. Allerdings wurde im Staatssekretariat für Hochschulwesen intern eingeräumt, dass die hohen Prozentzahlen »nicht darüber hinwegtäuschen [dürfen], dass bei vielen Studenten noch erhebliche Unklarheiten bestehen«.[114] Ähnliche Ergebnisse wurden auch aus anderen Universitäten gemeldet. In Leipzig verpflichteten sich 72,7 Prozent der Männer zum Wehrdienst bzw. der Frauen zum Produktionseinsatz. Am höchsten war der Prozentsatz unter den Wirtschaftswissenschaftlern (88,1 Prozent) und den Juristen (82,9 Prozent).[115]

Nicht alle Studenten mussten gezwungen werden, weder zum Militärdienst noch zum Ernteeinsatz. Einer von ihnen war der damals 19-jährige Paul W., der an der Universität Leipzig seit 1960 Jura studierte. Er habe sich »freiwillig und ohne Druck von oben« zum Wehrdienst gemeldet, berichtet er rund 60 Jahre später. Das sei notwendig gewesen, um den »Sozialismus zu verteidigen«. Aus Überzeugung war er in die FDJ eingetreten, notwendig fand er auch den Mauerbau. Da er in Ost-Berlin aufgewachsen war, habe er »hautnah erlebt, wie junge, gut ausgebildete Leute reihenweise in den Westen gegangen sind«. Er selbst sei bei einem Besuch in West-Berlin angesprochen worden, ob er nicht auch »rübermachen« wolle. Allerdings habe er es »schon damals völlig übertrieben« gefunden, dass »die DDR-Medien diese Leute als Menschenhändler bezeichnet haben«. Abgesehen davon sei es für ihn »keine Option« gewesen, »in den Westen zu wechseln«.[116]

So dachte auch der Ingenieurstudent Ulrich Bossert aus Pößneck im Bezirk Gera. Im Herbst 1961 schrieb er, es wäre ihm »nicht im Traum eingefallen, die DDR zu verlassen, solange man mir hier das Leben nicht unmöglich macht, und daran glaube ich nicht«. Er nehme sich »einfach das Recht, eine eigene Meinung zu haben«; bisher habe ihn »auch noch niemand angegriffen«. Dass die Studenten im

Herbst »für 3 Wochen zur Kartoffelernte« fahren, halte er »für richtig«. Das sei »wenigstens eine vernünftige gesellschaftliche Arbeit«.[117]

Wie viele Studenten sich letztendlich freiwillig zur NVA meldeten, ist nicht zu ermitteln. Belegt ist dagegen, dass nur eine Minderheit von ihnen gegen den FDJ-Kampfauftrag protestierte. Ein Student des 5. Studienjahrs an der Universität Greifswald »verfasste eine schriftliche Resolution gegen die Maßnahmen der Regierung vom 13.8.1961 und besonders gegen die Aktion zur Stärkung der Verteidigungsbereitschaft. Er ließ diese von allen Seminargruppen-Mitgliedern unterschreiben und trug sie auf der FDJ-Aktivtagung der Uni vor. Er bezeichnete die Aktion als eine ›faschistische Methode‹ und erklärte sie für ›verfassungswidrig und als Rufmord‹. Solche Maßnahmen seien ein Zeichen der Schwäche unseres Staates, die abzulehnen sind.«[118]

An den Oberschulen wurde die Mobilisierungskampagne der FDJ von speziellen Schulungen des Lehrkörpers flankiert. Das schien aus Sicht des MfS dringend notwendig, weil die »Mehrzahl der Schüler in den Klassen 10 bis 12 keine klare politische Einstellung [bezieht] und sich gegenüber gesellschaftlichen Aufgaben passiv und ablehnend [verhält].« Dies werde »begünstigt durch das Verhalten eines größeren Teiles des Lehrkörpers, der sich zu den Fragen der politisch-ideologischen Erziehung der Schüler passiv verhält«. Ungeachtet dessen müsse die »Verpflichtungsbewegung« an den Oberschulen »zum größten Teil als formal angesehen werden«. Verpflichtungen würden »häufig übernommen«, um das Abitur absolvieren zu können und einen Studienplatz zu bekommen.[119]

Der »Fall Anklam«

Wie Jugendliche von den lokalen Funktionsträgern unter Druck gesetzt wurden, eine Verpflichtungserklärung zu unterschreiben, verdeutlichen die Vorgänge an der Erweiterten Oberschule »Geschwister Scholl« in Anklam im DDR-Bezirk Neubrandenburg, die von der Publizistin Birgit Gebhardt detailliert untersucht wurden.[120] In Zeitzeugeninterviews berichten ehemalige Schüler, wie sie im September 1961 »gleich zu Schulbeginn, Anfang der 12. Klasse, damit konfrontiert [wurden], dass man von uns [...] eine Bereitschaftserklärung zur Verteidigung der Heimat« verlangte. Mehrere Tage führten nicht nur die Lehrer und der Direktor Gespräche, sondern auch Gewerkschafts- und SED-Funktionäre, die in die Schule »geschickt« wurden, um die Jugendlichen zu überzeugen. Dabei soll der Direktor gedroht haben: »Wenn ihr euch nicht bereit erklärt und nicht zur Armee gehen wollt, dann könnt ihr auch euren Studienplatz vergessen.« Und ein »Agitator«, den ein Jugendlicher später »bei der Stasi« wiedersah, erklärte: »Die Grenze ist zu! Ihr kommt sowieso nicht raus. Wir bauen mit euch den Sozialismus auf, ob ihr wollt oder nicht.« Nach der erzwungenen Selbstverpflichtung fühlten sich einige Schüler der 12 b, als hätten sie »eine Niederlage hinnehmen müssen« – und das wollten sie »nicht auf sich beruhen lassen«. Sie beschlossen, am 20. September geschlossen in Trauerkleidung zur Schule zu kommen, »um unseren Unmut zu zeigen«.[121] Und ahnten nicht, welche Reaktionen des Staates sie damit auslösten.

Die »Aktion in Schwarz« wurde bis zur Abteilung Volksbildung des ZK der SED gemeldet. Deren Leiter Werner Neugebauer schlug vor, konsequent gegen die »Rädelsführer« vorzugehen – und ein Exempel zu statuieren. In den Augen der SED-Führung handelte es sich um eine »staatsfeindliche« Aktion, weil die Schüler mit ihrer schwarzen Kleidung gegen das neue Verteidigungsgesetz demonstriert hätten.[122] Zwar traf es zu, dass am Tag der Aktion die Volkskammer das Verteidigungsgesetz beschloss, das im Kern die Einführung der Wehrplicht vorsah[123], aber weder war im Vorfeld in den staatlichen Medien darüber berichtet worden, noch lagen den Jugendlichen interne Informationen vor. Ihr Protest fiel zufällig mit der Verabschiedung des Wehrgesetzes zusammen.

Dass es bei der Ahndung für den Protest nicht mehr nur um die »Rädelsführer« ging, verdeutlichten die drastischen Strafen, die nicht nur die Schüler der 12 b betrafen. Vier Tage nach ihrem Schulbesuch in Schwarz wurden 27 Jugendliche von der EOS relegiert; drei von ihnen vier Monate später zu fünf bzw. drei Jahren Zuchthaus verurteilt. Darüber hinaus wurden der Direktor, drei Lehrer und zwei Erzieherinnen fristlos entlassen und acht weitere Schüler bzw. Lehrer an eine andere Schule versetzt. Einige Eltern, deren Kinder an der Aktion beteiligt waren, verloren ihre Anstellung.[124] Ohne Frage ist der »Fall Anklam« ein Symbol: einerseits für eine Form, in der Jugendliche in der DDR ihren Protest gegen die politische Administration artikulierten, andererseits für die Art und Weise, wie die politische Führung damit umging.[125] Aber er richtete sich nicht explizit gegen die Grenzschließung am 13. August, sondern gegen eine Maßnahme der DDR-Führung, die sich erst im Schatten der Mauer durchsetzen ließ.

»Abwartende Haltung«

DIE WISSENSCHAFTLER

Der Mauerbau sorgte auch unter den Wissenschaftlern für Verunsicherung und vor allem für Unmut. Insbesondere die Universitäten der DDR seien 1961, konstatiert Anita Krätzner-Ebert, »ein Unruheherd« gewesen.[126] Weil die Grenzschließung in Berlin »die Arbeitsbedingungen der Wissenschaftler in einem höheren Maße als die der Arbeiter beeinträchtigte, kam es nach dem 13. August 1961«, urteilt der Historiker Ilko-Sascha Kowalczuk, »an den Universitäten teilweise zu schärferen Auseinandersetzungen als in den Betrieben«.[127] Aber was heißt »Unruheherd« konkret? Und traf das auf alle Universitäten der DDR zu?

»Reine« Wissenschaft versus politisches Bekenntnis

Das Verhältnis von SED-Führung und Wissenschaftlern war seit Gründung der DDR von gegenseitigem Misstrauen geprägt. Zum einen war es an den Universitäten immer wieder zu Konflikten gekommen, »weil Wissenschaftler das restriktive System der SED und ihren Umgang mit den Akademikern kritisierten«.[128] Zum anderen war es der SED nicht gelungen, in allen Bereichen der Universitäten Fuß zu fassen; in einigen Instituten und Fakultäten, zum Beispiel in den klassischen Philologien oder in einigen Naturwissenschaften, waren bis 1961 noch nicht einmal Parteigruppen gebildet worden.[129] Die Auseinandersetzungen zwischen SED und Wissenschaftlern, die in den 1950er-Jahren im Extremfall zu Verhaftungen führten, sowie die Ablehnung der SED-Hochschulpolitik von einer noch immer mehrheitlich bildungsbürgerlich geprägten Professorenschaft gehörten zu den Hauptgründen, die DDR zu verlassen. Unter den Geflüchteten fand sich ein überproportionaler Anteil der »Intelligenz«.[130] So wurde bei den Professoren an den Universitäten und Hochschulen der Personalbestand der Vorkriegszeit erst wieder 1972 erreicht.[131] Es verwundert daher nicht, dass die wissenschaftlichen Einrichtungen der DDR – neben den Universitäten auch die Institute der Deutschen Akademie der Wissenschaften (DAW) – nach dem Mauerbau verstärkt in den Fokus der Staatssicherheit gerieten. Das MfS konzentrierte sich zunächst auf die Professoren und Dozenten, weil sich die Studenten nach dem 13. August noch in den Semesterferien befanden.[132]

Das Urteil des MfS über den Lehrkörper fiel in einer ausführlichen Einschätzung von Anfang Dezember 1961 kryptisch aus: »Obwohl der Kreis der Wissenschaftler und Dozenten an unseren Universitäten und Hochschulen, der einen positiven und erzieherischen Einfluss auf die studentische Jugend ausübt und offen und bewusst für unseren Staat eintritt, ständig größer wird und besonders aufgrund der verstärkten politisch-ideologischen Auseinandersetzungen seit dem 13.8.1961 gewachsen ist, muss doch insgesamt eingeschätzt werden, dass der größte Teil des Lehrkörpers den Erfordernissen der sozialistischen Erziehung noch nicht gerecht wird.« Die Staatssicherheit differenzierte hierbei zwischen dem Teil, der »noch einen passiven, liberalen Standpunkt« einnehme und bemüht sei, »ein offenes Bekenntnis zu unserem Staat zu umgehen und die These von der ›unpolitischen‹ und ›reinen‹ Wissenschaft zu vertreten und durchzusetzen« – und dem »Personenkreis mit einer negativen und feindlichen Haltung zur DDR«. Letzerer trete nicht nur »versteckt« auf, sondern ginge »auch zu offenen Angriffen gegen die Politik und die Maßnahmen unserer Partei und Regierung« über. In den letzten Wochen habe sich »das offene, provokatorische Vorgehen erneut verstärkt«.[133] Was diese Einschätzung konkret bedeutete, beschreiben die zum Teil äußerst detaillierten MfS- und SED-Berichte über die »Lage« an den

Universitäten nach dem 13. August. Zugleich zeigen sie, dass Verweigerung und Protest nicht überall gleichermaßen auftraten. Und dass es dabei nicht nur explizit um die Grenzschließung in Berlin ging.

Unmut und Verweigerung

Zunächst befanden sich auch die Wissenschaftler in den ersten Tagen nach dem 13. August in einer Schockstarre. An der Medizinischen Fakultät der Humboldt-Universität zu Berlin (HUB) registrierten die SED-Funktionäre, dass »die überwiegende Mehrheit der Ärzte außerordentlich betreten [war]«. Sie würden sich »schmollend« zurückziehen und ignorierten »offen unsere Genossen«.[134] Die Staatssicherheit ermittelte auch, dass sich »die positiven Stimmen unter den Angehörigen der Intelligenz mehren«, aber »die abwartenden und zurückhaltenden Diskussionen immer noch vorherrschend« seien.[135] Zehn Tage nach der Grenzschließung bilanzierte das MfS, die »charakteristischste Reaktion der meisten Angehörigen der Intelligenz« sei – ungeachtet ihres Wissenschaftsgebietes – eine »abwartende Haltung«.[136]

Nur vorsichtig machte sich langsam Unmut gegen den Mauerbau und vor allem gegen die SED-Propaganda breit. So wurde an der Veterinärmedizinischen Fakultät der HUB die Meinung vertreten, »die Maßnahmen vom 13. August 1961 richten sich gegen die Bürger der DDR«. Sie würden »allein der Verhinderung der Republikflucht« dienen und »bedeuten eine Einschränkung der persönlichen Freiheit«.[137] Vergleichbare Argumente wurden auch aus anderen Universitäten gemeldet.[138] Äußerst kontrovers verliefen die Auseinandersetzungen an der Karl-Marx-Universität Leipzig. Im MfS-Gesamtbericht für das Jahr 1961 wird darauf hingewiesen, dass »zahlreiche negative und feindliche Diskussionen von Wissenschaftlern und Lehrkräften zu verzeichnen [waren]«. Mit »feindlichen Konzeptionen« seien selbst SED-Funktionäre aufgetreten, gegen die bisher 50 Parteiverfahren liefen.[139]

Allerdings konzentrierten sich Unmut und Verweigerung auf bestimmte Institute und Fakultäten. Während vor allem Gesellschaftswissenschaftler ihre Zustimmung zur SED-Politik erklärten[140], konzentrierte sich eine eher ablehnende Haltung an den medizinischen, mathematisch-naturwissenschaftlichen und theologischen Einrichtungen.[141] Eine erhebliche Zahl von Wissenschaftlern verließ auch nach der Abriegelung der Sektorengrenze die DDR Richtung Westen. So flohen von der Humboldt-Universität zu Berlin zwischen Januar und November 1961 insgesamt 623 Universitätsangehörige, davon mehr als die Hälfte nach dem 13. August.[142] Andere zogen es vor, abzuwarten und zu schweigen[143], sodass die Staatsicherheit beispielsweise für die Situation an der Universität Rostock zu der Einschätzung kam, es sei zwar »eine große Anzahl mit den Maßnahmen nicht einverstanden«, aber es wäre »bisher noch zu keinem offenen Ausbruch dieser Stimmungen« gekommen.[144]

Wenn Wissenschaftler den Mut aufbrachten, sich öffentlich zu positionieren, verweigerten sie in den meisten Fällen ihre Unterschrift unter Ergebenheitserklärungen. Anfang Dezember 1961 beklagte das MfS, dass sich »ein beträchtlicher Teil« des Lehrkörpers an den Universitäten geweigert habe, »Zustimmungserklärungen zur Politik von Partei und Regierung abzugeben«.[145] Dies sei »zwar kein Massenphänomen« gewesen, konstatiert Daniela Münkel, »blieb aber auch keine Einzelerscheinung«.[146] An der Martin-Luther-Universität Halle-Wittenberg erinnerte der Dekan der Medizinischen Fakultät Günter Bruns den Rektor in einem offiziellen Schreiben daran, dass die »Erklärung des Akademischen Senats« vom 12. September 1961, in der die »Sicherheitsmaßnahmen der Regierung der DDR vom 13. August 1961« als »notwendig« erachtet wurden, »nicht einmütig angenommen worden ist« – anders als es in der Öffentlichkeit dargestellt werde. Er habe »auch in der Diskussion mit dem Senat auf Bedenken hingewiesen«, die er »auf Grund der Gemeinsamkeit einer solchen Erklärung zurückzustellen gewillt war«.[147] Neben Bruns hatten in der entscheidenden Senatssitzung der Dekan der Theologischen Fakultät und ein weiterer Professor von der Mathematisch-Naturwissenschaftlichen Fakultät ihre Unterschrift verweigert.[148] Bruns legte aufgrund weiterer politischer Konflikte mit dem Staatssekretariat für Hochschulwesen (SfH)[149] wenig später seine Ämter als Dekan und Ordinarius nieder und wechselte im Herbst 1962 an das Akademie-Institut in Jena.[150]

Bruns' konsequente Haltung blieb ein Einzelfall. Nur wenige Wissenschaftler protestierten offen gegen die Politik der DDR-Regierung. Wer es dennoch wagte, hatte verschiedene Möglichkeiten. Wenige Tage nach der Grenzschließung wurde dem MfS mehrfach gemeldet, dass »vereinzelt Angehörige der Intelligenz ihren Austritt aus der SED durch Abgabe des Parteidokumentes [erklärten], weil sie mit den Maßnahmen nicht einverstanden waren«.[151] Andere nahmen auf Versammlungen bzw. in Vorlesungen Stellung gegen den Mauerbau. Angesichts der »Vielzahl der Beispiele« beschränkte sich das MfS in einem Bericht vom 24. August auf »nur einige typische und besonders krasse« Reaktionen »der Intelligenz«.

Dazu zählte das Ministerium die Äußerungen des Leiters des Berliner Instituts für anorganische Chemie der Deutschen Akademie der Wissenschaften der DDR (DAW), Professor Erich Thilo: »Er sei zwar mit einer Unterbindung der R[epublik]-Fluchten einverstanden, lehne aber die ›demonstrierte Politik der Stärke als Methode‹ ab. Ein Staat, der es nötig habe, seine Menschen mit Stacheldraht und Panzern in den Grenzen zu halten, sei eine fragwürdige Erscheinung. Ursachen der R[epublik]-Flucht seien nicht die Abwerber, sondern die wirtschaftlichen Schwierigkeiten, die den Menschen in der Republik den Glauben an ihre Perspektive des Wohlstandes genommen hätten. Er verwahre sich energisch gegen die derzeitige Propaganda und verlange, dass man Mut zur Wahrheit habe. ›Man sollte nicht annehmen, dass die Menschen nicht selbst denken.‹«[152]

Dass es sich um keine einmalige Äußerung des 62-jährigen Chemikers handelte, belegt ein spezieller Bericht über das Physikalische Institut an der DAW einige Tage zuvor. Thilo würde »sehr negativ auf die jüngsten Maßnahmen der Regierung der DDR« reagieren. Er sei mit keiner dieser Maßnahmen einverstanden und übe »einen entsprechenden Einfluss auf andere Wissenschaftler der Akademie aus«. In den Mittelpunkt stelle er dabei »besonders das Problem der Teilnahme an Tagungen in Westdeutschland und im westlichen Ausland«.[153]

Die Gründe der »negativen Reaktionen«

Thilos Äußerungen verdeutlichen exemplarisch eines der drei zentralen Motive für Verweigerung und Proteste von Wissenschaftlern. Vornehmlich befürchteten sie, durch den Mauerbau vom internationalen Wissenschaftsbetrieb abgeschnitten zu sein. Vor allem sei die Teilnahme an wissenschaftlichen Tagungen in Frage gestellt, weil nun »›das einzige Loch‹ auch noch verstopft sei«.[154] Es ginge den Kritikern jedoch nicht nur um dienstliche, sondern auch um »Urlaubs- und Besuchsreisen nach Westdeutschland und Westberlin«, konstatierte das MfS. Von »Angehörigen der Intelligenz«, die in Ost-Berlin oder den Randgebieten wohnten, werde »dies auch auf die Einkaufsmöglichkeiten in Westberlin ausgedehnt«.[155] Ein (anonym gebliebener) Professor aus dem Physikalischen Institut berichtete der Staatssicherheit, die »negative Reaktion« auf die Grenzschließung sei »zum großen Teil« darauf zurückzuführen, »dass zahlreiche Wissenschaftler Konten in Westberlin besitzen und mehr oder weniger regelmäßig nach Westberlin fuhren, um Einkäufe zu tätigen.« Der Informant unterbreitete auch konkrete Vorschläge, wie der negativen Einstellung entgegengewirkt werden könne: »Um einen Ausgleich für das bisher in Westberlin verausgabte Geld zu schaffen, solle man sogenannte Importwarengeschäfte eröffnen. Auf kulturellem Gebiet sollten der Theaterspielplan verbessert werden, die Filmprogramme interessanter und überhaupt das gesamte kulturelle Leben vielseitiger gestaltet werden.«[156]

Die Klage über die fehlende Reisemöglichkeit nach West-Berlin zieht sich wie ein roter Faden durch die Berichte. Im Heinrich-Hertz-Institut der DAW würden »etwa 80 bis 90 % der Mitarbeiter die Maßnahmen ab[lehnen], da sie nicht mehr ›beliebig nach Westberlin gehen können‹ und mittels ›Androhung der Republikflucht ihre Wünsche und Forderungen‹ durchsetzen können«.[157] Das schien auch ein entscheidender Grund für die abwartende Haltung vieler Wissenschaftler zu sein: Man wolle »erst Klarheit haben, wie die zukünftige Verfahrensweise bei Genehmigung von Reisen nach Westdeutschland und West-Berlin aussehen wird«.[158]

Ein zweites zentrales Motiv stand im Kontext der sogenannten »Störfreimachung«. Bereits im Januar 1961 hatte die Staatliche Plankommission Maßnahmen zur »Sicherung der Wirtschaft der DDR gegen willkürliche Störmaßnahmen militaristischer Kreise in Westdeutschland« beschlossen. In der Praxis bedeutete das eine drastische Reduzierung von Westimporten. Dem Beschluss lag die Überzeugung der SED-Führung zugrunde, die DDR dürfe sich nicht weiter in ein ökonomisches Abhängigkeitsverhältnis zur Bundesrepublik begeben. Außerdem würde man so künftigen Wirtschaftssanktionen vorbeugen. Diese Auffassung war durch die zweite Berlin-Krise 1958 verstärkt worden, in der die UdSSR für ganz Berlin einen neuen politischen Status als »Freie Stadt« erzwingen wollte. Weil die Bundesregierung daraufhin 1960 vorübergehend das innerdeutsche Handelsabkommen aufkündigte, kam es in der DDR zu erheblichen Versorgungsschwierigkeiten.[159] Allerdings wurde die »Störfreimachung« von den »Staats- und Wirtschaftsorganen« nur unzureichend umgesetzt, wie die MfS-Berichte vor dem 13. August zeigen.[160]

Auch in wissenschaftlichen Einrichtungen herrschte weitverbreitetes Unverständnis gegenüber dieser Politik der »Störfreimachung«, weil eine Forschung ohne westliches Know-how nicht funktionierte: Es fehlte an Chemikalien, Geräten und Medikamenten, die in der DDR nicht produziert bzw. aus den anderen Ostblock-Staaten nicht importiert werden konnten. Der Mauerbau verschärfte das Problem, da von einem Tag auf den anderen die Beschaffung von Apparaturen und Stoffen in West-Berlin – häufig unter Umgehung der Behörden – verhindert wurde. In der Woche nach der Grenzschließung waren beispielsweise die Akademieangehörigen »mit dem Problem des Einkaufs von Chemikalien und elektrotechnischen Kleingeräten [befasst], die bisher von den einzelnen Instituten direkt in Westberlin beschafft wurden«. Es handele sich »um Chemikalien und Geräte, die für die Tätigkeit der Institute notwendig sind und gegenwärtig in der DDR nicht vorhanden sind«.[161]

Als im Rahmen der »Störfreimachung« im Herbst 1961 ein Verbot der Einfuhr von Medikamenten aus der Bundesrepublik beschlossen wurde, regte sich erneut Unmut. Wie eklatant sich der Mangel auswirkte, berichtete ein Chirurg nach seiner Flucht Anfang 1962. Er beklagte »ein Fehlen von hochwertigen und dringend benötigten

Medikamenten, die aus Westdeutschland und dem westlichen Ausland importiert wurden«. Aufgrund des Verbotes von privaten Arzneimittelsendungen aus der Bundesrepublik »schmolzen die letzten Reserven in den Kliniken zusammen«.[162]

Dem MfS wurde Ende November 1961 berichtet, dass die »Angehörigen der medizinischen Intelligenz eine große Zahl negativer Diskussionen darüber geführt« und »aktive provokatorische Maßnahmen« vorbereitet hätten, »um durch Druck« eine Rücknahme der Verordnungen zu erreichen. Der Mediziner Karl Velhagen, Ordinarius an der HUB, soll sich im November 1961 auf einer Tagung des Arbeitskreises der Ophthalmologie in Leipzig »in hetzerischer Form« gegen das Verbot ausgesprochen haben; »es sei kein Wunder, dass es in der DDR wenig Medikamente gebe; denn unsere Menschen hätten nicht einmal Salz. Die Beschlagnahme von Arzneimittel-Sendungen aus Westdeutschland bezeichnete er als Diebstahl.« Und erneut protestierte auch Güner Bruns, Dekan der Medizinischen Fakultät der Universität Halle-Wittenberg. Unter seinem Vorsitz wurden auf einer internen Besprechung aller Klinikdirektoren »gemeinsame Maßnahmen gegen das Verbot der Einfuhr von Westmedikamenten, Geschenksendungen usw. und gegen spezielle Maßnahmen zur Störfreimachung auf medizinischem Gebiet« vereinbart.[163] Erst zwei Jahre später wurde die Aktion »Störfreimachung« zurückgenommen, weil die SED-Führung zu der Einsicht gelangte, dass sie der DDR-Wirtschaft mehr schadete als nutzte.[164]

Die Ablehnung des unmittelbar nach der Grenzschließung initiierten »Kampfauftrags« der FDJ war ein drittes Motiv, die Zustimmung zu verweigern. Hierbei solidarisierten sich die Wissenschaftler mit Studenten, die es ablehnten, sich freiwillig zum Militärdienst zu verpflichten.[165] Das MfS gelangte zu der Erkenntnis, das Aufgebot habe »an vielen Instituten nicht zum Auftakt einer höheren Qualität der politisch-ideologischen Auseinandersetzungen geführt, sondern ist in formalistischen, administrativen, kampagnemäßigen Durchsetzungsformen in Begründungen steckengeblieben, wodurch feindliche Argumente indirekt unterstützt wurden«.[166] Aber es kam auch zu öffentlichen Protesten. An der Martin-Luther-Universität Halle-

Wittenberg verbot beispielsweise der Prodekan der Medizinischen Fakultät »offiziell die Durchführung von FDJ-Versammlungen zur Werbung für die NVA«.[167]

»Persönlich unangenehm, aber notwendig«

Ungeachtet des weitverbreiteten Unmuts über die Grenzschließung und deren Folgen[168], opponierte unmittelbar nach dem 13. August nur eine Minderheit der Wissenschaftler gegen den Kurs der SED-Führung. Dabei waren die Handlungsspielräume der Professoren und Dozenten weitaus größer als die der Studierenden, was sich anhand der Repressionsmaßnahmen des Staates nachweisen lässt. Denn Studenten wurden, so Anita Krätzner, »in der Regel härter bestraft als Wissenschaftler«. Die Zahlen sind eindeutig: Während in dem von ihr untersuchtem Zeitraum vom 13. August 1961 bis zum 28. Januar 1962 beispielsweise an der Rostocker Universität nur ein Wissenschaftler entlassen wurde, liefen im selben Zeitraum gegen 29 Studenten Disziplinarverfahren. Zudem wurden 28 Studenten exmatrikuliert oder zeitweilig ausgeschlossen; ein Student wurde verhaftet.[169] Dass stärker gegen Studenten als gegen Wissenschaftler vorgegangen wurde, führt Krätzner auf den Umstand zurück, dass die Universitäten auf ihr wissenschaftliches Personal, von dem schon vor der Grenzschließung viele der DDR den Rücken gekehrt hatten, angewiesen waren. Das dürfe jedoch nicht darüber hinwegtäuschen, dass gegen Kritiker andere repressive Maßnahmen eingeleitet wurden, zum Beispiel Überwachung durch die Staatssicherheit, Drohgebärden und »Aussprachen« sowie Einmischung in spätere Berufungs- und Promotionsverfahren.[170]

Und die anderen? Die Wissenschaftler und Universitätsangehörigen, die nicht widersprachen? Neben vereinzelten Protesten und mehrheitlichem Schweigen artikulierte sich, so Ilko-Sascha Kowalczuk, »in weitaus umfangreicherem Maße als 1953 oder 1956/57 offene Zustimmung zum Mauerbau und der SED-Politik«.[171] Besonders schnell war man im »Unruheherd« Leipzig. Bereits zwei Tage nach der Grenzschließung wurde in der *Universitätszeitung* ein Brief zitiert, in dem 71 Wissenschaftler der Karl-Marx-Universität Leipzig ihre Zustimmung zu den »Maßnahmen der Regierung« erklärt hatten.[172] Wenig später, am 29. August 1961, folgte der Senat mit einer einstimmig verabschiedeten Erklärung, der zufolge »die Maßnahmen am 13. August« eine »mutige und entschlossene Tat« gewesen seien, »die den Frieden in Deutschland und in Europa gerettet hat.«[173] Lediglich der Dekan des Leipziger Theologie-Instituts verweigerte seine nachträgliche Unterschrift, obwohl er diese zunächst dem Rektor vom Urlaubsort aus zugesichert hatte.[174] Genau einen Monat nach Schließung der Grenzen verabschiedete auch der Senat der Humboldt-Universität zu Berlin eine Grundsatzerklärung, in der sich Rektor und Senat »voll und ganz« hinter die Maßnahmen der DDR-Regierung vom 13. August stellten. Zugleich »danken« sie der SED und der DDR-Regierung »für die ständige Förderung von Wissenschaft und Kultur und das Vertrauen, das sie den Angehörigen der Intelligenz ständig erweisen«.[175] Ähnlich formulierte Senatserklärungen wurden zwischen dem 29. August und dem 18. September 1961 in allen ostdeutschen Universitäten verabschiedet. Darüber hinaus wurden – häufig seitenweise – einzelne Zustimmungserklärungen von Wissenschaftlern und Studenten in den August- und September-Ausgaben der Universitätszeitungen publiziert, die zuvor häufig auf Druck von Partei- und Universitätsleitungen oder durch »Aussprachen« zustande gekommen waren.[176]

Die Staatssicherheit zeigte sich über derartige Ergebenheitsadressen, ob nun erzwungen oder freiwillig, äußerst zufrieden – und zog bereits zehn Tage nach der Grenzschließung eine positive Bilanz. Dem Ministerium lägen »eine Vielzahl von Stimmen aus Kreisen der Intelligenz vor«, welche die »Gesamteinschätzung« zuließen, dass »eine große Anzahl […] von Anfang an sehr offen und klar die Maßnahmen der Regierung begrüßen und teilweise auch ihren Mitarbeitern begründen«. In diesem Kontext listete das MfS einige Argumente auf. Neben Aussagen wie: »Die DDR [wurde] durch die Politik Westdeutschlands, besonders durch die Ausnutzung Westberlins als Frontstadt, zu diesem Schritt gezwungen«, die aus der Propaganda-Abteilung der SED stammen könnten, gab es auch differenziertere Stellungnahmen: Die Schließung der Grenzen sei »zwar für manche persönlich unangenehm, aber notwendig gewesen«. Zudem wurden eine Reihe von Zustimmungserklärungen aufgeführt, die sich konkret einem Ort bzw. einer Person zuordnen lassen. An der Technischen Hochschule Dresden hätten Wissenschaftler »trotz ihres Urlaubs« an Versammlungen über den 13. August teilgenommen und »dort eine positive Stellung [bezogen]«. Und auf einer Versammlung im Institut für Medizin und Biologie der Deutschen Akademie der Wissenschaften in Berlin-Buch stellte sich der Direktor der Robert-Rössle-Klinik für Geschwulstkrankheiten, Professor Hans Gummel, »hinter die Maßnahmen der Regierung und erklärte vor den Mitarbeitern, dass man in politischen Fragen zwar verschiedene Ansichten haben könne, in der Frage Westberlin man jedoch diesen Zustand nicht auf die Dauer bestehen lassen konnte«.[177]

Vor allem die Geschichtswissenschaftler »gehörten zu den wichtigsten geistigen Vorkämpfern und den ideologischen Maurern der Mauer«.[178] Besonders »krass«, um sich für dieses Beispiel der MfS-Sprache zu bedienen, sind die Aussagen des Wirtschaftshistorikers Jürgen Kuczynski, der zu der Entscheidung des Philosophen Ernst Bloch, im August 1961 von einem Aufenthalt in Westdeutschland nicht mehr an die Universität Leipzig zurückzukehren, öffentlich Stellung bezog. Der 76-jährige Bloch hatte sich zuvor an den Präsidenten der DAW gewandt, um seinen Entschluss zu begründen. Weil die Ereignisse des 13. August erwarten ließen, »dass für selbständig Denkende überhaupt kein Lebens- und Wirkungsraum mehr bleibt«, sei er nicht mehr gewillt, seine Arbeit und sich selber »unwürdigen Verhältnissen und der Bedrohung, die sie allein aufrechterhalten, auszusetzen«.[179] Daraufhin schrieb Kuczynski in einem Offenen Brief an Ernst Bloch: »Ein schwedischer Wissenschaftler informierte mich, Sie hätten den Ehrgeiz, mit Ihrem Überlaufen zum Feind den Nobelpreis zu ergattern. Nach dem Nationalpreis unserer Republik, den Sie mit Recht für Leistungen in einem langen Leben auf unserer Seite der Barrikade erhielten, erstreben Sie jetzt den Nobelpreis. Judas erhielt 30 Silberstücke – er verriet nur seinen Lehrer. Sie fordern 300.000 Silberstücke, weil Sie ein ganzes Land verraten hätten. Tatsache jedoch ist: je größer der Verrat, desto minderwertiger der Verräter. Auch denke ich, als Lehrer unseres Volkes auf dem Weg zu Frieden, Freiheit und Wohlstand sind Sie heute mit einer Scheidemünze überbezahlt. Verachtungsvoll [...].«[180]

»Das Unrecht vom 13. August? Von welchem Unrecht sprechen Sie?«

DIE KÜNSTLER

Am Anfang war Schweigen. Die meisten DDR-Schriftsteller meldeten sich erst öffentlich zu Wort, als sie von ihren westdeutschen Kollegen dazu aufgefordert wurden. »Hilfesuchend« hatte Günter Grass bereits einen Tag nach der Grenzschließung einen Offenen Brief an Anna Seghers geschrieben. Grass, der in West-Berlin wohnte und dem zwei Jahre zuvor mit seinem Roman »Die Blechtrommel« der literarische Durchbruch gelungen war, berichtete der Präsidentin des Deutschen Schriftstellerverbandes (der DDR), dass er sich am 13. August vor dem Brandenburger Tor »den unverkennbaren Attributen der nackten und dennoch nach Schweinsleder stinkenden Gewalt gegenüber [sah]«. Sie solle ihn nicht auf die Zukunft vertrösten, denn »[h]eute stehen Alpträume als Panzer an der Leipziger Straße, bedrücken jeden Schlaf und bedrohen Bürger, indem sie Bürger schützen wollen. Heute ist es gefährlich, in Ihrem Staat zu leben, ist es unmöglich, Ihren Staat zu verlassen.« Stattdessen möge Seghers »als schwache und starke Frau« ihre Stimme beladen und »gegen die Panzer, gegen den gleichen, immer wieder in Deutschland hergestellten Stacheldraht anreden, der einst den Konzentrationslagern Stacheldrahtsicherheit gab; ich aber will nicht müde werden, in Richtung Westen zu sprechen [...]«.[181]

Die schweigende Seghers?

Grass erhielt keine Antwort. Vermutlich hat Seghers den Brief zunächst gar nicht gelesen, weil sie sich bis Mitte September 1961 in Brasilien aufhielt. Aber auch später meldete sie sich in der deutsch-deutschen Mauerbau-Debatte nicht öffentlich zu Wort. Intern nahm sie dennoch Stellung. Unmittelbar nach ihrer Rückkehr aus Brasilien ließ sie sich vom Sekretär des Schriftstellerverbandes Gerhard Holz-Baumert »auf ausdrücklichen Wunsch« an das Brandenburger Tor und die Bernauer Straße fahren. Baumert berichtete der SED-Führung, dass Seghers »dort die Genossen der Grenzsicherungskräfte für ihre Arbeit beglückwünscht« habe. Später habe sie mehrmals darauf hingewiesen, dass sie »die Maßnahmen des 13. August versteht und unterstützt«. In diesem Zusammenhang habe sich Seghers auch zu den »komplizierten menschlichen Problemen« geäußert, die sich aus den Maßnahmen ergaben. »Diese menschlichen Schwierigkeiten bedrücken sie offenbar«, und sie wünsche, dass »wir im Gespräch mit ausländischen Schriftstellern z. B. diese Fragen nicht unter den Tisch fallen lassen«.[182]

Günter Grass wandte sich nicht nur an Anna Seghers. Zusammen mit Wolfdietrich Schnurre schrieb er am 16. August einen zweiten Offenen Brief, der sich nun an den Deutschen Schriftstellerverband (DSV) und die Deutsche Akademie der Künste in Ost-Berlin (AdK-Ost) richtete, namentlich neben Anna Seghers an Arnold Zweig, Erwin Strittmatter, Ludwig Renn, Ehm Welk, Bruno Apitz, Willi Bredel, Franz Fühmann, Peter Hacks, Stephan Hermlin, Wolfgang Kohlhaase, Peter Huchel, Paul Wiens. Neben diesen namentlich genannten Adressaten wurden »alle Schriftsteller in der DDR« aufgefordert, sich öffentlich zu äußern: »Es komme später keiner und sage, er sei immer gegen die gewaltsame Schließung der Grenzen gewesen, aber man habe ihn nicht zu Wort kommen lassen. Wer den Beruf des Schriftstellers wählt, muss zu Wort kommen, und sei es nur durch ein lautes Verkünden, er werde am Sprechen gehindert.« Wenn westdeutsche Schriftsteller sich gegen Hans Globkes (Chef des Bundeskanzleramtes) weitere Amtsausübung, gegen das von Gerhard Schröder (Bundesinnenminister) geplante Notstandsgesetz wendeten und vor einem autoritären Klerikalismus in der Bundesrepublik warnten, dann hätten die ostdeutschen Schriftsteller »genauso die Pflicht, das Unrecht vom 13. August beim Namen zu nennen«. Grass und Schnurre forderten ihre Kollegen auf, ihren »offenen Brief offen zu beantworten, indem Sie entweder die Maßnahmen Ihrer Regierung gutheißen oder den Rechtsbruch verurteilen. Es gibt keine ›Innere Emigration‹, auch zwischen 1933 und 1945 hat es keine gegeben. Wer schweigt, wird schuldig.«[183]

Uneingeschränkte Zustimmung

MfS-Chef Erich Mielke wurde von seinen Mitarbeitern am 19. August über das »provokatorische[s] Auftreten der Westberliner Schriftsteller« informiert. Grass und Schnurre hätten ihr Schreiben »persönlich am 16.8. im Sekretariat des Verbandes dem Genossen Strittmatter« übergeben. Und Strittmatter, zu dieser Zeit Erster Sekretär des Schriftstellerverbandes, »versprach, eine Antwort zu übermitteln«. Für den 18. August sei eine Besprechung »mit den persönlich angesprochenen Schriftstellern angesetzt« worden, »zu der allerdings nur Apitz, Bredel, Hermlin und Wiens zu erreichen waren«.[184]

Inzwischen hatte jedoch Stephan Hermlin am 17. August Grass und Schnurre von sich aus mit einem Offenen Brief geantwortet – und darin die Grenzschließung befürwortet. Wenn Schnurre und Grass gegen die sie regierenden Globke und Schröder aufträten, argumentierte Hermlin, sei er »keineswegs verpflichtet«, gegen seine Regierung aufzutreten. Vielmehr gebe er den Maßnahmen der DDR-Regierung seine »uneingeschränkte ernste Zustimmung«. Denn tatsächlich sei das, was die beiden »das Unrecht vom 13. August nennen, eine staatliche Aktion gegen die Globke-Schröder-Politik. Das Unrecht vom 13. August? Von welchem Unrecht sprechen Sie?« Die DDR-Regierung habe mit diesen Maßnahmen »einen großen Schritt vorwärts getan zur Errichtung eines Friedensvertrages«, der notwendig sei, um »den gefährlichsten Staat der Welt, die Bundesrepublik, auf ihrem aggressiven Weg zu bremsen«. Wie Grass und Schnurre stellte auch Hermlin den Mauerbau in den historischen Kontext des 20. Jahrhunderts: Wenn am 30. Januar 1933 »am Brandenburger Tor rote Panzer gestanden« hätten, »säßen wir heute zu dritt in einer unzerstörten, ungeteilten Stadt am Alex oder am Kurfürstendamm im Café«. Ungeachtet dessen betonte Hermlin, er habe seiner Regierung »am 13. August kein Danktelegramm geschickt«. Und er würde seine »innere Verfassung auch nicht als eine solche ›freudige Zustimmung‹, wie manche sich auszudrücken belieben, definieren«. Schließlich sei er »ein Anhänger des Miteinanderlebens […], des freien Reisens, des ungehinderten Austausches auf allen Gebieten des menschlichen Lebens, besonders auf dem Gebiet der Kultur«.[185]

Hermlins Schreiben rief in der Bundesrepublik unterschiedliche Reaktionen hervor. Die heftigste kam vom Publizisten Günter Zehm, der in der DDR aufgrund seiner Kritik an der SED-Führung und seiner Forderung nach Meinungsfreiheit 1957 verhaftet und zu einer Zuchthausstrafe verurteilt worden war. Nachdem er 1960 amnestiert wurde, flüchtete er in die Bundesrepublik. Zehm kritisierte, dass der in der DDR privilegierte Hermlin einer der ersten »Prominenten« gewesen sei, »die nach dem 17. Juni die russischen Panzer literarisch verherrlichten« und heute »der erste, der die Panzer und Mauern des 13. August verteidigt«.[186]

Neben Hermlin meldeten sich weitere DDR-Künstler mit Briefen und Artikeln zu Wort. Bereits am 14. August wurde auf der Titelseite des *Neuen Deutschland* eine Stellungnahme des Schriftstellers Paul Wiens veröffentlicht: »Endlich! Ein rechtmäßiger und vernünftiger Beschluss. Ein wirksamer Schlag gegen die Feinde des Friedens, gegen Militaristen und Revanchisten, in Verteidigung der wahren Interessen des gesamten deutschen Volkes.« Wie jeder Berliner wisse er »natürlich um die Unbequemlichkeiten, die eine solch notwendige Kontrolle in unserer Hauptstadt bis zum Abschluss eines Friedensvertrages« mit sich bringe.[187]

Erwin Strittmatter, der den Offenen Brief von Grass und Schnurre entgegengenommen hatte, verwahrte sich in einer Antwort vom 21. August gegen den Vorwurf, die Schriftsteller der DDR hätten geschwiegen. »Das stimmt nicht, wir haben diese Maßnahmen begrüßt, weil sie notwendig waren, um einen Kriegskeim zu ersticken. […] Haben Sie vielleicht nicht doch an eine Vernichtung der DDR gedacht, an DDR-Schriftsteller vor dem Tribunal und an sich selbst als Richter, der die deutschen Schriftsteller in ›Gute‹ und ›Schlechte‹ einteilt?« Grass und Schnurre hätten ihren Brief »trotz der Panzer und Maschinenpistolen«, über die sie klagten, »persönlich über die Sektorengrenze gebracht«. Und nach der Übergabe seien sie »unbehindert

Proletarier aller Länder, vereinigt euch!

NEUES DEUTSCHLAND

ORGAN DES ZENTRALKOMITEES DER SOZIALISTISCHEN EINHEITSPARTEI DEUTSCHLANDS

16. Jahrgang / Nr. 223 — Berlin, Montag, 14. August 1961 — Berliner Ausgabe / Einzelpreis 15 Pf

Maßnahmen zum Schutze des Friedens und zur Sicherung der Deutschen Demokratischen Republik in Kraft

Bevölkerung erteilt Bonner Ultras gebührende Antwort

Schwarzer Tag für die Kriegstreiber
Die Weiche ist auf Frieden gestellt
Wir werden noch einen Zahn zulegen
Arbeitertat: Produktionsrekorde

Sport in Schlagzeilen

Fünf USIC-Meistertitel für DDR-Boxer

Ernst Degner Zweiter in Belfast

Drei deutsche Schwimmtitel für Frank Wiegand

Barleben gewann Berlin–Lübben–Berlin

Turn-Europacup für Jugoslawen Cerar

Klare Handballsiege für SC Dynamo und ASK Vorwärts

Richtig und notwendig

Wirksamer Schlag gegen Militaristen

„Mit Wostok-Präzision"

Ratlosigkeit in Schöneberg

Brandt hielt Trauerrede auf die Menschenhändler

Klare Verhältnisse

NORMALES LEBEN IN BERLIN

»Wirksamer Schlag gegen Militaristen«: Stellungnahme zum Mauerbau von Paul Wiens am 14. August auf der Titelseite des *Neuen Deutschland* in Ihre Dichterstuben nach Westberlin zurückgekehrt«. Das müsse festgehalten werden, »sonst könnten unbefangene Leser glauben, Sie hätten den Brief mit einer Rakete über die ›gewaltsam geschlossenen Grenzen‹ schießen müssen«.[188] Dabei verschwieg Strittmatter – der von 1959 bis 1961 als Geheimer Informator (GI) des MfS unter dem Decknamen »Dollgow« tätig war –, dass er sich unmittelbar nach der Briefübergabe gegenüber seinem Führungsoffizier »von dem Vorwurf betroffen« fühlte, »nicht veranlasst zu haben, dass die beiden Westberliner Schriftsteller verhaftet werden«.[189]

In den folgenden Tagen meldeten sich weitere DDR-Künstler wie der Komponist Paul Dessau oder der Schriftsteller und Journalist Bodo Uhse mit Briefen und Artikeln zu Wort. Wie kritiklos sich einige Künstler dabei der SED-Propaganda bedienten, verdeutlicht Uhses Schreiben: »Westberlin ist ein Pfahl im Fleische der Deutschen Demokratischen Republik, ja es ist die billigste Atombombe für den dritten Weltkrieg [...] Denn mit dem Schlag, mit dem Schlag des 13. August, wurde dieser Atombombe der Sprengkopf abgeschraubt.« Der 13. August sei ein Triumph über das »glotzäugige vieltausendarmige Polypengebilde schmarotzender Spionagedienste aus aller westlichen Herren Länder«.[190] Auch Franz Fühmann antwortete Grass und Schnurre – und schrieb im Hinblick auf die »sozialistischen Panzer«, welche die Grenzschließung absicherten: »Es ist gut, dass sie da stehen, denn es ist notwendig.«[191]

Schließlich reagierte auch der Deutsche Schriftstellerverband, der lange über die Form einer Antwort an Grass und Schnurre diskutiert hatte. Am Ende entschied man sich, ausschließlich mit Auszügen aus einem Schnurre-Text zu antworten, der 1961 in dem von Martin Walser herausgegebenen Sammelband »Alternative. Oder: Brauchen wir eine neue Regierung?« erschienen war. Der DDR-Schriftstellerverband antwortete Schnurre mit Schnurre – ohne Kommentar.[192]

Kultur-Einsatz für und an der Mauer

Eine Reihe von DDR-Künstlern ließ sich von der SED auch persönlich für den Mauerbau instrumentalisieren. Die Kulturabteilung der SED-Bezirksleitung Berlin entwickelte am 18. August einen »Operativplan zur kulturellen Betreuung« der Einsatzkräfte an der Grenze. Alle Ost-Berliner Theater und Kabaretts sollten »kleinere Trupps« zusammenstellen, »die mit geeigneten Programmen in den Unterkünften der Einheiten auftreten«. Außerdem sollten sich »namhafte« Schriftsteller und Komponisten »zum Einsatz zur Verfügung [stellen]«. Namentlich genannt wurden beispielsweise die SED-Mitglieder Otto Nagel, Willi Bredel, Bodo Uhse und Stephan Hermlin.[193]

Als am 20. August auf West-Berliner Seite US-Vizepräsident Lyndon B. Johnson die Grenze besichtigte, kamen auf der Ost-Berliner Seite die DDR-Künstler zum Einsatz. Ihre inszenierten Stippvisiten begleitete die DDR-Wochenschau »Der Augenzeuge«. In den Kinos bekam die Öffentlichkeit zu sehen, wie »bekannte Schriftsteller der DDR […] die Einheiten der Grenztruppen der DDR« besuchten. Stephan Hermlin und Bodo Uhse wurden beispielsweise am Brandenburger Tor gezeigt. Während Hermlin sich neben »Genossen der Kampfgruppen« postierte, verteilte Uhse Zigaretten an die Offiziere.[194] Die Volkspolizei-Inspektion Berlin-Mitte würdigte am 12. September die »[a]ußerordentliche Breitschaft« der DDR-Künstler für ihren Einsatz an der Grenze: Neben der namentlichen Nennung wurde in dem Bericht zudem angemerkt, die Künstler hätten »so wichtige Impulse für ihr eigenes Schaffen« erhalten. Es sei von ihnen bedauert worden, »dass sie nicht schon am 13.8.1961 dabei gewesen sind«.[195]

Auch vom SED-Zentralorgan *Neues Deutschland* wurden die DDR-Künstler aufgefordert, sich für die DDR-Regierung zu engagieren. Ende August bat das Redaktionskollegium den Schriftstellerverband, die literarische und publizistische Tätigkeit der Schriftsteller »in höchstem Maße« zu unterstützen.[196] Daraufhin gründete der Vorstand Anfang September eine »Agitationskommission« unter der Leitung von Eva Lippold, SED-Parteisekretärin des Schriftstellerverbandes.[197] »Literarische Arbeiten zum 13. August«, die auch schon vor der Bildung der »Agitationskommission« entstanden sind, sollen im Archiv des DSV »rund ein Dutzend Aktenordner« füllen.[198] Unter ihnen das wohl bekannteste Produkt: ein Lied, für das der Lyriker Heinz Kahlau, der zum »Autorenkollektiv« des Staatlichen Rundfunks gehörte, den Text schrieb: *Im Sommer einundsechzig, am 13.*

Künstler für die Mauer: Der Schriftsteller Bodo Uhse besucht Grenztruppen an der Sektorengrenze in Berlin, 20. August 1961

August, / da schlossen wir die Grenzen und keiner hat's gewusst. / Klappe zu, Affe tot, / endlich lacht das Morgenrot. Kahlau hatte zügig gedichtet, im Sendeplan des Berliner Rundfunks ist der Song erstmals am 17. August nachgewiesen.[199]

Engagement für die DDR-Regierung zeigten aber nicht nur Schriftsteller und Journalisten, sondern auch Musiker und Bildende Künstler[200] – sowie Verleger und Buchhändler, die in einer gemeinsamen Verlautbarung vom 10. September zur Leipziger Herbstmesse 1961 erklärten, die Maßnahmen zur Sicherung der Grenze in Berlin »von ganzem Herzen« zu begrüßen und zu unterstützen.[201]

»Leidenschaftliche« Unterstützung

Auffallend parteilich war auch die Reaktion der Akademie der Künste in Ost-Berlin.[202] Das war nicht zu erwarten, weil sich die dort versammelte Kunstelite der DDR nach dem 17. Juni 1953 zwar umgehend im »Kampf gegen alle faschistischen Brandstifter und Provokateure« auf die Seite der Regierung gestellt[203], zwei Wochen später aber einen Katalog von zehn Vorschlägen an die Regierung verabschiedet hatte. Darin war beispielsweise gefordert worden, dass für Bücher wieder Autoren und Verleger verantwortlich sein sollten und dass die staatlichen Organe sich aus ästhetischen Fragen herauszuhalten hätten.[204] Im Jahr 1961 dagegen verzichtete die Akademie darauf, ihre Stellungnahme mit einem Forderungskatalog zu verbinden. Dass über mögliche kulturpolitische Veränderungen nicht einmal diskutiert wurde, zeigt das Protokoll der Plenartagung am 26. August 1961.[205] Es ist ein Protokoll der uneingeschränkten Zustimmung: Die anwesenden Mitglieder, unter ihnen Akademiepräsident Otto Nagel, Franz Fühmann, Bruno Apitz, Erwin Strittmatter, Hanns Eisler, Fritz Cremer, Stephan Hermlin und Helene Weigel, diskutierten nicht darüber, ob sie die Maßnahmen des 13. August unterstützten sollten, sondern wie.

Nachdem drei Entwürfe für eine Verlautbarung abgelehnt worden waren, setzte sich der vierte von Helene Weigel durch, die zuvor gefordert hatte, dass es »eines großen Stils« bedürfe. Die Erklärung, die am Ende einstimmig beschlossen wurde, beginnt mit dem berühmten Brecht-Zitat über Karthago und richtet sich an alle, »von deren Entschlossenheit es abhängt, Deutschland das Schicksal Karthagos zu ersparen«. Weil jene, die »in aller Öffentlichkeit den dritten Krieg vorbereiten«, zurückgeschlagen werden müssten, »unterstützen [die Akademiemitglieder] leidenschaftlich die Maßnahmen der Regierung der Deutschen Demokratischen Republik vom 13. August, weil wir den Frieden wollen«.[206]

Das Ringen um eine angemessene Erklärung war von einer langen Diskussion begleitet, die einige Akademiemitglieder für ein politisches Grundsatzreferat nutzten. Der Bildhauer Fritz Cremer, Sekretär der Sektion Bildende Kunst, sah in den getroffenen Maßnahmen der Regierung die »Notwendigkeiten zum Schutze des Friedens«. Und brachte seine Zustimmung auf die Formel: »Aber tausendmal lieber Stacheldraht um ein friedliches Land, als dieses kriegsverwüstet, atomverpestet und menschenleer.« Cremers leidenschaftliches

Bekenntnis zur Politik der DDR-Regierung äußerte sich in einer Huldigung Ulbrichts (»Der Vorsitzende unseres Staatsrates, Walter Ulbricht, hat kürzlich ein Wort geprägt, das ich mit jeder Faser meines Verstandes, meines Herzens, meines Gewissens unterstreiche: ›Denken ist die erste Bürgerpflicht!‹«), in fragwürdigen Bezügen zum 17. Juni (»Schon wieder höre ich demokratisch getarntes, faschistisches Geschrei jenseits des Brandenburger Tores«) sowie in polemischen Angriffen gegen den Westen im Allgemeinen und die West-Berliner Politiker im Besonderen (»Ich bin dafür, das krächzende Kriegsgeschrei Brandts hinter Stacheldraht zu bringen«).

Cremers Polemik richtete sich auch gegen Grass und Schnurre, »die an uns im Namen der Menschlichkeit Appelle richten und uns an unsere Pflichten als Künstler ermahnen«. Diesen »Briefeschreibern« wolle er sagen, »warum sorgt ihr dann nicht erst dafür, dass ein solcher stinkender Haufen von korruptem Dreck, hämischer Schadenfreude und böser Menschenfeindlichkeit, wie er sich in Westberlin immer höher auftürmte, ausgemistet wird?«[207] Moderatere Töne gegenüber Grass und Schnurre schlug Hermlin an. Er »bedauere«, dass die Wochenzeitung *Sonntag* Schnurre und Grass »als Provokateure bezeichnete«, und stellte die rhetorische Frage, ob nicht die Akademie der Platz sei, »an dem man die so notwendige Auseinandersetzung mit begabten Menschen führt, die ein Stück Wahrheit begriffen haben, aber ein wesentliches Stück noch nicht, nämlich die Tatsache, dass die Berlinfrage einer Klärung bedarf, dass Deutschland einen Friedensvertrag braucht und […] dass all diese Fragen durch Verhandlungen zwischen beiden deutschen Staaten gelöst werden könnten«.[208]

Zu Wort meldete sich auch der Intendant der Deutschen Staatsoper Max Burghardt. Nachdem er die Maßnahmen am 13. August als notwendige Verteidigung »unserer kulturellen Prinzipien« gerechtfertigt und die »Pogromhetze Westberlins gegen die Künstler«, die in seinem Haus beschäftigt waren und in West-Berlin oder Westdeutschland wohnten, kritisiert hatte, verharmloste er die Folgen der Grenzschließung. Ihn bewegten dabei die »propagandistischen Krokodilstränen« und »die geheuchelten Sentimentalitäts- und Schmerzensausbrüche der Bonner Zeitungen über die angebliche Grausamkeit der Maßnahmen des 13. August, also der Reisebestimmungen und der Beendigung des Grenzgängerwahnsinns«. Von »Schicksalen« und »menschlichem Leid« sei die Rede. Gewiss gäbe es gegenwärtig »unerwartete, überraschende Situationen für diesen und jenen«, aber das seien keine Schicksale, »sondern Stimmungen, aus der Schockwirkung der Situation geboren, die bei klarer Überlegung oder Übersicht abklingen. Echte Schicksale, echtes Leid wurden durch die Maßnahmen des 13. August verhindert.« Die Menschen seien »vor dem das Schicksal herausfordernden Irrtum« bewahrt worden, »von der triebhaften, unüberlegten, panikartigen Republikflucht, jenem Sog, in den Tausende Menschen aus Einfalt, aus propagandistischer Auffälligkeit, durch offene und versteckte Abwerbung und verschiedenartigste psychologische Einwirkungen des [K]alten Krieges hineingetrieben wurden. Dadurch wurden in labilen oder politisch unklaren Menschen Stimmungen erzeugt, die im Widerspruch zu ihrer gesicherten Existenz in der DDR und zu ihren Perspektiven bei uns stehen.« Burghardts Ausführungen erhielten am Ende »Beifall«.[209]

»Wir haben Verluste erlitten. Wir haben Sie ausgeglichen.«

Wie mit Künstlern umgegangen wurde, die dem Sog einer »triebhaften, unüberlegten, panikartigen Republikflucht« erlagen, verdeutlicht die Reaktion des Berliner Ensembles (BE) auf den Entschluss des Ost-Berliner Regisseurs Peter Palitzsch, nach dem 13. August nicht mehr in die DDR zurückzukehren. Der damals 42-jährige Palitzsch hielt sich gerade in der Bundesrepublik auf, weil er am Theater Ulm das Stück »Prozess der Jeanne d'Arc zu Rouen 1431« von Bertolt Brecht inszenierte. Die Premiere dieser westdeutschen Erstaufführung war eine kleine kulturpolitische Sensation, weil an anderen Bühnen in der Bundesrepublik aus Protest gegen die Grenzschließung Brecht-Stücke vom Spielplan genommen wurden; so setzte das West-Berliner Schiller Theater Brechts »Puntila« ab. Für seine Entscheidung, die Proben fortzusetzen, wurde Palitzsch im westdeutschen Feuilleton kritisiert: »Der Herr Palitzsch, ehemaliger Regieassistent von Bert Brecht, hat offenbar die letzten Tage in seinem Ulm verschlafen.«[210]

Obwohl es Bombendrohungen gab, hielt Theaterintendant Kurt Hübner an der Premiere fest – und erklärte: »Brecht als Dichter und Politiker belehrt in diesem Stück nicht nur sich selber, sondern er belehrt auch die Machthaber der Zone.«[211]

Nach der Premiere wurde bekannt gegeben, dass Palitzsch »aus politischen Gründen« nicht nach Ost-Berlin zurückkehren würde.[212] Seinen Schritt begründete er in einem privaten Brief an den BE-Chefregisseur Manfred Weckwerth, mit dem er auch befreundet war. Ein Brief, der ihm »unendlich« schwerfalle, weil er wisse, dass Weckwerth die Gründe seines Entschlusses »nicht anerkennen, nicht einmal verstehen« werde. Palitzsch schreibt über seine »nackte Verzweiflung«, da er im Wortsinne »alles« aufgegeben habe. Er bekennt sich zwar zum Sozialismus, »die einzige Möglichkeit, zu einer grundsätzlich menschlichen Form des menschlichen Zusammenlebens zu kommen«, kritisiert aber dessen Umsetzung in der DDR: Die Maßnahmen am 13. August hätten »dem friedlichen Weg zum Sozialismus in Deutschland auf das entsetzlichste geschadet«. Er hoffe, dass Weckwerth ihn nicht als »Verräter« sehe, sondern als »ein armes Schwein«. Und wünschte ihm und dem BE »alles erdenklich Gute«.[213]

Die Antwort aus dem BE schlägt einen anderen Ton an. Sie wurde als Offener Brief des künstlerischen Beirats, dem unter anderem die Intendantin Helene Weigel, der Regisseur Manfred Weckwerth, die Schauspieler Ekkehard Schall und Hilmar Thate sowie die Komponisten Hanns Eisler und Paul Dessau angehörten, am 4. Oktober im *Neuen Deutschland* veröffentlicht. »Sie nennen sich unseren Freund. Was ist das für ein Freund, der sich mit seinen Zweifeln nicht seinen Freunden ausliefert, sondern der reaktionären Presse? Und sagen Sie nicht, Sie stünden vor dem Nichts. Sie stehen vor dem Karren, und man hat Sie eingespannt.« Am Ende urteilten die Schreiber kalt: »Wir haben Verluste erlitten. Wir haben Sie ausgeglichen.«[214]

Die ausgewählten Äußerungen einzelner DDR-Künstler sowie die Erklärungen der Akademie der Künste und des BE verdeutlichen eine uneingeschränkte Unterstützung der Grenzschließung. Keine Bevölkerungsgruppe zeigte mehr Loyalität gegenüber der Regierung als die »Kulturschaffenden« der DDR. Häufig entsprachen die Begründungen für den Mauerbau – selbst im Stil – der SED-Propaganda: Man müsse den Sozialismus in der DDR schützen, den Weltfrieden bewahren und den Menschenhandel unterbinden.

Außerhalb der staatlichen Kulturorganisationen gab es Autoren, die sich privat oder in »halb öffentlichen« Diskussionen kritisch zum Mauerbau äußerten.[215] Aber kein Künstler der DDR brachte sie im institutionellen Rahmen zur Sprache oder initiierte wie bei der Biermann-Ausbürgerung 1976 eine Protestresolution.

»Seitdem beginne ich die Mauer vor unserer Nase zu hassen, obwohl ich ihre Notwendigkeit nach wie vor einsehe.«

Die ostdeutsche Studentin Marianne an ihren westdeutschen Freund, 10.2.1962

Widerstandslose Hinnahme
Erklärungsversuche

Das Trauma des 17. Juni
ANGST UND AUSWEGLOSIGKEIT

»Ich kann Ihnen sagen, warum wir nicht protestiert haben«, antwortet Achim W. und schaut über den menschenleeren Mauerpark. Dann wird er laut, seine Sätze klingen wie Hammerschläge: »Alle hatten Angst. Wir hatten Angst. Richtig Angst.« Für den heute 75-Jährigen, der 1961 im Berliner Stadtbezirk Prenzlauer Berg wohnte und als Techniker bei der Deutschen Post (DDR) arbeitete, gibt es nur eine Erklärung. Seine rhetorische Frage »Was meinen Sie, was wir denn hätten tun können?« beantwortet er gleich selbst: »An den Übergängen standen die schwer bewaffneten Grenzer und in den Seitenstraßen die Panzer. Ich habe gesehen, wie sie [am Grenzübergang] Brunnenstraße die Menschen auseinandergejagt haben. Wir hatten keine Chance gegen das Ulbricht-System. Und vergessen Sie nicht die Russen!«[1] Dass das Militär in Ost-Berlin Präsenz demonstrierte, bestätigt auch Richard G., der als junger SED-Funktionär die Abriegelung der Grenze als Agitator verteidigt hatte. »Die Stadt [Ost-Berlin] glich einem Heerlager. Das hat auf viele einschüchternd gewirkt.«[2] Immer wenn sich am 13. August und in den folgenden Tagen größere Ansammlungen an den Grenzübergängen oder Umsteigebahnhöfen der S-Bahn gebildet hatten, trieben DDR-Sicherheitskräfte, notfalls mit Wasserwerfern und Schlagstöcken, die Menschen auseinander.[3]

Etwas vorsichtiger reagiert auf die Frage nach den ausgebliebenen Massenprotesten der 83-jährige Schriftsteller Joochen Laabs, indem er vorausschickt, dazu ließen »sich nur Mutmaßungen äußern«. Er meint, »die Befürchtung, durch negative Äußerungen, gar durch Ablehnung der *Maßnahmen zur Erhaltung des Friedens und gegen das Treiben der westdeutschen Revanchisten und Militaristen*, sich in äußerste persönliche Gefahr zu bringen, war dominant. Allein die maßlos übersteigerte Definition des Mauerbaus wurde als Zuschlagskeule, der man sich argumentativ kaum entziehen kann, verstanden. Und der schnelle Fluchtweg in den Westen war verbaut, wortwörtlich. Dazu kam der Schock über den Mauerbau; auch der Umstand, dass der Westen den Mauerbau hingenommen hatte, trug wahrscheinlich das Seine dazu bei, die Mauer hinzunehmen. Da es sich um eine so einschneidende und die gesamte Situation des Staates betreffende Maßnahme handelte, war einem bewusst, wie heikel eine leichtfertige Äußerung sein und ungute Konsequenzen nach sich ziehen, einen sogar in Gefahr bringen konnte, sodass man sich hütete, über den engsten, vertrauenswürdigsten Kreis überhaupt auf Gespräche darüber einzulassen, sodass übergreifende Absprachen, gar Vereinbarungen gar nicht zustande kamen.«[4]

Dass diese Befürchtungen allgegenwärtig waren, belegen Berichte von DDR-Bürgern, die in den ersten Monaten nach der Grenzschließung in den Westen flüchteten und sich kurz darauf über die Lage in der DDR äußerten. Die zeitgenössischen Schilderungen geben nicht nur »einen Einblick in die Lebenssituation der ostdeutschen Bevölkerung nach dem 13. August 1961«, so die Politologin Lydia Dollmann, sondern sie liefern »auch eine Antwort auf die Frage, warum sich nicht zumindest ein Teil der DDR-Bevölkerung gegen die Regierung aufgelehnt hat«.[5] Die Antwort bestätigt die Erinnerungen von Achim W. und Joochen Laabs. Es war: Angst. Leitmotivisch zieht sich dieses Gefühl durch die Berichte. Auch als Erklärung dafür, dass es nicht zu Massenprotesten kam. Nicht kommen konnte.

Verbitterung und Verzweiflung

Es habe »nur verbissene Wut, Hass – und lähmenden Schock« gegeben, berichtete ein ehemaliger Grenzgängerstudent »über die Stimmung der Bevölkerung im Ostsektor« nach dem 13. August. Man habe ungeduldig gewartet und sich die Frage gestellt, ob noch etwas passiere, ob sich der Westen das gefallen lasse. Oder ob »es vielleicht einen neuen Aufstand« gäbe? »Aber kaum ein Mensch hoffte fest darauf. Es waren mehr Wunschträume. Man konnte nur deprimierte, resignierende Gesichter sehen.« In den Gaststätten würden »die Menschen leise tuscheln. Keiner wagt mehr, offen und laut zu sprechen – über viele hat sich lähmende Angst gelegt, besonders, wenn das Thema ›Mauer‹ berührt wird.«[6]

Hinzu kam die Ausweglosigkeit. Man sehe »keine Möglichkeit der Flucht oder auch nur des Ausweichens«, beklagte der Student Joachim N., dem es geglückt war, kurz vor Weihnachten 1961 mit einem Schweizer Pass nach West-Berlin zu gelangen.[7] Vor dem 13. August sei es einfach gewesen zu fliehen, erzählte eine Frau, der die Flucht am Neujahrstag 1962 gelungen war. »Für 20 Pfennig konnte man eine ›S-Bahn-Fahrkarte zur Freiheit‹ kaufen. Man hatte stets einen Ausweg vor Augen, und man konnte sich dem politischen Druck notfalls durch Flucht entziehen.«[8] Die Kunstwissenschaftlerin Sabine B. beklagte im Januar 1962, dass »Ausweglosigkeit und Zukunftslosigkeit der Ereignisse« eine Atmosphäre schaffen würden, welche »die tägliche Existenz unerträglich machte, auch wenn man von dieser oder jener Einzelmaßnahme nicht unmittelbar betroffen war«.[9]

In der Bevölkerung, berichtete die Künstlerin Ingrid S. Anfang 1962, seien »Verbitterung und Verzweiflung groß wegen der Aussichtslosigkeit und Unmöglichkeit, verwandtschaftliche und freundschaftliche Beziehungen nach dem Westen aufrechtzuerhalten.« Eindringlich beschrieb sie »diese Einsicht in das nun endgültige Ausgeliefertsein an die Entscheidungen eines riesigen Parteiapparates mit seinen Hunderten von Funktionären, diese Aussichtslosigkeit und die daraus resultierende Verzweiflung vieler intelligenter, wertvoller Menschen« seien für sie »das Beeindruckendste, Traurigste, Lähmendste in den Tagen nach dem 13. August gewesen«.[10]

»Niemand getraute sich mehr«

Die Flüchtlingsberichte geben auch Auskunft darüber, wovor die DDR-Bürger Angst hatten. Eine Medizinstudentin der Humboldt-Universität, der im Juni 1962 die Flucht gelang, erklärte, man lebte »in ständiger Angst, ob man morgen noch ein ›freier‹ Mensch ist«. Das »Ulbricht-Regime« hätte gleich nach dem Mauerbau versucht, »den Widerstand der Studentenschaft durch öffentliche Verhaftungen zu brechen«. Besuche man eine politische Versammlung nicht, könne »das der Anlass für eine Verhaftung oder für Zwangsarbeit sein«. Weil die Bespitzelung nach dem 13. August »immer stärker« wurde, könne man »im Grunde genommen niemandem mehr trauen«. Selbst Kinder, die man in der DDR dazu erziehe, entgegen ihrer Überzeugung zu sprechen und zu handeln, würden »bewusst oder unbewusst zum Denunzianten« ihrer Eltern und Geschwister. Würde der Westen nicht »einig und entschlossen dem Ostblock gegenüber auftreten«, werde »[e]ines Tages die Bevölkerung der DDR resignieren, und dann ist es für eine Hilfe zu spät«.[11]

»Ein ausgeprägtes Spitzelsystem des MfS« würde dafür sorgen, berichteten drei weitere Studenten, »dass niemand seinem unmittelbaren Bekannten trauen konnte. Jeder musste damit rechnen, dass eine Meinungsäußerung gegen ihn verwendet werden könnte und er mit einer Bestrafung zu rechnen hätte.«[12] Überall höre man »nur missbilligende Stimmen. Leider nicht öffentlich. Denn das ist in der Sowjetischen Besatzungszone gefährlich«, beklagte eine Studentin, die Ende Januar 1962 mit einem ausländischen Pass über Warnemünde nach Dänemark geflohen war.[13] Niemand getraue sich mehr, »mit seiner Meinung oder nur einer Kritik an die Öffentlichkeit zu treten«, bestätigte ein Student aus Cottbus, der im Dezember 1961 mit einem Schweizer Pass nach West-Berlin gelangt war.[14]

Dass die Angst vor Spitzeln und Denunzianten umging, registrierte auch die Staatssicherheit. Es werde im Rahmen der »negativen oder direkt feindlichen Stimmen« die Meinung vertreten, »man müsse jetzt sehr vorsichtig mit allen Äußerungen sein«. Besonders bei Angehörigen der Intelligenz sei festzustellen, dass diese »nur in sehr vertrautem Kreise ihre wahre Meinung sagen«.[15]

Angst vor einer Verhaftung herrschte auch in den Betrieben. Man werde, »ob man will oder nicht, langsam selbst so eingeschüchtert und ängstlich, dass man sich kaum getraut, etwas zu sagen«, berichtete ein Berliner Bauarbeiter. Wenn man bei Diskussionen »ein Wort zu viel sagt«, müsse man damit rechnen, verhaftet zu werden.[16] Eine im Januar 1962 geflüchtete Sachbearbeiterin aus Ost-Berlin gab an, anfangs hätten sich die Kollegen »alle offen gegen die Zwangsmaßnahmen des 13. August« ausgesprochen. Es sei »dann eine Angstpause von mehreren Wochen« eingetreten, »nachdem man von Verhaftungen in anderen Betrieben gehört hatte«.[17]

Ein Geflüchteter aus Potsdam beschrieb, mit welchen Mitteln der Staat versuchte, seine Bürger einzuschüchtern. Die SED-Propaganda stieße einerseits »Schimpfkanonaden und vulgäre[n] Angriffe gegen den Westen« und andererseits »Drohungen gegen Andersdenkende und ›geistige Grenzgänger‹« aus, die »bisher nie gekannte Formen« annehmen würden. So seien beschlagnahmte Rundfunk- und Fernsehgeräte von Bürgern, welche die »Hetz-, Kriegs- und NATO-Sender« gehört hatten, »in den Schaufenstern der HO [staatliche Einzelhandelsunternehmen] mit erläuternden Plakaten zur Schau gestellt« worden, »auf denen die namentlich benannten Bürger als Feinde des ›Arbeiter- und Bauernstaates‹ verunglimpft wurden«. Auch »ein Schauprozess gegen eine Gruppe von Jugendlichen« sei im Schaufenster einer HO-Drogerie »groß angekündigt« gewesen – »durch Aushang von gestellten Fotografien«, auf denen unter anderem »ein betrunkenes jugendliches Paar, zwar bekleidet, bei unzüchtiger Handlung dargestellt [war]«.[18]

Neben der Angst vor Verhaftung befürchteten viele auch berufliche Nachteile, wenn sie offen ihre Meinung äußern würden. »Der politische Druck nahm nach dem 13. August massiv zu«, berichtete ein Chirurg, der in einer Charité-Klinik gearbeitet hatte. Die Maßnahmen müssten »kommentarlos schriftlich gebilligt werden« und die Klinikchefs »Berichte über das Verhalten ihrer Mitarbeiter« abliefern. »Von allen Mitarbeitern wurde von der Parteileitung absoluter Gehorsam verlangt. Widerstand bedeutete beruflichen Selbstmord.«[19]

Zu dieser Bedrohung gehörte auch das Angstmachen durch Gerüchte. Eine Medizinstudentin der HUB berichtete unmittelbar nach ihrer Flucht, »Tausende Studenten« befänden sich »in Arbeitslagern oder Zuchthäusern, und nur[,] weil sie für die Freiheit eintreten«.[20] Untersuchungen widerlegen diese Annahme, die sich auch in anderen Berichten findet. In dem Zeitraum vom 13. August 1961 bis Ende Januar 1962 wurden an sechs Universitäten der DDR (Berlin, Leipzig, Jena, Rostock, Greifswald, Dresden) insgesamt »nur« 50 Studenten verhaftet.[21]

Erinnerung an den 17. Juni

Die Angst vor öffentlicher Bloßstellung, vor beruflichen Nachteilen, vor Verhaftungen und Verurteilungen ist nicht nur auf die befürchteten und dann auch einsetzenden Repressionen des SED-Staates nach dem 13. August 1961 zurückzuführen, sondern auch auf die Erfahrungen vieler DDR-Bürger mit dem niedergeschlagenen Volksaufstand von 1953.

Joochen Laabs spricht von beängstigenden Erfahrungen, »die mit dem 17. Juni 1953 direkt, mit den Vorgängen von 1956 in Ungarn mehr indirekt, und mit vielen Einzelfällen über den Umgang mit Menschen, die sich auf Widerspruch gegen grundsätzliche Parteibeschlüsse einließen, zusammenhingen«.[22] Auch der Schriftsteller Rolf Schneider führt die ausbleibenden Massenproteste auf die Erfahrungen in den 1950er-Jahren zurück: »Kurz zuvor hatte es zwei Aktionen eines massiven Aufbegehrens gegeben: 1953 durch die Arbeiterschaft und 1956 durch Intellektuelle [Initiierung einer intensiven Reformdiskussion, insbesondere durch jüngere Parteiintellektuelle]. Beides war brutal unterdrückt worden, im ersten Fall durch sowjetische Truppen, im zweiten Fall durch die Staatssicherheitsbehörden und die politische Justiz der DDR. Die Erinnerung an alles das war noch lebendig. Außerdem wusste man von der blutigen Niederschlagung der Rebellion 1956 in Ungarn.«[23]

Die Berichte der geflüchteten DDR-Bürger bestätigen diese Annahme. Ein ehemaliger Grenzgängerstudent gab an, nach dem 13. August »mit vielen Menschen« gesprochen zu haben, »von denen noch alle offen ihre Meinung sagten, dass die Trennung der Stadt nicht der letzte Schritt sei, wenn man ihn still hinnähme, dass aber andererseits die Erinnerung an den 17. Juni noch in vielen Menschen angesichts der wieder in Berlin aufgefahrenen Panzer wach war«.[24] Eine geflüchtete Lehrerin aus Berlin war fest davon überzeugt, »dass ein Aufstand ausgebrochen wäre, wenn nicht der 17. Juni 1953 und der Ungarnaufstand [1956] noch in zu guter Erinnerung gewesen wären. Es wäre ein Leichtes, die Ulbricht-Regierung zu stürzen, zumal sich diese nicht auf die Armee verlassen kann, doch es ist unmöglich für ein unbewaffnetes Volk, den sowjetischen Panzern zu trotzen.« Diese Meinung sei »immer und immer wieder in Gesprächen« geäußert worden und zeige »die ganze Ausweglosigkeit eines geknechteten Volkes«.[25] »Die Knechtschaft und auch die Resignation über die Ereignisse um den 17. Juni waren zu groß, als dass der Widerstand hätte Gewalt werden können. Noch war man satt, und wenn es nicht unbedingt notwendig war, sagte man nichts«, befand ein Flüchtling, der Anfang 1962 die DDR verlassen hatte. Die Resignation sei »zu stark und der Terror zu groß, um einen aktiven Widerstand zu leisten«. Der Mann zog eine bittere Bilanz: »So sieht Ulbrichts Machtbereich aus! Die Menschen haben Angst, werden ausgebeutet und warten auf die Freiheit.«[26]

Ist die Angst vor den Repressionen des SED-Staates also die Erklärung für den ausgebliebenen Aufstand? Und war diese Angst berechtigt?

Verhaftungen und Verurteilungen

Das Gefühl der Angst vor der scheinbar allmächtigen Staatsmacht lässt sich auf den ersten Blick durchaus bestätigen, einerseits durch den seit dem 17. Juni 1953 forcierten Ausbau des Geheimdienstapparates und andererseits durch die Intensivierung der politischen und justiziellen Repressionspolitik der SED-Führung nach dem 13. August 1961. In der Forschung wird davon ausgegangen, dass nach der Grenzschließung »eine der härtesten Repressionsphasen« in der DDR-Geschichte einsetzte.[27] Mit dem Mauerbau sei über Nacht, so der Historiker Falco Werkentin, der sich mit der politischen Strafjustiz in der DDR auseinandersetzt, »eine neue Phase des Justizterrors etabliert« worden.[28] Die justizielle Repressionspolitik wird durch die steigenden Verhaftungs- und Verurteilungszahlen belegt. Dabei konnten sich die Gerichte auf einen in den Vorjahren personell aufgestockten MfS-Apparat stützen. 1961 verfügte die Staatssicherheit über 23.000 hauptamtliche und über rund 100.000 inoffizielle Mitarbeiter.[29] Bis zum 31. Dezember 1961 registrierte das MfS 2.141 »Personen, die im Zusammenhang mit den Sicherungsmaßnahmen der Regierung vom 13.8.1961 festgenommen wurden«.[30] Auch die Anzahl der politischen Strafurteile nahm zu: Während im ersten Halbjahr 1961 insgesamt 4.442 Bürger wegen politischer Delikte verurteilt wurden, waren es im zweiten Halbjahr 18.297.[31]

Die rechtlichen Grundlagen bot das Strafrechtsergänzungsgesetz von 1957, das am 1. Februar 1958 in Kraft getreten war. Es hatte zwar den rechtsstaatswidrigen Missbrauch von Artikel 6, Absatz 2 der DDR-Verfassung von 1949 – »Boykotthetze gegen demokratische Einrichtungen und Organisationen [...]« – aufgehoben, aber neue Delikte wie »Staatsverrat«, »Staatsgefährdende Gewaltakte«, »Staatsgefährdende Propaganda«, »Staatsverleumdung« und »Verleitung zum Verlassen der DDR« eingeführt.[32] Wegen »Staatsverleumdung« wurden beispielsweise im zweiten Halbjahr 1961 insgesamt 4.566 Urteile gefällt, im ersten Halbjahr waren es 904.[33] Außerdem stellte die Neufassung des DDR-Passgesetzes von 1957 die »Republikflucht« unter Strafe.[34] Unmittelbar nach der Grenzschließung erhielt die DDR-Justiz mit der »Verordnung über Aufenthaltsbeschränkung« darüber hinaus die Möglichkeit, »arbeitsscheue Personen« mit »Arbeitserziehung« zu bestrafen, »auch ohne dass die Verletzung eines bestimmten Strafgesetzes vorliegt«.[35]

Die Verschärfung der justiziellen Repressionspolitik wurde im September 1961 von der SED auf mehreren Ebenen noch vorangetrieben. SED-Justizministerin Hilde Benjamin kritisierte die – aus ihrer Sicht – zu milden Urteile: »Jetzt auftretende Verbrechen wie Hetze, Staatsverleumdung, Spekulation, Rowdytum, Widerstand gegen die Staatsgewalt und die noch immer auftretenden Versuche des Menschenhandels verlangen, insbesondere wenn sie von Provokateuren, Arbeitsbummelanten, ehemaligen Grenzgängern, Schiebern,

Freiheitsstrafen mit »nachhaltiger Erziehungswirkung«: Walter Ulbricht verleiht Justizministerin Hilde Benjamin 1962 den Karl-Marx-Orden

Vorbestraften begangen werden, dass sie mit Freiheitsstrafen bestraft werden, die auch eine nachhaltige Erziehungswirkung sichern.« Es sei nicht richtig, »wenn einige Gerichte derartige Verbrechen mit Freiheitsstrafen, häufig unter sechs Monaten, bestrafen«.[36] Und die SED-Führung wies Anfang September 1961 die Bezirks- und Kreisleitungen an: »Urteile gegen Hetzer, Bummelanten, parasitäre Elemente und sonstige Störer unserer Ordnung, besonders im Zusammenhang mit den Maßnahmen des 13. August, müssen im Strafmaß so gehalten werden, dass eine nachhaltige Erziehung zur Staats- und Arbeitsdisziplin gewährleistet ist.«[37]

Flankiert wurde der Justizterror von der FDJ, die ihre Mitglieder zur offenen Gewalt aufrief. »[A]ls Helfer und unter der Leitung der Volkspolizei« sollten sie sichern helfen, »dass – weder in Kinos noch in Gaststätten noch anderswo – Provokateure oder Dummköpfe ungestraft ihr Unwesen treiben können«. Mit denen werde »nicht diskutiert. Sie werden erst verdroschen und dann den staatlichen Organen übergeben […].«[38] Der Historiker Gerhard Sälter spricht in diesem Kontext von einer »Lizenz für offenen und kaum gezügelten Straßenterror«.[39]

Bereits eine Woche nach der Grenzschließung gab es interne Warnungen des MfS vor »Überspitzungen« einiger übereifriger Funktionäre, vor allem junger FDJ-Kader im Zusammenhang mit der Kampagne zum freiwilligen Dienst in der NVA.[40] »Um ein gutes Werbeergebnis zu erzielen«, werde »auf die Jugendlichen ein gewisser Druck ausgeübt«. Im VEB Kartografischer Dienst und VEB Vermessungsdienst Halle erschienen FDJ-Funktionäre der Kreisleitung und erteilten den betrieblichen FDJ-Leitungen die Anweisung, »dass ab sofort jedes FDJ-Mitglied bis auf Abruf das Blauhemd zu tragen habe. Jugendliche, die dem Beschluss nicht Folge leisten, sollten als Provokateure behandelt werden.« Ein FDJ-Sekretär aus dem VEB Bau Greifswald/Rostock verlangte die Festnahme eines Jugendlichen, der sich weigerte, zur NVA zu gehen.[41] In einigen Fällen von Übereifer ergriff das MfS »Maßnahmen zur Beseitigung dieser Fehlentscheidungen«, wie beispielsweise im VEB Eisengießerei Greifswald, wo ein Jugendlicher entlassen und vier weitere beurlaubt worden waren, »um mit einem gewissen Druck die Bereitschaftserklärung zu erzwingen«.[42] Ausgerechnet der Minister für Staatssicherheit Erich Mielke warnte im Dezember 1961 intern davor, die rigide Repressionspolitik fortzusetzen: Es sei nicht möglich, »die gegenwärtig hohe Zahl der Festnahmen noch länger beizubehalten«.[43]

Knapp ein Jahr nach dem Mauerbau leitete Ulbricht eine »erneute Wende zum strafpolitischen ›Liberalismus‹« ein.[44] Nachdem im Juni 1962 etwa 16.000 Häftlinge vorzeitig entlassen wurden[45], folgte keine neue Verhaftungswelle. Auch die Zahl der politischen Urteile sowie die Höhe der Strafmaße ging im Vergleich zu den 1950er-Jahren »deutlich zurück«.[46] Das bedeutete jedoch nicht, dass der SED-Staat liberaler wurde; er änderte nur seine Strategie der Herrschaftssicherung: Das MfS entwickelte eine »Präventionsstrategie, die auf eine flächendeckende Überwachung sowie auf Einschüchterung, Zersetzung und Entmutigung setzte« und »zum funktionalen Äquivalent für den unverdeckten justiziellen Terror [wurde]«.[47]

Rückblick: Die DDR-Strafjustiz 1953

Weil die Ostdeutschen – im Jahr 1961 und auch sechzig Jahre danach – die Angst vor Verhaftung und Verurteilung häufig auf ihre Erfahrungen mit dem Volksaufstand zurückführten bzw. -führen, lohnt ein Blick zurück auf das Jahr 1953. Keinesfalls soll damit die rigide Repressionspolitik der SED-Führung nach dem 13. August 1961 relativiert werden. Falco Werkentin, der die Entwicklung der politischen Strafjustiz im zeitlichen Umfeld von 1953 und 1961 vergleichend untersucht hat, konstatiert, dass die neue Phase des Justizterrors nach dem Mauerbau »nur vergleichbar mit dem Terror in den Monaten vor dem 17. Juni 1953« sei.[48] Wohlgemerkt: *vor* dem 17. Juni. Tatsächlich hatte sich mit dem im Juli 1952 beschlossenen »Aufbau des Sozialismus« die Zahl der Häftlinge zwischen Juni 1952 von etwa 37.000 und Mai 1953 auf circa 67.000 fast verdoppelt. Wie rigide die Justiz vorging, belegen Einzelbeispiele: Noch am 9. Juni 1953 wurde ein Arbeiter zu acht Jahren Zuchthaus verurteilt, weil er im Betrieb RIAS-Nachrichten verbreitet hatte.[49] Allein auf der Grundlage des »Gesetzes zum Schutz des Volkseigentums und anderen gesellschaftlichen Eigentums«, das im Oktober 1952 in Kraft getreten war und selbst für kleinste Bagatelleigentumsdelikte wie den Diebstahl von zwei Schrippen Zuchthausstrafen ermöglichte, kamen über 10.000 Bürger ins Gefängnis.[50] Ungeachtet dieser Repressionen kam es im Juni 1953 zu einem Volksaufstand gegen das SED-Regime. An Demonstrationen und Streiks sollen sich mindestens 400.000 Ostdeutsche in über 700 Städten und Gemeinden der DDR beteiligt haben.[51]

Zu den bitteren Erfahrungen des 17. Juni gehörte nicht nur das Scheitern, sondern auch, so der Publizist Karl Wilhelm Fricke, »[d]as Bewusstwerden des eigenen politischen Willens und der Möglichkeit, diesem Willen durch gemeinsame Aktionen und durch Solidarität Nachdruck zu verleihen«. Mitnichten ließen sich alle einschüchtern. Fricke führt eine Reihe von Streiks für den Zeitraum von 1953 bis 1961 an – Beispiele, die allerdings »nur annähernd ein vollständiges

Bild ergeben können. Da jedoch vereinzelte Aktionen unter den Bedingungen totalitärer Herrschaft immer noch erheblich mehr bedeuten als selbst Massenaktionen in einem demokratischen Staat, kann ihr politischer Aussagewert kaum überschätzt werden.«[52] Die Erfahrung der Niederschlagung des Volksaufstandes vom 17. Juni 1953 bedeutete nicht, dass jeder neue Massenprotest von vornherein zum Scheitern verurteilt war. Wäre die Welle der Wut und Empörung über den Mauerbau zu einem politischen Tsunami angewachsen, lässt sich nicht ausschließen, dass das in Folge der massiven Wirtschaftskrise geschwächte Ulbricht-Regime eingelenkt hätte.

»Nur vorläufig«

UNSICHERHEIT UND UNGLÄUBIGKEIT

Am 13. August 1961 waren viele DDR-Bürger vor allem eins: fassungslos. Detlef R., der Anfang 1962 in den Westen flüchtete, erfuhr von der Grenzschließung »mitten im Urlaub am Scharmützelsee«. Für seine Freunde und ihn »war es beinahe unfassbar [...]. Unsere Gedanken waren verwirrt. Angst, Enttäuschung, Resignation und Unentschlossenheit waren die Folge.«[53] Auch die Lehrerin Marianne F. ereilte die »Nachricht von der Absperrung« während einer Urlaubsreise im Thüringer Wald. In ihrer Pension seien circa zwanzig Berliner untergebracht gewesen. »Wir saßen beieinander und sprachen über die Ereignisse, denen wir fassungslos gegenüberstanden.«[54]

Fassungslos

In Berlin begaben sich am 13. August Tausende an die Sektorengrenze – in Ost und West, um sich mit eigenen Augen von der Abriegelung zu überzeugen.[55] Die unzähligen Fotografien dokumentieren Gesichter, die Neugierde und Erregung, Entsetzen und Fassungslosigkeit spiegeln – auf beiden Seiten. In den Straßen von Ost-Berlin, fernab der Grenze, herrschte an diesem Sonntag dagegen offenbar Ödnis. Der Schriftsteller Günter Kunert war mit seiner Frau auf dem Weg zum Brandenburger Tor: »Unsere Straße war menschenleer wie

Fassungslos: Ost-Berliner vor einer Absperrung, August 1961

auch die folgenden. Durch halb Ost-Berlin bis Unter den Linden kaum Passanten. Hier und da ein Militärfahrzeug, ansonsten eine Reglosigkeit, eine dumpfe Stille, wie man sie an sonstigen Sonntagen nicht kannte.«[56] Auch in Potsdam seien die Straßen, berichtete Erich T., »buchstäblich menschenleer« gewesen – und die Menschen »wie gelähmt«.[57]

Wie ohnmächtig irrte der Schriftsteller Günter de Bruyn, damals 34 Jahre jung, am 13. August »von früh bis spät« durch die Innenstadt. Es trieb ihn dazu, »das mit Bangen Erwartete und doch nicht für möglich Gehaltene mitzuerleben, die Wandlung des Albtraums in Realität mit eigenen Augen zu sehen.«[58] Das mit Bangen Erwartete? Nicht nur de Bruyn schien klar gewesen zu sein, dass etwas passieren würde. »Seit Monaten schon lag im Sommer 1961 etwas in der Luft«, schreibt Wolf Biermann. »›So kann es nicht weitergehn‹, sagten viele in Ost und West. Tausende realsozialistische Adams und Evas verließen jeden Tag das deutsche demokratische Arbeiter- und

Bauernparadies.«[59] Weil die Welle der Flüchtenden in den Westen dermaßen anschwoll, so Biermann, wurden schon Hochrechnungen darüber angestellt, »wann das Land leer sein würde. Ein böser Spruch kursierte in Ost-Berlin: ›Der Letzte macht das Licht aus!‹«[60] Und nachdem die Grenzen geschlossen waren, berichtete ein ehemaliger Grenzgängerstudent, »kursierten bei einer Begegnung als Begrüßung die Worte: ›Na, auch den letzten Zug verpasst?‹«[61]

Auch die Staatssicherheit registrierte Stimmungen, die mit einer baldigen Grenzschließung rechneten. Ein Inoffizieller Mitarbeiter berichtete im Juli 1961, »Angehörige der Mittelschichten und Gewerbetreibenden in Eichwalde« (Bezirk Potsdam) nähmen an, dass bei Unterzeichnung eines Friedensvertrages nur mit der UdSSR »die Grenzen nach Westberlin völlig geschlossen würden«.[62]

Es gehört zu den scheinbaren Widersprüchen des 13. August, dass vielen klar war, es werde, ja es müsse etwas passieren. Und dennoch waren die meisten überrascht, fühlten sich von der Absperrung überrumpelt. Es schien undenkbar, eine Millionenstadt einfach so zu teilen. Über Nacht. Und auf Dauer. Besonders die Berliner »konnten und wollten nicht glauben, dass die Trennungsmauer für immer gebaut sei«, berichtete eine Studentin kurz nach ihrer Flucht.[63]

Das Nichtfassenkönnen bezog sich nicht nur auf die menschlichen Trennungen. »Eigentlich weigerte sich mein Vorstellungsvermögen«, schreibt der Schriftsteller Joochen Laabs, »wie die materielle Abtrennung vom Westen tatsächlich gelingen kann, besonders in Berlin.« Schon berufsbedingt – Laabs hatte in Cottbus als Straßenbahnfahrer gearbeitet und in Dresden an der Hochschule für Verkehrswesen studiert – wehrte sich sein »praktisches Verständnis«.[64] Man könne da keine Mauer bauen, befand auch der damals 19-jährige Reinhard Hummel, der in Neuruppin geboren wurde, mit seinen Eltern bereits 1958 nach West-Berlin übersiedelte und später Autor zahlreicher Hörspiele wurde. Hummel erfuhr von der Grenzschließung während einer Ferienreise in Spanien und war der Meinung, eine Mauer ließe sich schon deshalb nicht errichten, weil S- und U-Bahn-Trassen sowie Wasserläufe mitten durch die Stadt führten.[65] Die Sektorengrenze überquerten nicht nur Bahn- und Schifffahrtslinien, sondern täglich auch Hundertausende Menschen, um im anderen Teil der Stadt Verwandte und Freunde zu besuchen oder um zu studieren und zu arbeiten.[66] »Es war ja unvorstellbar, dass man die Stadt radikal teilen und die Einwohner voneinander separieren könne«, erinnerte sich der Schriftsteller Günter Kunert.[67]

Neben dieser Ungläubigkeit herrschte eine enorme Unsicherheit. Vielen Ostdeutschen war in den ersten Tagen offenbar nicht bewusst, welche Auswirkungen die Abriegelung der Sektorengrenze haben würde. Hannelore Janisch, die im Sommer 1961 gerade ihr Lehramtsstudium abgeschlossen hatte, berichtet, »mit den Vorgängen um den 13. August für längere Zeit weitreichende Eingriffe in den Lebensalltag befürchtet« zu haben. »Wir befürchteten größere Einschränkungen bei Besuchen in West-Berlin, die politische Dimension der Vorgänge an den Grenzen erfassten wir nicht.« Schließlich seien ihnen immer wieder neue Bestimmungen, die den Grenzverkehr erschwerten, vertraut gewesen.[68] Die Studentin Uta-Christine S. ging 1962 sogar davon aus, dass das Realisieren dessen, was geschehen war, Wochen dauerte. In den »ersten zwei Monaten« sei noch gewartet worden, »und Meinungen ›es kann doch nicht so bleiben‹ traten auf«.[69]

In der Tat: Der Bau einer »wirklichen« Mauer begann erst einige Tage später, aber real waren der Stacheldraht, die spanischen Reiter, die Betonpfähle – und die Grenzer, die keinen DDR-Bürger mehr in den Westen ließen. Kunert gibt jedoch zu bedenken: »Und dennoch: Man ist sich über die Konsequenzen und Folgen der sogenannten ›Maßnahmen‹ in diesem Moment nicht klar gewesen. Vielleicht handelte es sich nur um eine verstärkte Kontrolle des Innerberliner Verkehrs, vielleicht würde man zwischen Treptow, wo wir wohnten, und Neukölln seinen Ausweis zeigen müssen, vielleicht Taschen öffnen oder einen Obolus entrichten müssen.« Er fügt aber hinzu: »[D]ie Naivität war groß, insbesondere meine. [...] Ich hätte es besser wissen müssen. Viele haben es besser gewusst, die vor diesem Tag sich auf die Socken gen Westen gemacht hatten.«[70]

Hoffnungen

Die Passivität der DDR-Bürger unmittelbar nach der Grenzschließung resultierte auch aus der Hoffnung, die Abriegelung sei nur temporär. Noch am 13. August hatten »wir im Osten« angenommen, erzählte eine Schülerin nach ihrer Flucht zu Weihnachten 1961, »dass die Sperrmaßnahmen nur vorübergehend wären«.[71] Nahrung gab dieser Hoffnung ausgerechnet die SED-Propaganda, die am 13. August nicht nur in den Medien, sondern auch in Gestalt der Agitatoren und Grenzer die DDR-Bürger zu beruhigen hatte. Wolf Biermann, der mit seiner Seminargruppe in die Wohnhäuser abkommandiert war, versicherte den »misstrauischen Bürgern zwischen Tür und Angel«, alles sei »nur eine vorübergehende Maßnahme! In wenigen Tagen, wenn sich alles beruhigt habe, würde den Bürgern der Hauptstadt der DDR von der Volkspolizei gestattet werden, die Grenze normal wie eh und je zu überqueren.«[72] Wie die aus ihren Wohnungen geklingelten Bürger auf diese studentischen Versicherungen reagierten, beschreibt Biermann leider nicht.

Die damals 18-jährige Renate T., die am Vormittag des 13. August mit ihrem Verlobten an den Grenzübergang Wollankstraße geeilt war, um sich von den Absperrungen zu überzeugen, kann sich an einen älteren Mann erinnern, der mit einer abwinkenden Handbewegung gesagt habe, die Grenzschließung wäre »bestimmt nur von kurzer Dauer«. Daraufhin sei ihr Verlobter auf einen Grenzpolizisten zugegangen und hätte ihn gefragt. Der Polizist habe geantwortet, die Maßnahmen blieben so lange gültig, bis ein Friedensvertrag vereinbart sei.[73] Der Grenzer gab die offizielle Sprachregelung der SED-Führung wieder. Und schaut man sich den Ministerratsbeschluss im Wortlaut an, dann ist lediglich von einer »Kontrolle« an den Grenzen zu West-Berlin die Rede – so »wie sie an Grenzen jedes souveränen Staates üblich ist«. Am Ende der Erklärung findet sich ein Hinweis auf die Dauer der Maßnahme: Sie bleibe »bis zum Abschluss eines Friedensvertrages in Kraft«.[74]

Andere DDR-Bürger setzten vor allem auf die Westalliierten. »Noch am 13. August nahmen wir im Osten an«, erzählte die bereits zitierte Schülerin, »dass die Sperrmaßnahmen nur vorübergehend

Hoffnung auf »Vorläufigkeit« der Sperrmaßnahmen: Blick nach Ost-Berlin, im Vordergrund die Sektorengrenze, August 1961

wären und dass von westlicher Seite wirksame Gegenmaßnahmen getroffen würden«.[75] Man wartete, berichtete Flüchtling Detlef R. Anfang 1962, »auf durchgreifende Aktionen militärischer Art oder hatte wenigstens auf wirtschaftliche Sanktionen der westlichen Staaten gegen die Zone [DDR] gehofft«.[76]

Auch in den folgenden Tagen »setzte die Ost-Berliner Bevölkerung alle Hoffnungen auf die westlichen Alliierten, die Errichtung dieser Trennungsmauer sofort zu verhindern«, berichtete das Ehepaar Max und Luise R. im Januar 1962.[77] Diese Haltung findet sich auch in den Stimmungsberichten der Staatssicherheit. So sei am 13. August 1961 an den Grenzübergängen »vielfach« erklärt worden, »dass der Westen diese Schritte nicht hinnehmen werde. Deshalb würden die Maßnahmen der DDR nur kurze Zeit aufrechterhalten werden können.«[78]

Die Hoffnung auf eine zeitnahe Rücknahme der Abriegelung resultierte vermutlich aus der Erinnerung an frühere zeitweilige Grenzschließungen.[79] Als Reaktion auf die Massenproteste am 17. Juni 1953 hatte die SED-Führung an diesem Tag gegen 20 Uhr die Sektorengrenze gesperrt.[80] Erst nach drei Wochen, am 8. Juli 1953, meldeten die DDR-Nachrichtenagenturen, dass ab dem folgenden Tag der »freie Verkehr zwischen Ost- und West-Berlin wiederhergestellt« werde und »Passierscheine zum Überschreiten der Sektorengrenze« nicht mehr erforderlich seien.[81]

»Diese Vorläufigkeit wirkte wie eine Beruhigungspille«, erinnert sich Richard G., der als junger SED-Funktionär 1961 die »Maßnahmen der Regierung« auf Versammlungen verteidigt hatte. Vorläufigkeit als Prinzip Hoffnung? Richard G. nickt. Er leidet bis heute an dem Widerspruch zwischen den sozialistischen Idealen, die er im Brustton der Überzeugung verteidigte, und der erlebten Realität, die ihm häufig die Luft zum Atmen abschnürte.[82] Die einzige Möglichkeit, diesen Widerspruch zu ertragen, sagt der Historiker Stefan Wolle, »bestand darin, der Wirklichkeit ein ›Vorläufig‹ entgegenzusetzen«.[83] Die Grenzschließung »war sicher eine Zumutung für viele«, meint Richard G., »aber sie war vorläufig notwendig, um die DDR zu stabilisieren«. Dann hält er kurz inne und ergänzt: »Viele haben an die Vorläufigkeit der Maßnahme geglaubt. Und ich ja auch. Wir wollten es einfach glauben.«[84]

Enttäuschungen

Bekanntlich kam es anders. Was zuerst starb, war die Hoffnung auf Hilfe aus dem Westen. Zunächst schienen auch die Westalliierten wie paralysiert. Erst am 15. August sandten die drei westlichen Stadtkommandanten auf Anweisung ihrer Regierungen ein gleichlautendes Protestschreiben an den sowjetischen Stadtkommandanten, in dem sie die »illegale« Maßnahme verurteilen, welche die Sektorengrenze »in eine willkürliche Sperre gegen die Freizügigkeit der deutschen Bürger, die in Ostberlin und Ostdeutschland wohnen, wandeln sollen«. Die Westalliierten betonen zwar, dass es sich dabei um »ungesetzliche Handlungen« handele und dass der ostdeutschen Bevölkerung Grundrechte, wie die freie Wahl des Arbeitsplatzes, entzogen worden seien, forderten jedoch nicht explizit den Abbau der Sperranlagen.[85] Und es folgten weder Militäraktionen noch Wirtschaftssanktionen. Die Menschen in der DDR hätten »auf die Westmächte gehofft, doch bis jetzt noch keine Hilfe erhalten«, berichtete die 1962 geflüchtete Studentin Uta-Christine S.[86] Als keine Hilfe kam, machte sich Resignation breit. Das Vertrauen in den Westen sei erschüttert, gab der Flüchtling Manfred M. an und fragte: »Warum lässt er die Mauer in Berlin zu?«[87] Hildegard B. kam Anfang 1962 zu der Einschätzung, leider müsse gesagt werden, »dass die Bevölkerung im Osten, nach der Erfahrung, dass der Westen die Mauer hingenommen hat, wie vieles zuvor, keine Hoffnung mehr hat, dass auch für sie einmal die Befreiung von diesem verhassten Regime kommt.«[88] Und der Flüchtling Detlef R. behauptete sogar, die Enttäuschung über die Mauer sei geringer gewesen »als die über das Verhalten der Westmächte«.[89]

Auch im Westen war man enttäuscht, insbesondere in West-Berlin. Legendär wurde die Schlagzeile der Bild-Zeitung vom 16. August: »Der Westen tut nichts! Präsident Kennedy schweigt […]«.[90] Intern hatte sich der US-Präsident längst positioniert – mit einer zweiten legendären Aussage in diesem Kontext: »Eine Mauer ist verdammt noch mal besser als Krieg!«[91] Schon im Frühjahr 1961 war das US-Außenministerium zu der Lagebeurteilung gekommen, dass »eine Revolte in Ostdeutschland nicht im Interesse der USA« läge.[92] Der Westen hatte zwar gegen den Mauerbau protestiert, ihn aber letztendlich hingenommen.

Auch in anderer Hinsicht wurden die DDR-Bürger enttäuscht. An einigen Grenzabschnitten war schon nach zwei Tagen sichtbar, dass die Abriegelung nicht vorläufig sein würde. Ab dem 15. August errichteten Bauarbeiter aus Blocksteinen und Ziegeln eine etwa zwei Meter hohe Mauer (»Mauer der 1. Generation«) mit aufgesetzten Stacheldrahtsperren, die das Überklettern erschweren sollten.[93] Zur Unterbindung von Fluchtversuchen wurde außerdem damit begonnen, in den Häusern, die wie in der Bernauer Straße direkt an der Grenze lagen, Eingänge und Fenster zuzumauern. Ende August wurden im

17. August 1961 — Berliner Zeitung — Seite 3

Mittwoch, 16. August 1961 · 15 Pf

Bild-Zeitung – Unabhängig · Überparteilich – Berliner illustrierte Nachtausgabe

Der Osten handelt – was tut der Westen?

...denn Zigarren raucht der Mann

Der Westen tut NICHTS!

Enttäuscht

Der Osten hat gehandelt. Der Osten handelt noch.

„BZ"-Kommentar

Die Kriegstreiber isolieren sich

„Enttäuscht. – Der Osten hat gehandelt. Der Osten handelt noch." So beginnt das Massenblatt des Springer-Konzerns sein Klagelied. „Wir sind enttäuscht." So endet es an dieser Stelle jener Seite 1.

Enttäuscht und ungeheuer wütend zugleich sind die Kriegstreiber. Worüber? Darüber, daß ihr Westberlin-Programm gescheitert ist. Der „politische Lebenszweck" Westberlins sei verlorengegangen, schreibt die bürgerliche „Stuttgarter Zeitung" völlig einleuchtend.

Dieser „Lebenszweck", der nichts – aber auch gar nichts – mit den Interessen der friedlichen Westberliner zu tun hatte, bestand darin, Störzentrum gegen die DDR, gegen das ganze sozialistische Lager zu sein. Das haben Brandt und Konsorten oft genug deutlich gesagt. Das wollten sie in diesen Wochen auf die Spitze treiben.

Nun ist es aus mit der Menschenfängerei, mit dem Kinderraub, mit der Vergiftung unserer Jugend in den Grenzkinos, mit der 1:4-Korruption und was noch alles zum Frontstadt-Lebenszweck gehörte. Die DDR hat auf Empfehlung ihrer Partner des Warschauer Vertrages das Störzentrum dicht gemacht. Klappe zu – Affe tot, so sagt der Berliner. Herr Brandt, Sie sind damit gemeint!

Und was sich Herr Brandt als Antwort auf unsere Schutzmaßnahmen wünscht, den Gipfel der Scharfmacherei nämlich, das kommt nicht zustande. Es kommt nicht zustande, weil die Berechtigung unserer Vorkehrungen bei allen klardenkenden Politikern im Ausland erkannt worden ist; weil die Stärke des sozialistischen Lagers, das hinter unseren Maßnahmen steht, offenbar erkannt wird.

Und Brandts Scharfmacher-Forderungen verhallen, weil kein Engländer, kein Franzose und Italiener, kein Amerikaner oder Kanadier für eine Handvoll Westberliner Militaristen die Kastanien aus dem Feuer holen will. Millionen Menschen aus allen Klassen und Schichten auch der imperialistischen Staaten, vor allem aber die Arbeiterklasse dort, verstehen und billigen unser Vorgehen gegen die Friedensstörer.

Sehen Sie sich die drei Köpfe an, die „Bild" zeigt, und die letzten Zeilen dazu – dann können Sie sich denken, wie die Kriegstreiber enttäuscht sind und warum. Sogar von denen, die sie (fälschlich oder zu recht) für die eigenen Leute halten, isoliert zu sein, ist eine harte Nuß. Wohl darum hat „Bild" um seine Seite einen Stacheldraht montiert. Der paßt ganz gut ...

Maßlos enttäuscht schließlich sind jene Scharfmacher, weil die große Mehrheit unserer Bevölkerung hinter der Partei der Arbeiterklasse, hinter der Regierung der Deutschen Demokratischen Republik und ihren Maßnahmen steht, ja sie aktiv unterstützt.

Bleibt noch zu sagen: Eine solche Enttäuschung für die Militaristen ist uns ein Hochgenuß. Das Zeitalter des Sozialismus ist seit vielen Jahrzehnten voll von dergleichen Enttäuschungen und Schlägen gegen die imperialistischen Scharfmacher. Daß sie sich hiermit nicht abfinden wollen, ist ihre Sache. Daß sie sich damit abfinden müssen und immer neue Enttäuschungen erleben, ist unsere Sache.

Dr. A.

US-Präsident Kennedy schweigt...

Macmillan geht auf die Jagd...

...und Adenauer schimpft auf Brandt

Lesen Sie die Berichte auf den Seiten 2, 3, 4 und

Liebe Leser DER Berliner Zeitung

Wir erlauben uns, Ihnen hier in Originalgröße die gestrige Seite 1 der „Bild"-Zeitung zu präsentieren. Sie erscheint in Hamburg und Westberlin.

Platzverschwendung – werden Sie vielleicht sagen. Nun ja, wir haben einige Manuskripte zurückgestellt, die uns sehr am Herzen liegen.

Beispielsweise aus der Fülle der Zustimmungserklärungen, der Berichte von guten Taten, mit denen die Werktätigen unserer Republik auf die Schutzmaßnahmen ihrer Regierung antworten.

Diese Dokumente eines weiteren Schrittes in die neue Zeit, der Schritte zu einem sauberen Berlin, des Wachstums unserer Menschen haben wir sehr ungern zurückgestellt.

Aber wir meinen, daß diese Seite 1 aus „Bild" für manche unserer Bürger, die noch nicht ganz mit der Zeit gewachsen sind, interessant sein könnte.

Besonders denken wir an einige Grenzgänger, die bisher dergleichen Zeitungen zu lesen und sogar mitzubringen pflegten. Diese Bürger unseres Staates haben nun keine Gelegenheit mehr dazu. Wir verschaffen sie Ihnen heute.

Es könnte nämlich sein, daß diese Bürger zur Zeit noch geneigt sind, „ihrer" bisherigen Zeitung mehr Glauben zu schenken als unseren Argumenten. Mögen sie also lesen, wie „Bild" die Lage einschätzt.

Da unsere alten Leser eine Bemerkung zu dieser nicht alltäglichen Seite 1 eines Westblättchens erwarten dürften und unsere neuen Leser vielleicht das Bedürfnis haben, nun umzudenken, empfehlen wir den gegenüberstehenden BZ-Kommentar.

Enttäuschung über die Westmächte: *BILD-Zeitung* vom 16.8., hier präsentiert von der *Berliner Zeitung* in Ost-Berlin am 17.8.1961

Westen, so der Historiker Gerhard Sälter, die ersten Räumungen von Wohnungen in der Bernauer Straße registriert. Aber die Zwangsaussiedlungen betrafen nicht nur den Stadtbezirk Mitte, sondern auch die Gegenden an der Grenze zwischen Treptow und Neukölln sowie Pankow und Reinickendorf. Bei einer zweiten Räumungsaktion in der Bernauer Straße mussten allein am 24. September etwa 2.000 Menschen ihre Wohnungen verlassen.[94] Darüber hinaus ließ die SED-Führung schon am 23. August von den zwölf verbliebenen Berliner Grenzübergängen fünf weitere schließen und verwehrte den West-Berlinern den freien Zutritt nach Ost-Berlin. Einen Tag später wurde Günter Litfin am Humboldthafen von Grenzposten erschossen – der erste getötete Flüchtling.[95]

Weil die Sicherheitskräfte täglich fünf bis sechs erfolgreiche Fluchten mit zehn bis elf DDR-Bürgern über die Berliner Sektorengrenze registrierten[96], beriet die SED-Führung am 19. September, wie sich »Nachlässigkeiten im Grenzsicherungssystem« beseitigen ließen. Tags zuvor hatte das MfS gemeldet: »Im Berichtszeitraum [vom 15. bis zum 17. September] durchbrachen 37 Personen die Staatsgrenze. 33 Personen wurden beim Versuch der illegalen Grenzüberschreitung festgenommen«.[97] Nun wurde über »Maßnahmen zur Verstärkung der Grenzsperren« diskutiert: das Ziehen von Kfz-Gräben, das Legen von Betonplatten und -schwellen, das Aufschütten von Sand und die Abriegelung der Kanalisation. Vom Innenministerium kam der Vorschlag, in einem bestimmten Abschnitt der innerstädtischen Grenze »18 bis 20 km Grenzmauer« zu errichten. Die Mauer-Option stieß nicht auf einhellige Zustimmung. Aber nicht aus psychologischen Gründen, sondern weil – wie das Protokoll vermerkt – viele Genossen der Meinung waren, eine Mauer werfe bei Nacht Schatten und gäbe »günstige Möglichkeiten der Annäherung für den Gegner«. MfS-Minister Mielke und Verteidigungsminister Hoffmann plädierten für eine Drahtsperre, weil diese, wie Mielke begründete, »haltbarer und für die Bekämpfung von Grenzdurchbrüchen geeigneter« sei.[98] Am Ende setzte sich die Mauer-Lösung durch, weil Ulbricht der Meinung war, dass Stacheldraht die Menschen reize und sie zu immer neuen Versuchen provoziere, die Grenze zu durchbrechen. Deshalb müsse der Draht durch eine Betonmauer ersetzt werden.[99] Im November 1961 begannen NVA-Soldaten damit, in der Nähe des Checkpoint Charlie die noch »improvisierte« erste Mauerversion durch die »Mauer der 2. Generation« zu ersetzen bzw. zu verstärken.[100] Sukzessive wurde »die Mauer« bereits ab Herbst 1961 eine wirkliche Mauer.

»Der Zaun hat uns nicht gestört«

GLEICHGÜLTIGKEIT UND GEWÖHNUNG

Tausende Ost-Berliner kamen am 13. August 1961 an die Sektorengrenze: Weil sie sich von den Absperrmaßnahmen persönlich überzeugen wollten, weil sie lautstark ihren Unmut artikulieren wollten oder weil sie als Agitatoren eingesetzt waren. Akribisch dokumentiert wurden die Vorgänge an den Grenzübergängen von den DDR-Sicherheitskräften.[101] Wie aber reagierten die anderen an diesem Sonntag? In Ost-Berlin lebten 1961 knapp über eine Million Menschen.[102]

Der Sonntag der Anderen

Das SED-Blatt *Berliner Zeitung* behauptete einen Tag später auf der Titelseite, dass der 13. August als »ein gewöhnlicher Sommersonntag« begonnen habe. »Viele Berliner machten sich wie üblich mit Autos, Mopeds und den öffentlichen Verkehrsmitteln auf den Weg hinaus ins Grüne.« Die SED-Propaganda folgte Ulbrichts Voraussage im Hinblick auf die Wahl eines Augustsonntages für die Abriegelung, »Berlin werde halbleer sein. Alle Welt fahre an einem solchen Tage ins Grüne.«[103] Außerdem wurden in der *Berliner Zeitung* Äußerungen einiger Ost-Berliner veröffentlicht, welche die Grenzschließung befürworteten. Der Omnibusfahrer Armin Köpp, der sich in seiner Fahrerkabine fotografieren ließ und die Maßnahmen »lächelnd« als »goldrichtig« bezeichnete, meinte: »Viel Zeit zum Diskutieren hatten wir nicht. Heute Morgen waren die Omnibusse voll. Die Berliner fuhren zu Erholung ins Grüne.«[104]

»Das waren wir«, sagt Dorothea K., die 1961 mit ihrer Familie im Ost-Berliner Ortsteil Bohnsdorf gewohnt hat. »Wir sind an den

Zeuthener See nach Schmöckwitz rausgefahren. Und die Uferbahn [Straßenbahnlinie 86 zwischen Grünau und Schmökwitz] war rappelvoll.« Die damals 17-jährige Schülerin kann sich an den 13. August noch genau erinnern, weil die Mutter ihr »ziemlich erleichtert« eröffnete, »mit Kino im Westen ist jetzt erst mal Schluss«. Dorothea sei »entrüstet« gewesen und den ganzen Sonntag »schlechtlaunig«. Ein Kinobesuch in West-Berlin war für DDR-Bürger auch ohne Westgeld möglich. Sowohl die Kino- als auch die Fahrkarte mit der von der DDR betriebenen S-Bahn konnte man mit Ostgeld bezahlen.

»Richtig betroffen« sei dagegen ihre Schwester gewesen, mit der Dorothea K. häufig zusammen einen Ausflug nach West-Berlin unternommen hatte. Auf den S-Bahn-Fahrten durch die Sektoren hätte ihre Schwester »immer wieder gegrübelt, ob sie nicht auch rübergehen sollte«. Als die Grenze »dicht gemacht wurde, war ihr die Entscheidung abgenommen worden«.[105] Diese Einstellung war offenbar kein Einzelfall. »Eine erstaunliche Begleiterscheinung der letzten Tage« sei, schrieb der sächsische Parfümerie-Besitzer Karl Tritzschler wenige Tage nach der Grenzschließung, »dass viele aufatmen, dass jetzt eine klare Entscheidung gefallen ist. Keiner kann nun noch schwanken, ob er geht oder bleibt, alles ist klarer und einfacher geworden.«[106] »Man lebte ruhiger in ihrem Schatten«, konstatierte auch der Schriftsteller Günter de Bruyn. »Man war der Entscheidung, zu fliehen oder zu bleiben, enthoben; das Provisorische hatte feste Konturen bekommen; das Vorläufige sah, verstärkt durch die Haltung des Westens, der unter Protesten alles hatte geschehen lassen, plötzlich nach Dauer aus.«[107]

Nicht betroffen

Ansonsten sei ihre Familie von der Grenzschließung »nicht betroffen« gewesen, sagt Dorothea K. »Meine Eltern haben im Osten gearbeitet. Ich bin dort zur Schule gegangen. Wir hatten auch keine Westverwandten. Und die Sektorengrenze befand sich nicht vor unserer Haustür.«[108]

Andere Familien waren durchaus betroffen. Hildegard B. berichtete 1962, dass ihre Tochter »seit dem 13. August mit noch anderen

Leidensgefährtinnen im berüchtigten Kalk- und Zementwerk Rüdersdorf als Reinigungskraft arbeiten muss, weil sie in West-Berlin zur Oberschule gegangen ist und sich nun ›bewähren‹ soll«. Ihrem Bericht, den sie nach ihrer Flucht schrieb, schickte Hildegard B. voraus, »dass gleich mir der größte Teil der Bewohner Ostdeutschlands irgendwie betroffen ist; ganz besonders natürlich die Bewohner Ost-Berlins und der Randgebiete. Sei es, dass beinahe jede Familie von nahen Verwandten im anderen Teil der Stadt getrennt ist, sei es, dass viele Tausende ihren Arbeitsplatz, den sie oft schon Jahrzehnte in West-Berlin innehatten, verloren haben, oder dass Studenten ihr Studium und Oberschüler kurz vor dem Abitur ihre Ausbildung abbrechen mussten und jetzt untergeordnete Arbeiten machen müssen, die in keiner Weise ihren Fähigkeiten entsprechen.« Hildegard B. kommt am Ende ihres Berichtes zu dem Schluss, »dass 95 % der Bevölkerung nicht mit dem Regime einverstanden sind«.[109]

»Dann gehörten wir zu den fünf Prozent«, sagt Dorothea K. lachend. »Klar, es gab jede Menge Probleme in der DDR, aber meine Eltern waren immer optimistisch, dass es besser wird. Und dass die DDR der bessere Staat war.« Auf die Frage, welche Probleme ihre Eltern benannt hätten, antwortet Dorothea K. ohne lange zu überlegen: »Der Mangel! Der Mangel an Waren und der Mangel an Wohnraum.« Dann ergänzt sie: »Die Mauer war nicht deren Problem.«[110]

»... hat die Leute mehr aufgeregt als die Mauer«

Je weiter man mit der Frage nach der Mauer in die Provinz der ehemaligen DDR vordringt, desto weniger scheint sie ein Problem gewesen zu sein. Damals wie heute. Hinzu kommt eine zweite Erfahrung auf der Suche nach auskunftsbereiten Zeitzeugen: Über das Grenzregime des SED-Staates wollen auch heute die wenigsten Ostdeutschen offen sprechen. Bei der Frage nach den Maueropfern ist dann oft schnell Schluss. Es sind Erfahrungen, die sich durchaus verallgemeinern lassen, aber nicht zu quantifizieren sind.

Bärbel und Angelika sind gesprächsbereit, wollen aber nur ihre Vornamen genannt wissen. Es ist vor allem die Befürchtung, aufgrund ihrer Aussagen in eine Ecke gestellt zu werden. Eine Ecke,

»Dass vieles knapp war, hat die Leute mehr aufgeregt als die Mauer«: Schlange vor einem HO-Laden in der Frankfurter Allee in Berlin 1962

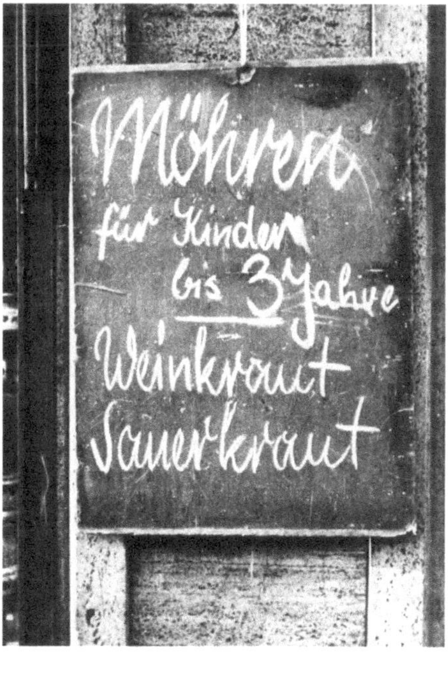

Margarine statt Butter, Möhren nur für Kleinkinder: Schild am HO Frankfurter Allee 1962

aus der sie nach einer Veröffentlichung argumentativ gegebenenfalls nicht mehr herauskämen. Bärbel und Angelika sind Schwestern und haben 1961 im DDR-Bezirk Frankfurt/Oder gewohnt. Die eine auf dem Dorf, die andere in der Kleinstadt. Bärbel meint, das Hauptproblem sei zu dieser Zeit die Versorgungslage gewesen. Die hätte sich immer mehr zugespitzt und bei den Menschen für viel Unmut gesorgt. »Der Frust der Leute war groß. Den haben nicht die Genossen [SED-Funktionäre] abbekommen, sondern wir im Laden. Dass vieles knapp war, hat die Leute mehr aufgeregt als die Mauer.« Die damals 17-Jährige absolvierte 1961 gerade ihre Lehre zur Verkäuferin in einem staatlichen »Landwarenhaus«, das den Ort nicht nur mit Lebensmitteln, sondern auch mit Haushaltsgegenständen und Kleidung versorgte. »Schlecht wurde die Stimmung, als Anfang 1961 mal wieder die Butter knapp wurde.«[111]

Nicht nur Butter, sondern auch Fleisch war schwer zu bekommen. Bestimmte Grundnahrungsmittel mussten 1961 rationiert werden. Nachdem im Frühjahr 1958 gerade die Lebensmittelkarten abgeschafft worden waren, führte die Regierung sechzehn Jahre nach Kriegsende wieder neue Berechtigungsnachweise ein: geschäftsgebundene Kundenausweise.[112] Bärbel kann sich erinnern, dass die Menschen aufgefordert wurden, Fisch statt Fleisch und Margarine statt Butter zu essen. Als neues Wundermittel galt Mais, dem ein eigenes Propagandalied gewidmet war, dessen Anfang sie sogar noch zitieren kann: »Der Mais, wie jeder weiß, das ist ein strammer Bengel, das ist die Wurst am Stengel«.[113] Ihre Schwester lacht nicht, sondern sagt: »Die Lage war wirklich angespannt.«[114]

Das war sie tatsächlich. Die vollständige Kollektivierung der Landwirtschaftsbetriebe hatte bereits 1960 erhebliche Produktionsausfälle zur Folge, die in Kombination mit einer Missernte 1961 zu hohen Ertragsausfällen bei Getreide und Hackfrüchten führte.[115] Weil der Bedarf an Kartoffeln, Fleisch- und Milcherzeugnissen nicht annähernd gedeckt werden konnte, bildeten sich – selbst in den »bevorzugt versorgten Industriegebieten« wie im Lausitzer Braunkohlerevier – vor den Verkaufsstellen »lange Schlangen« und in den Köpfen viel Unmut.[116] Aus Zeitzeugenberichten geht hervor, dass es nicht nur an Lebensmitteln mangelte, sondern auch an vielen Gütern des täglichen Bedarfs. »Die primitivsten täglichen Gebrauchsgüter wie Glühbirnen, Toilettenpapier, Batterien, Streichhölzer, Zahnbürsten, Zahnpasten« seien kaum vorhanden, berichtete das Ehepaar Max und Luise R. Anfang 1962. Zudem sei ihnen »persönlich bekannt, dass es in Leipzig diese Dinge überhaupt nicht gibt und auch Nüsse, Apfelsinen, Mandeln, Oberhemden, Uhren, einige Textilien und seidene Strümpfe«.[117]

Die Versorgung, so ein weiterer Flüchtlingsbericht von 1962, sei das, was »dem Zonenbewohner zur Zeit sehr viel Kopfzerbrechen macht«. Es gäbe »nicht einmal mehr das Selbstverständlichste zu kaufen«. Wer zum Beispiel Sauerkraut kaufen wolle, müsse »das Papier zum Einwickeln der Ware mitbringen«.[118] Hinzu kam Sabotage. Das MfS meldete im Herbst 1961, dass »in der Landwirtschaft seit Einleitung der ›Schutzmaßnahmen‹ [Grenzschließung am 13. August] ein Ansteigen des Inbrandsetzens von Scheunen sowie anderen Objekten festzustellen [ist], denen zum überwiegenden Teil vorsätzliche Handlungen zugrunde liegen«.[119]

Angelika, die 1961 im Rat des Kreises ihrer Kleinstadt arbeitete, kann sich an mindestens zwei gemeldete Brandstiftungen erinnern. Und sie berichtet von einem weiteren Problem. »Was die Leute dann im Herbst '61 wirklich empört hat, war diese ›Ochsenkopf‹-Geschichte«.[120] Die Kampagne »Blitz contra NATO-Sender« (auch Aktion »Ochsenkopf«) startete Anfang September 1961 und sollte die DDR-Bürger dazu bewegen, ihre »Westantennen« abzumontieren, um »ideologisches Grenzgängertum« zu unterbinden.[121] Immer wieder wurde in den SED- und MfS-Berichten auf die Auswirkungen der »gegnerischen Propaganda« hingewiesen. In einer internen Analyse zwei Monate nach der Grenzschließung konstatierte die Staatssicherheit, dass bei den »negativen Stellungnahmen« zu den »Maßnahmen« am 13. August »zu einem großen Teil [...] der starke Einfluss des westlichen Rundfunks und Fernsehens ersichtlich« gewesen sei.[122]

Eine im Januar 1962 geflüchtete Lehrerin berichtete, »[j]eder Kollege musste handschriftlich und selbst formuliert die Verpflichtung abgeben, keine NATO-Sender mehr zu hören«. Auch wenn anschließend die Mehrheit trotzdem weiterhin die Westsender gehört habe, sei es »immer und immer wieder eine Erniedrigung und seelische Qual« gewesen, wenn man »solche Dinge unterschreiben musste«.[123] Als FDJ-Ordnungsgruppen in einigen Orten begannen, private, nach Westen ausgerichtete Antennen abzusägen und Hörer von Westsendern öffentlich bloßzustellen, erfasste die Empörung über »diese Kampagne zur geistigen Gleichschaltung« nahezu alle Bevölkerungsschichten, auch die SED-Mitglieder.[124] Bemerkenswert ist eine von den Sicherheitskräften erfasste Begründung für die Empörung: »Fast in allen Argumentationen gegen die Blitzaktion tritt ein Argument zu Tage: Diese Aktion ist ein Eingriff in die persönliche Freiheit.«[125]

Bedeutete nicht auch der Mauerbau einen Eingriff in die persönliche Freiheit? Angelika zögert mit ihrer Antwort. Man sieht ihr an, wie sie mit sich ringt. Statt ihrer antwortet Schwester Bärbel: »Ich will Ihnen jetzt mal eins sagen. Die Grenze zum Westen war für uns weit weg und eigentlich schon längst da.« Bärbel verweist auf die innerdeutsche Grenze, die schon 1952 geschlossen wurde. »Und«, fragt sie, »hat da jemand groß protestiert?«[126]

Little Berlin

Als exemplarischer Schauplatz für die Ereignisse und Stimmungen an der knapp 1.400 Kilometer langen innerdeutschen Grenze eignet sich ein Ort, der wie unter einem Brennglas die Nahtstelle der deutschen Teilung dokumentiert – lange bevor in Berlin die Mauer errichtet wurde: Mödlareuth. Das Dorf an der Grenze zwischen Thüringen und Bayern war fast fünfzig Jahre geteilt. Als die Alliierten nach Kriegsende Deutschland in Besatzungszonen aufteilten, wurde der schmale Tannbach, der sich durch den Ort schlängelt und seit dem 16. Jahrhundert die Verwaltungsgrenze zwischen Bayern und Thüringen bildet, zur Demarkationslinie. Mit der doppelten deutschen Staatsgründung 1949 wurde der Bach schließlich zur Grenze zwischen der Bundesrepublik und der DDR. Zur Systemgrenze.

Bis 1952 konnten die Dorfbewohner den Tannbach mit einem Passierschein überqueren: zur Schule und in die Kneipe auf der thürin-

Demarkationslinie mitten durch das Dorf: Der Tannbach als Grenzfluss in Mödlareuth, 1948

gischen Seite und zum Gottesdient in das benachbarte Töpen auf der bayerischen Seite. Dann war mit dem kleinen Grenzverkehr Schluss: Am 26. Mai 1952 erließ die DDR-Regierung eine »Verordnung über Maßnahmen an der Demarkationslinie zwischen der Deutschen Demokratischen Republik und den westlichen Besatzungszonen Deutschlands«, mit der das MfS beauftragt wurde, »unverzüglich strenge Maßnahmen zu treffen für die Verstärkung der Bewachung der Demarkationslinie«.[127] In Mödlareuth folgte, was sich neun Jahre später in Berlin wiederholte: ein schrittweiser Ausbau der Sperranlagen. In dem kleinen Grenzort schuf man unverzüglich Fakten: Ab dem 27. Mai 1952 wurde erst ein zehn Meter breiter Kontrollstreifen angelegt und ab dem 16. Juni – nachdem in der Dorfmitte alle Bäume gefällt waren – ein circa zwei Meter hoher Holzbretterzaun aufgestellt. Als die SED-Führung in Berlin die Grenze schloss, errichtete man in Mödlareuth erste Erdminensperren und einen Stacheldraht-

»Little Berlin« in Thüringen: Doppelreihiger Stacheldrahtzaun an Betonsäulen in Mödlareuth, 1962

zaun mit Betonsäulen, der drei Jahre später durch eine Plattenwand aus Beton- und Holzelementen und 1966 durch eine 700 Meter lange Betonsperrmauer ersetzt wurde.[128]

Mödlareuth wurde zu »Little Berlin« – ein Begriff, der vermutlich Mitte der 1960er-Jahre von einem US-Journalisten geprägt wurde, sagt Robert Lebegern. Der Historiker und Kulturwissenschaftler, der 1992 aus dem rund 100 Kilometer »westlich« gelegenen Weiden nach Mödlareuth kam, leitet das Deutsch-Deutsche Museum, das an die Geschichte des geteilten Dorfes und das DDR-Grenzregime erinnern soll. Die Gedenkstätte verfügt über ein Freigelände mit original erhaltenen Grenzsperranlagen, eine Dauerausstellung, ein Depot mit etwa 15.000 Objekten, wozu Dutzende Fahrzeuge der DDR-Grenztruppen gehören, und ein Archiv. Dokumente über Widerstand gegen die Mauer in Mödlareuth sind nicht überliefert.

Ein Stück Alltag

Man müsse die Reaktion der Bevölkerung vor dem Hintergrund der Entstehung und Entwicklung des SED-Grenzregimes sehen, die sich über vier Jahrzehnten erstreckte. Es sei für die Menschen in Mödlareuth beiderseits des Eisernen Vorhangs »eine schleichende Entwicklung« gewesen, so der Museumsleiter. »Verbunden mit der Hoffnung, die Situation könnte sich durch Reiseerleichterungen oder die Errichtung eines Grenzübergangs entspannen.« Lebegern weist darauf hin, dass am Anfang »nur ein Bretterzaun« durch das Dorf verlief. Zwischen 1952 und 1961 konnte man als Ortskundiger »bei kalkulierbarem Risiko den Tannbach als Grenze überqueren. Mit der Grenzpolizei wurden in den 1950er-Jahren auch Tauschgeschäfte, vor allem mit den im Osten begehrten Westwaren, abgewickelt.« Also keine Proteste?

Lebegern fragt rhetorisch zurück: »Was konnte man gegen das Grenzregime der DDR ausrichten?« Nach einer kurzen Pause sagt er: »Über den Bewohnern der thüringischen Seite Mödlareuths, die im 500 Meter breiten Schutzstreifen lebten, schwebte zudem das Damoklesschwert der Zwangsaussiedlung.« Er fügt allerdings hinzu, das sei »heute oft auch eine Schutzbehauptung von Bewohnern des ehemaligen Grenzgebietes zur Legitimierung ihres eigenen Verhaltens.« Mit den Jahren sei die Mauer »ein Stück Alltag geworden«. Und viele Dorfbewohner seien »mit der Mauer groß geworden«. Um nicht missverstanden zu werden, betont er, er kenne »keinen Einzigen in Mödlareuth, der die Zeit vor 1989 zurückhaben möchte«.[129]

Der Museumsleiter kennt auch keinen Einzigen, der bereit wäre, ein Interview zu geben. Die Dame im Kassenhäuschen des Museums weiß ebenfalls niemanden. »Wir sind eigentlich sehr freundliche und auskunftsbereite Menschen, aber wir haben schlechte Erfahrungen mit Journalisten gemacht.« Es habe im Dorf Streit gegeben, weil »etwas dargestellt wurde, was so nicht gesagt wurde«. Und Anfang der 1990er-Jahre sei »ein westliches Filmteam« nach Mödlareuth gekommen, das von einer Familie verlangt haben soll, den Fernseher aus dem Wohnzimmer zu räumen, um die Verhältnisse in der DDR realistisch zu zeigen. »Das war zu viel!«

Heute Freilichtmuseum: Mauerreste in Mödlareuth, 2020

Im Gasthaus »Zum Grenzgänger« wird mit derselben Begründung die Anfrage sofort abgewehrt. Weil am Nachbartisch jemand mithört und spontan Hilfe anbietet, findet sich am Ende doch noch ein gesprächsbereiter Zeitzeuge, der aber schon lange nicht mehr in Mödlareuth wohnt und unbedingt anonym bleiben möchte. »Ja, das stimmt. Wir haben uns damit abgefunden. Und damit gelebt«, sagt der heute fast 80-Jährige. Und vermeidet das Wort »Mauer«. Er erinnere sich, dass seine Eltern und die Nachbarn »entsetzt« waren, als 1952 einige Familien umgesiedelt und deren Häuser am Tannbach abgerissen wurden. »Aber was sollte man tun? Das Leben ging weiter. Und der Mensch gewöhnt sich an alles.«[130]

»Die Gewöhnung« studierte auch der Schriftsteller Günter de Bruyn an sich. »Zwar blieb meine Meinung zum Mauerbau unverändert, aber ich lernte, mein Leben auf die neuen Bedingungen einzustellen und nicht ständig über die Freiheitsbeschneidung erbost zu sein. Um den Schmerz wieder wach werden zu lassen, brauchte nicht erst ein Flüchtling erschossen zu werden; es genügten kleinere Anlässe, wie der Ausbau der Grenzanlagen, die Sichtblenden auf der Marschallbrücke, die den Blick auf den Reichstag verhindern sollten, oder die neuen Landkarten und Stadtpläne, die West-Berlin nur als weißen Fleck zeigten, als endete an den Grenzen die Welt.«[131]

Zwangsumsiedlungen

Verspürten auch die anderen Ostdeutschen diesen Schmerz über Mauer und Teilung? Und durch was wurde er ausgelöst? In den Grenzregionen könnten es die Zwangsaussiedlungen gewesen sein, die dort alle mitbekommen haben. Eine erste Aussiedlung begann Ende Mai 1952 – unter dem Decknamen »Ungeziefer«. Insgesamt, so hat die akribische Untersuchung von Inge Bennewitz und Rainer Potratz ergeben, wurden »[w]ahrscheinlich [...] 8.369 Menschen aus ihrer Heimat in das Innere der DDR deportiert«[132], deren Grundstücke sich im Grenzgebiet befanden und die zuvor als »politisch unzuverlässig« eingestuft worden waren. In Mödlareuth betraf es am 5. Juni 1952 vier Familien. Darunter die Bewohner der Oberen Mühle in Ost-Mödlareuth, die sich dem Abtransport in letzter Minute mit einem Sprung durch das Stall- bzw. Heubodenfenster in den Westteil des Ortes entzogen und deren Schicksal in der Ausstellung erzählt wird.[133]

Auch in anderen Orten führten die Benachrichtigungen über Zwangsaussiedlungen bei vielen Betroffenen zu der Entscheidung, in den Westen zu fliehen. Außerdem kam es in zwei thüringischen Dörfern zu größeren Widerstandsaktionen. Die bekannteste ereignete sich in Streufdorf (Bezirk Suhl), wo am 5. Juni 1952 – ausgelöst durch das Läuten der Kirchenglocken – die Dorfbewohner sich mit Barrikaden und Äxten gegen die Zwangsaussiedlung von zunächst acht Familien wehrten. Der massive Widerstand wurde mit einem Großaufgebot von Sicherheitskräften gewaltsam niedergeschlagen, die »Rädelsführer« zu langjährigen Zuchthausstrafen verurteilt.[134] In ihrer Untersuchung über die Zwangsaussiedlungen kommen die Autoren zu dem Schluss, dass die Aktion trotz einiger »Unmutsaktionen der Bevölkerung und der ausweglosen Handlungen einzelner sowie der Massenflucht vieler Bewohner, die zu Störungen im Räderwerk der Organisatoren führten«, vollzogen wurde.[135]

Eine zweite Welle der Zwangsaussiedlung erfolgte nach der Abriegelung der Sektorengrenze in Berlin. Unter dem Decknamen »Festigung« wurden am 3. Oktober 1961 insgesamt 3.175 Menschen (920 Familien) aus ihren Häusern geholt.[136] »Aktiver Widerstand«, so die Historikerin Elke Stadelmann-Wenz, »erschien in Anbetracht des Überraschungseffektes und der Übermacht an bewaffneten Sicherheitskräften, die den Einsatz durchführten, zwecklos«.[137]

Es ist bemerkenswert, wie viele DDR-Bürger sich beispielsweise im Bezirk Schwerin an diesem Unrecht beteiligt haben: »Tausende von Helfern und Helfershelfern aus dem Grenzgebiet, den grenznahen und den Aufnahmekreisen, Mitglieder der Feuerwehr und der Betriebskampfgruppen, Freiwillige Helfer von Polizei und Grenzpolizei, Angehörige von VP, BP, DPG und des MfS, des Staatsapparates und der Partei (auch Lehrer) bekamen am Nachmittag des 2. Oktober den Befehl, sich am Abend gegen 18.00 Uhr in festgelegten Sammelräumen einzufinden«, wo ihnen erklärt wurde, sie würden zum »Umzug« oder zum »Wohnungswechsel« einiger Grenzbewohner eingesetzt.[138] Es ist nicht bekannt, dass bei dieser Aktion freiwillige Helfer von einer Teilnahme Abstand nahmen oder sie offen kritisierten. Selbst »[d]ie Konspiration wurde – von Ausnahmen abgesehen – noch am 2. Oktober bis zum letzten Moment gewahrt.«[139] Dagegen berichtete die Staatssicherheit aus Thüringen Fälle von Verweigerung. Im Kreis Mühlhausen beispielsweise hätten sieben SED-Mitglieder aus einer »Agitationsgruppe« nicht teilgenommen, weil sie »den Einsatz kategorisch ablehnten. Die restlichen vier Genossen waren überhaupt nicht erschienen.«[140]

»Also blieben wir im Osten!«

Zu Zwangsaussiedlungen kam es nun auch in Berlin und im Bezirk Potsdam. Zwischen August und November 1961 mussten DDR-Bürger, deren Wohnungen sich in Häusern an der Grenze zu West-Berlin befanden, innerhalb von wenigen Stunden ausziehen.[141] Geräumt wurden vor allem die Grenzhäuser an der Bernauer Straße, um weitere medienwirksame Fluchten zu verhindern. Zu den Betroffenen gehörte auch Regine Radischewski, die 1966 den Pfarrerssohn Jörg Hildebrandt heiratete und in der ersten frei gewählten DDR-Regierung 1990 als Arbeits- und Sozialministerin amtierte.

Ihre Familie wohnte 1961 in der Bernauer Straße 2 – direkt an der Sektorengrenze. »Wenn wir aus dem Fenster geguckt haben, waren wir mit dem Kopf im Westen und mit dem Hintern im Osten.« Von der Grenzschließung erfuhr die damals 20-jährige Biologie-Studentin während einer Radtour mit zwei Kommilitoninnen durch Sachsen. In einem Erinnerungsbeitrag beschrieb Regine Hildebrandt 1999, wie sie am 14. August zurück nach Berlin getrampt und zusammen mit den Söhnen des Pfarrers Hildebrandt erst einmal die Bernauer Straße abgelaufen sei, um sich alles anzusehen. »Wir waren uns einig, dass die Grenze nicht von Dauer sein kann. Schon aus praktischen Gründen hielten wir eine dichte Absperrung für ausgeschlossen!« Ein Indiz für diese Annahme war ihr anschließender Besuch bei Westverwandten in Charlottenburg. Spätabends sei sie »zurück in die Bernauer Straße gefahren – ohne Komplikationen«.

Kurz danach seien die Türen und die Fenster der Parterrewohnungen der Osthäuser zugemauert worden. Weil Familie Radischewski parterre wohnte, musste sie am 22. August ausziehen – in eine Wohnung in der Bernauer Straße 10, die gerade »frei geworden« war, weil sich deren Bewohner »im wahrsten Sinne des Wortes in den Westen ›abgeseilt‹ hatten«. Hildebrandt berichtet, dass »Kampfgruppen kamen, um den ›Umzug‹ zu machen«, bei dem die Familie ihr Klavier zurücklassen musste, weil die Haustür im Vorderhaus zugemauert war. Allerdings vermeidet sie die Begriffe »Zwangsräumung« und »Unrecht«. Die Familie floh auch nicht wie die Vormieter der zugewiesenen Wohnung in den Westen. Sie hatten »all ihre Sachen« zurückgelassen, wozu auch ein Klavier gehörte, das nun Familie Radischewski nutzte.[142] Dagegen sprach der ehemalige Grenzgängerstudent Günter G. schon 1961 davon, dass die Zwangsräumung der Grenzhäuser durch ein »[r]ücksichtloses und brutales Vorgehen« gekennzeichnet war. Seine Auffassung untermauerte er mit der DDR-

Verfassung von 1949, in der beispielsweise die Unverletzlichkeit der Wohnung (Artikel 8) garantiert war.[143]

Die »Frage des ›Abhauens‹« stellte sich weder Regine Hildebrandt noch ihren Eltern. Bei ihr »lag es sicher an einer beharrlichen Bodenständigkeit, einem Gefühl der Solidarität mit Freunden oder Kommilitonen, Gemeindemitgliedern, der Ostverwandtschaft und der empfundenen Verpflichtung, auch unter ungünstigen Verhältnissen das Bestmöglichste zu machen, dass ich den ungeliebten und stark kritisierten Osten nicht verlassen wollte. Außerdem sahen wir die Schattenseiten des Wirtschaftswunder-Kapitalismus des Westens, das war eigentlich nicht unsere Alternative. Also wir blieben im Osten!«[144]

Familie Radischewski gehörte zu den ersten zwangsgeräumten Bewohnern der Bernauer Straße. Es folgten viele weitere. Am 24. September kam es zu einer Massenaktion, bei der etwa 2.000 Menschen ihre Häuser verlassen mussten, die entweder in Notunterkünften oder in Wohnungen von Geflüchteten untergebracht wurden.[145] Gerhard Sälter weist jedoch darauf hin, dass in Ost-Berlin »nicht alle Volkspolizisten und Helfer diese Maßnahmen billigten und nicht alle freiwillig daran teilnahmen«, denn mehrere von ihnen hätten die Fluchtchance genutzt.[146] Proteste – auch von nicht Betroffenen – gegen die Zwangsaussiedlungen, die fortgesetzt wurden, als die SED-Führung Mitte der 1960er-Jahre damit begann, das Grenzregime auszubauen, sind allerdings nicht bekannt. Auch das von Regine Hildebrandt beschworene »Gefühl der Solidarität« unter den DDR-Bürgern hatte seine Grenzen.

Nicht gestört

Zurück zur Mauer in Mödlareuth, wo im Deutsch-Deutschen Museum neben den Zwangsaussiedlungen auch das Alltagsleben im Grenzgebiet beschrieben wird. Zwar wird auf der Thementafel »Grenzalltag« auf die Einschränkungen und Reglementierungen hinsichtlich der Wohnberechtigung und des Aufenthaltes hingewiesen, andererseits aber erklärt, dass »das Leben an der Mauer für die Mödlareuther diesseits und jenseits des Tannbaches im Laufe der Jahrzehnte zu einer alltäglichen Situation geworden [war]. Alltag einer nicht alltäglichen Situation. Auf beiden Seiten versuchte man, trotz der Beeinträchtigungen durch die Mauer[,] sein Leben beruflich wie privat bestmöglich zu gestalten. Auch die Feste im Jahresverlauf wurden gleichzeitig, aber räumlich getrennt gefeiert.«[147]

Und die Mauer selbst? »Hat mich irgendwann nicht mehr groß gestört«, sagt der ehemalige Mödlareuther.[148] Dieselbe Aussage vernahm der Publizist Roman Grafe auf der Lesereise durch Ostdeutschland zu seinem Buch »Die Grenze durch Deutschland«, ebenfalls in Thüringen. Eine ältere Geschichtslehrerin habe ihm 2009 vor seiner Lesung in einer Schule erklärt, sie habe »direkt am Grenzzaun gewohnt, mich hat der Zaun nicht gestört. Wir konnten nach Ungarn und Bulgarien reisen, das hat uns genügt.«[149]

»Schlimm, aber notwendig«
ÜBERZEUGUNG UND ILLUSION

Wer bekennt, er sei zwar nicht vom politischen System in der DDR überzeugt gewesen, aber von der »guten Sache«, dem wird umgehend entgegengehalten, er sei damals manipuliert worden und heute geschichtsvergessen. Denn welche »gute Sache« bedarf einer Mauer und eines Schießbefehls. Und getöteter Flüchtlinge – Menschen, die nicht oder nicht mehr an diese gute Sache geglaubt haben und an den Sperranlagen erschossen wurden. »Ein gutes Ziel kann nicht mit schlechten Mitteln erzwungen werden«, schrieb Ludwig Reimann Anfang September 1961, »denn ihm haftet das Böse an, mit dem der Erfolg erzwungen wurde«.[150]

Gutes Ziel, schlechtes Mittel

Die Adressatin dieser Zeilen war seine Schwester, die Schriftstellerin Brigitte Reimann, die in Ost-Berlin lebte. Der erst 2018 publizierte Briefwechsel wird vom Aufbau-Verlag beworben als »muntere Korrespondenz«, in der »über alle Zwistigkeiten« stets der Familiensinn gesiegt habe. In Wahrheit entpuppen sich die Briefe als knallharte Systemauseinandersetzung zwischen der Schwester, welche die sozialistische

Idee, den SED-Staat und die Mauer verteidigte, und dem Bruder, der 1960 geflüchtet war und die »demokratische Republik« mit einer messerscharfen Analyse als Diktatur entlarvte. Die Briefe zeigen zugleich, wie heftig und unversöhnlich die Debatte über den Bau der Berliner Mauer schon damals geführt wurde. Auch in auseinandergerissenen Familien, in denen die deutsche Teilung besonders schmerzte.

Als Brigitte Reimann den Brief ihres Bruders erhielt, schrieb sie besorgt an ihre Eltern: »Ich wage mich noch nicht heran – er ist mindestens zehn Seiten lang und enthält gewiss eine Menge politischer Argumente und Gegenargumente. […] Hoffentlich ist es nicht gar zu schlimm.« Die Schwester fürchtete weniger die Auseinandersetzung, sondern vielmehr, dass »sämtliche geschwisterlichen Beziehungen« abgebrochen würden.[151] Auch wenn ihr vorausgegangener Brief und ihre Antwort an den Bruder »nicht auffindbar« sind, weiß man um ihre Haltung zum Mauerbau. »Ja, ja die bösen Bolschewiken! Übrigens haben wir nicht geweint über diese neue Maßnahme, die eigentlich schon längt fällig gewesen wäre. Warum sollen wir nicht auch mal die Zähne zeigen?«, schrieb sie sechs Tage nach der Grenzschließung an ihre Eltern. »Wir hingen den ganzen Sonntag am Radio und lauschten den Offenbarungen des Rias, der seine Reporter in den Osten geschickt hat und Schreckliches zu berichten wusste von schweigenden Menschenmauern, die einen letzten sehnsüchtigen Blick in die Freiheit werfen, und von in letzter Minute heldenhaft geflüchteten Sachsen, denen unsere Regierung nicht mal eine Quarkstulle hatte bieten können. Es war sehr lustig. Und am lustigsten war es, als [der West-Berliner Regierende Bürgermeister] Brandt uns [DDR-Bürger] mit Grabesstimme und unterdrückten Tränen aufforderte, nicht auf die Barrikaden zu gehen – wozu wahrscheinlich sowieso kein normaler Berliner Lust hatte. Schade, dass wir an diesem Sonntag nicht in Berlin waren! Die paar Abenteuer, die unser friedliches Dasein noch zu bieten hat, verpasst man auch.«[152] Der Mauerbau als historisches Abenteuer? Reimann ging – wie viele DDR-Bürger – von der Vorläufigkeit der »neuen Maßnahme« aus[153], was ihre Ergänzung nahelegt: »Natürlich ist es traurig, dass man jetzt momentan nicht nach Westdeutschland fahren kann.«[154]

Acht Tage später scheint die Polemik von der Realität kassiert. Reimann berichtete ihren Eltern von täglichen »großen Diskussionen« mit Freunden, die zwar »einen politisch klaren Kopf haben«, aber »verärgert« seien. »Sicher, mit dem Verstand begreift man die getroffenen Maßnahmen, aber gegen einiges sträubt sich das Gefühl, und gegen die Kommentare der gute Geschmack.«[155] Kurz darauf forderte der Bruder sie auf: »Steig endlich einmal aus Deinem ›Elfenbeinturm‹ aus und sieh Dir Euer sozialistisches Leben an, aber ohne Deine rosarote Idealistenbrille!«[156] Brigitte Reimann, die sich nicht beirren ließ, hatte nicht nur die Ideale im Blick. »Man sollte in größeren Kategorien denken. Es wäre absurd, wenn zwei Weltsysteme übereinander herfielen und sich atomisieren ließen, nur weil die Herren Deutschen nicht mehr nach Belieben durchs Brandenburger Tor spazieren können.«[157] Neben dem großen Ganzen verliert die Mauer in ihrer Sicht der Dinge an Bedeutung. Auch der Familienfrieden wird dem Weltfrieden untergeordnet. War die Mauer anders nicht zu verstehen, zu rechtfertigen – und am Ende zu ertragen?

Mit ihrer Haltung war Brigitte Reimann nicht allein. Um zu verstehen, warum die DDR-Bürger den Mauerbau widerstandslos hinnahmen, muss auch ein vierter Erklärungsweg beschritten werden, an dessen Ende die Erkenntnis steht, dass die Schließung der Grenzen zu West-Berlin von vielen Menschen befürwortet wurde. Das gleicht einer Gratwanderung. Denn diesen Weg zu beschreiten heißt, sich in ein Minenfeld der Entrüstung zu begeben. Er führt uns zurück in die Bernauer Straße, wo 2019 ein älterer Mann einem Schüler, der wissen wollte, warum sich die Menschen den Mauerbau gefallen lassen haben, mit hochrotem Kopf entgegenhielt: »Die Mauer war doch richtig!«[158] Warum behauptete der Mann das? So vehement. Noch heute.

Die Umfrage

Weil keine zeitgenössischen Umfragen mit DDR-Bürgern zum Mauerbau von 1961 existieren, wurde für dieses Buch eine Befragung durchgeführt: mit ehemaligen DDR-Bürgern, welche die Abriegelung der Berliner Sektorengrenze miterlebt haben und bereit waren, Auskunft zu geben. Die Ergebnisse sind überraschend. Der Aussage »Der

Haltung zum Mauerbau

Vorgegebene Aussage: *Der Mauerbau im August 1961 war aus damaliger Sicht richtig.*

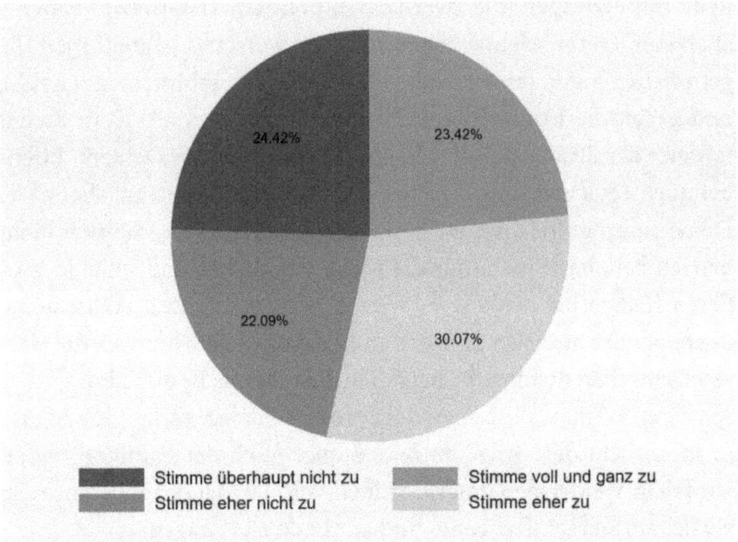

Mauerbau im August 1961 war aus damaliger Sicht richtig« stimmen knapp 54 Prozent der Befragten zu. Bemerkenswert sind zwei weitere Resultate: Von den Befürwortern des Mauerbaus hatte knapp ein Drittel Verwandte im Westen. Und mehr als ein Drittel von ihnen ist der Meinung, dass die DDR nicht demokratisch legitimiert war. Wie passt das zusammen?

Bevor die Umfrage im Detail vorgestellt wird, muss darauf hingewiesen werden, dass die Ergebnisse keinen Anspruch auf die historische Wahrheit erheben. Sie wurde 60 Jahre nach dem Mauerbau durchgeführt und ist methodisch anfechtbar. Weil einige Fragen jedoch zu recht klaren Antworten geführt haben, lässt sich an ihnen ablesen, aus welchen Gründen viele DDR-Bürger den Mauerbau aus damaliger Sicht befürwortet haben.

Die Erhebung, die in Kooperation mit Marten Paetzelt, Student der Sozialwissenschaften an der Humboldt-Universität zu Berlin, entwickelt, getestet und durchgeführt wurde, startete Ende November

2020, zeitgleich mit Beginn der zweiten Corona-Welle, was ein zufälliges Stichprobenverfahren erheblich erschwerte. Zudem lehnten viele Menschen die anonyme Befragung ohne ein begleitendes, vor allem persönliches und »klärendes« Gespräch ab. Leitungen von Seniorenheimen verweigerten »aus gegebenen Umständen« die Weitergabe der Fragebögen, und es mangelte – weil wir kein professionelles Meinungsforschungsinstitut einbeziehen wollten – an Unterstützern, um die Umfrage noch weiter zu streuen. Fragebögen wurden vorrangig in Seniorenheimen ausgegeben. Nur wenige Menschen nutzten die Online-Version der Umfrage. Am Ende beteiligten sich bis April 2021 insgesamt 602 Menschen.[159]

Weil der Mauerbau sechs Jahrzehnte zurückliegt, konnten nur Angehörige der der 1920er- (Rücklauf von 35 Personen), 1930er- (349 Personen) und 1940er-Jahrgänge (218 Personen) befragt werden. Die älteste Person war zum Zeitpunkt des Mauerbaus 39 Jahre alt (geboren 1922), die jüngste 12 Jahre (geboren 1949). Es fehlen alle Jahrgänge, die 1961 schon über 50 Jahre alt waren. Darüber hinaus sind nicht alle DDR-Bezirke angemessen repräsentiert. Die meisten Befragten haben 1961 in Ost-Berlin gewohnt (23,79 %), die wenigsten im Bezirk Gera (1,66 %).

Das Hauptproblem dieser Umfrage ist jedoch der zeitliche Abstand zu den Ereignissen und damals vertretenen Einschätzungen. Die Mauer wurde vor 60 Jahren errichtet und ist vor mehr als 30 Jahren gefallen. Während des Kalten Krieges war sie permanent Gegenstand der ideologischen Auseinandersetzung zwischen den Systemen. In der DDR wurde sie als »antifaschistischer Schutzwall« gerechtfertigt und in der Bundesrepublik als »Schandmauer« verurteilt. Inwieweit die dauerhafte politische Beschäftigung mit dem Thema über Jahrzehnte hinweg die Antworten beeinflusst hat, darüber kann nur gemutmaßt werden. Zudem haben die Befragten 29 Jahre lang mit der Mauer gelebt und wissen, wie viele Menschen an ihr ums Leben kamen. Am 13. August 1961 und in den darauffolgenden Tagen und Wochen konnte das niemand voraussagen.

Ein Problem bei der Bewertung der Ergebnisse könnte auch sein, dass bei einigen Aspekten, zum Beispiel bei der Frage, wozu der

DDR-Regierung der Mauerbau diente, Antwortmöglichkeiten zum Ankreuzen vorgegeben waren. Die Möglichkeit, eigene Überlegungen hinzuzufügen, hat kaum jemand genutzt. Allerdings ergeben die Antworten auf eine Reihe weiterführender Fragen zum sozialen Hintergrund, zur politischen Einstellung gegenüber der DDR sowie auf die Frage, warum er oder sie nicht (auch) in den Westen geflüchtet ist, ein differenzierteres Bild vor allem der Mauer-Befürworter.

Staatsfixiert und autoritätsgläubig

Die für dieses Buch durchgeführte Umfrage ist nicht die erste zu diesem Thema nach der Wiedervereinigung. Zum 50. Jahrestag des Mauerbaus im Jahr 2011 wurden beispielsweise vom Meinungsforschungsinstitut Forsa 1.008 Ost- und West-Berliner telefonisch gefragt: »Teilen Sie die Meinung, dass der Bau der Berliner Mauer aus damaliger Sicht nötig und gerechtfertigt war, um die Abwanderung von Fachkräften aus der DDR zu stoppen und die politische Lage in der DDR und damit auch in Deutschland insgesamt zu stabilisieren?« Damals bewerteten gut ein Drittel der Befragten den Mauerbau unter diesem Gesichtspunkt als gerechtfertigt. 62 % teilten diese Auffassung dagegen »überhaupt nicht«.[160]

Die Kritik folgte prompt – Kritik an der Haltung der Mauer-Befürworter und an der Umfrage selbst. Weil die Befragung ergab, dass die meisten Befürworter schon zu DDR-Zeiten in Ost-Berlin gewohnt hatten und 2011 in der Mehrheit die Linkspartei wählten, wurde ihnen eine Nähe zur SED-Politik unterstellt. »Der Mauerbau ist, zumal aus heutiger Sicht, durch nichts zu rechtfertigen«, sagte der Berliner Linkspartei-Politiker Thomas Flierl, der mit dem Ergebnis der Umfrage konfrontiert wurde. Die Berliner Mauer sei »ein verfehltes Mittel, um eine Gesellschaft zu stabilisieren«, gewesen. Dass viele der Genossen seine Meinung nicht teilten, erklärte Flierl mit »einer gewissen Staatsfixiertheit und Autoritätsgläubigkeit«. Außerdem sei die Frage suggestiv und folge der Argumentation der damaligen SED-Führung, betonte Flierl. Und Klaus Schröder, Leiter des Forschungsverbunds SED-Staat an der Freien Universität Berlin, zeigte sich erstaunt über die für ihn »eher geringe« Zahl der Mauer-Befürworter: »Immerhin war Ostberlin eine reine Funktionärsstadt – für die war die DDR ihr Leben.«[161]

Das Urteil war gefällt: Entweder sind die Mauer-Befürworter staatsfixiert und autoritätsgläubig. Oder sie waren Funktionäre und lebten zum Zeitpunkt des Mauerbaus in der »reinen Funktionärsstadt« Ost-Berlin.

Wer waren die Mauer-Befürworter?

Im Unterschied zu den bisherigen Umfragen lässt sich das Profil der Mauer-Befürworter in unserer Befragung genauer umreißen, weil ausschließlich ehemalige DDR-Bürger – nicht nur aus Ost-Berlin, sondern auch aus anderen DDR-Bezirken – befragt wurden und weil der Fragenkatalog erweitert wurde. So kann mit einiger Sicherheit gesagt werden: Bei denjenigen, die den Mauerbau richtig fanden, handelt es sich nicht durchweg um staatsfixierte Funktionäre aus Ost-Berlin.

Die Umfrage kommt zu dem Ergebnis, dass nur knapp ein Viertel der Mauer-Befürworter im August 1961 Mitglied der SED war (24,06 %). Und nicht der damalige Wohnort Ost-Berlin verzeichnet die höchste Quote von Befürwortern (48,95 %), sondern der DDR-Bezirk Cottbus (83,02 %). Zudem lässt sich nicht schlussfolgern, dass ehemalige DDR-Bürger, die den Mauerbau für richtig gehalten haben, automatisch das politische System guthießen. Von den Befürwortern ist mehr als ein Drittel der Meinung, dass die DDR demokratisch nicht legitimiert war (37,94 %). Die Zustimmung reicht also weit über Ost-Berlin einerseits und die Gruppe der Systemträger und -unterstützer andererseits hinaus.

Auch die Behauptung, dass die Befürworter kritiklos die SED-Propaganda übernommen hätten, lässt sich pauschal nicht aufrechterhalten. Die DDR-Regierung argumentierte in ihrem »Beschluss« zu den »Schutzmaßnahmen« am 13. August 1961 gleich im ersten Satz: »Die Erhaltung des Friedens erfordert, dem Treiben der westdeutschen Revanchisten und Militaristen einen Riegel vorzuschieben [...].« Von ihnen gehe eine »Bedrohung des deutschen Volkes und der europäischen Völker aus«, in Westdeutschland sei »eine Ver-

Wohnorte der Mauerbau-Befürworter (1961) nach DDR-Bezirken
Zustimmung zu der Frage: *Die Mauer war aus damaliger Sicht richtig.*

DDR-Bezirk	Zustimmungsanteil für Mauerbau (1961)
Schwerin	25,71 %
Magdeburg	28,57 %
Erfurt	33,33 %
Potsdam	37,04 %
Suhl	45,00 %
Rostock	46,15 %
Ost-Berlin	48,95 %
Neubrandenburg	56,76 %
Halle	58,33 %
Gera	60,00 %
Leipzig	63,64 %
Karl-Marx-Stadt	66,67 %
Frankfurt	68,25 %
Dresden	75,76 %
Cottbus	83,02 %

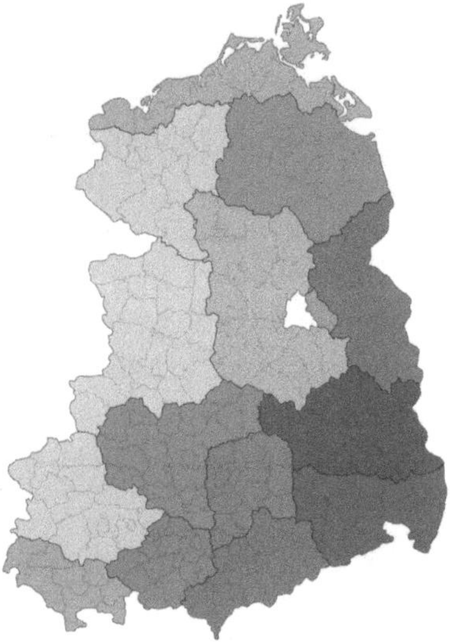

schärfung der Revanchepolitik mit sich steigernden Gebietsanforderungen gegenüber der Deutschen Demokratischen Republik und den Nachbarstaaten Deutschlands« erfolgt und die Adenauer-Regierung betreibe gegenüber der DDR »eine systematische Bürgerkriegsvorbereitung«.[162] In dem Ministerratsbeschluss wurde weder die Wirtschaftskrise thematisiert, geschweige der Flüchtlingsstrom, durch den der DDR vor allem junge und gut ausgebildete Menschen verloren gingen. Nur indirekt wird an einer Stelle auf das Fluchtproblem eingegangen, indem die Regierung behauptete, es werde von westdeutschen »Agentenzentralen« eine »systematische Abwerbung« von DDR-Bürgern und »ein regelrechter Menschenhandel organisiert«.[163]

Die gleichgeschalteten DDR-Medien übernahmen diese Argumentation. Und SED-Chef Ulbricht spitzte sie in seiner TV- und Rundfunkansprache am 18. August 1961 noch einmal zu, indem er die Situation vor dem 13. August gleichsetzte mit der Juli-Krise 1914, also der Eskalation der europäischen Konfliktlage, die zum Ersten Weltkrieg führte. Der DDR-Führung seien »die Pläne der Bonner Regierung bekannt. Sie liefen darauf hinaus, durch eine auf die Spitze getriebene Störtätigkeit solche Bedingungen zu schaffen, um nach den westdeutschen Wahlen [Bundestagswahl am 17. September 1961] mit dem offenen Angriff gegen die Deutsche Demokratische Republik, dem Bürgerkrieg und offenen militärischen Provokationen beginnen zu können«. Für jeden, der sehen und hören könne, »wurde es offenkundig, dass Westberlin in der Tat ein äußerst gefährlicher Kriegsbrandherd ist, der zu einem zweiten Sarajevo werden kann«. Ulbricht sprach auch explizit die Absperrungen an: »Niemand kann uns nachsagen, dass wir Stacheldraht besonders gern hätten.« Aber Stacheldraht sei »zweifellos gut und nötig« als Schutz gegen diejenigen, welche die DDR »überfallen wollen«.[164]

Dass die SED-Propaganda zur Begründung des Mauerbaus nicht die gewünschte Wirkung erreichte, zeigen die Stimmungsberichte der Staatssicherheit. Im Oktober 1961 diagnostizierte das MfS, dass ungeachtet der »positiven Reaktionen […] aber verhältnismäßig stark in allen Bezirken und Kreisen sowie in allen Bevölkerungsschichten eine Reihe auf politische Unklarheiten zurückzuführende Argumente vorhanden [waren]«. Dabei ginge es nicht nur um »die ›Form der Maßnahmen‹ (Stacheldraht und Panzer)«, sondern auch um die »angeblich nicht offene Begründung der Maßnahmen« durch die SED-Führung. »Die offizielle Begründung, besonders die militärischen Angriffspläne der Bonner Ultras, die Tätigkeit der Agentenzentralen und die Rolle Westberlins als Brückenkopf[,] sei gar nicht so stichhaltig und entspräche nicht der Wahrheit. Es ginge lediglich um eine Verhinderung der Republikflucht.«[165]

Die ehemaligen DDR-Bürger, die laut unserer Umfrage den Mauerbau aus damaliger Sicht richtig fanden, haben die Propaganda zum Teil übernommen. Allerdings nimmt diese Gruppe in ihrer Argumentation für den Mauerbau eine andere Gewichtung vor. Zwar ist eine klare Mehrheit der Befürworter der Meinung, der Mauerbau »diente der Sicherung des Friedens in Europa« (81,23 %), aber an ers-

Verhältnis zwischen Befürwortung des Mauerbaus und politischer Einstellung zur DDR
Zustimmung zu der Frage: *Die Mauer war aus damaliger Sicht richtig.*

vorgegebene Begründungen	Gesamt-zustimmung	Zustimmung Mauer-Befürworter	Zustimmung Mauer-Gegner
Die DDR-Regierung war demokratisch legitimiert	40,14 %	62,06 %	14,61 %
Die Verstaatlichung von Betrieben war richtig	67,75 %	90,85 %	40,52 %
Die Kollektivierung der Landwirtschaft war notwendig	52,92 %	74,20 %	27,98 %
Die Stasi war unerlässlich, um das politische System in der DDR zu sichern	12,39 %	15,71 %	8,55 %
Das Sozialsystem in der DDR war besser als in der heutigen BRD	89,88 %	99,37 %	78,75 %
In der DDR hatten alle die gleichen Bildungschancen	83,22 %	97,81 %	65,93 %

ter Stelle stehen die Begründungen, der Mauerbau diente einerseits dazu, »die weitere Abwanderung von Fachkräften zu verhindern« (99,37 %), und andererseits »der wirtschaftlichen Stabilisierung der DDR« (99,06 %).

Dass die Mauer-Befürworter sich von SED-Propaganda nicht kritiklos beeinflussen ließen, zeigt auch ein weiteres Ergebnis der Umfrage. Eine deutliche Mehrheit ist der Meinung, dass die Mauer die Reisefreiheit einschränkte (89,41 %) und dass sie Familien trennte (99,37 %). Letzteres verwundert nicht, da ein Drittel der Befürworter angibt, Verwandte im Westen gehabt zu haben (33,33 %). Knapp drei Viertel sind zudem der Meinung, dass die DDR mit dem Mauerbau die deutsche Teilung vertiefte (70,22 %) – obwohl die SED-Führung das Gegenteil propagierte.

»Briefe aus einem anderen Land«

Es ist paradox: Den meisten Befürwortern war laut unserer Umfrage bewusst, dass der Bau der Berliner Mauer weniger dem Schutz der

Gründe der SED-Führung für den Mauerbau
Vorgegebene Aussage: *Der Mauerbau diente …*

Vorgegebene Begründungen	Gesamt-zustimmung	Zustimmung Mauer-Befürworter	Zustimmung Mauer-Gegner
… dazu, die weitere Abwanderung von Fachkräften zu verhindern	98,15 %	99,37 %	96,77 %
… dazu, das Grenzgängertum zu beenden	93,13 %	94,27 %	91,79 %
… der wirtschaftlichen Stabilisierung der DDR	92,55 %	99,06 %	84,87 %
… der politischen Stabilisierung der DDR	69,93 %	93,61 %	42,38 %
… dazu, den Westberlinern nicht mehr zu ermöglichen, die sozialen Vergünstigungen in der DDR zu nutzen	59,53 %	61,62 %	57,15 %
… der Sicherung des Friedens in Europa	46,85 %	81,23 %	6,46 %

DDR und der Erhaltung des Friedens diente, sondern vielmehr errichtet wurde, um den Flüchtlingsstrom zu stoppen. Und sie wussten, dass die Mauer die Reisefreiheit einschränkte und Familien trennte – bei einem Drittel die eigene. Dennoch vertreten die Befürworter die Auffassung, der Mauerbau sei aus damaliger Sicht richtig gewesen. Wie hielten sie diesen Widerspruch aus? Eine Antwort können zeitgenössische Stimmen geben, die sich weder in den SED- und MfS-Archiven noch in Flüchtlingsberichten finden, sondern in privaten Briefen.

Dass einige dieser Briefe, deren Adressaten in Westdeutschland lebten, überliefert sind, ist der Romanistin Hildegard Baumgart zu verdanken. Sie hat die Schreiben mittels Zeitungsanzeigen gesammelt und 1971 unter dem Titel »Briefe aus einem anderen Land« publiziert. Die heute 92-jährige Baumgart hält diese Schreiben für »die einzigen unmittelbaren und dennoch reproduzierbaren Zeugnisse des Lebens in der DDR«.[166] Bei der Auswahl der Briefe sei das Motiv der Herausgeberin, schrieb Heinrich Böll 1971 in seiner Rezension

Folgen des Mauerbaus

Vorgegebene Aussage: *Der Mauerbau …*

Vorgegebene Aussage	Gesamt-zustimmung	Zustimmung Mauer-Befürworter	Zustimmung Mauer-Gegner
… trennte Familien	98,99 %	99,37 %	98,56 %
… schränkte die Reisefreiheit ein	93,63 %	89,41 %	98,55 %
… vertiefte die deutsche Teilung	82,18 %	70,22 %	96,01 %

für die *Süddeutsche Zeitung*, »kein propagandistisches« gewesen; Baumgart sei »an Informationen über Quer- und Durchschnitt gelegen«.[167] Die Briefe geben einen authentischen Einblick in die Gefühls- und Gedankenwelt der Menschen, die – häufig ganz bewusst – in der DDR geblieben sind. Obwohl die Frage, ob und inwieweit sich die Schreiber dabei einer Selbstzensur unterwarfen, nicht mehr zu beantworten ist, fällt die stellenweise überraschend offen geäußerte Kritik an der DDR auf. Zu Wort kommen nicht nur Funktionäre und Verweigerer des Systems, sondern Vertreter der schweigenden Mehrheit: zum Beispiel eine Bäuerin, ein Parfümeriebesitzer, ein Ingenieur, eine Schülerin.[168]

In den Briefen sind Mauer-Befürworter aus allen Generationen vertreten. Zu ihnen gehörte ein älterer Mann, der seit den 1920er-Jahren überzeugter Kommunist und in der NS-Diktatur dem KZ mehrmals nur mit knapper Not entgangen war. Nach dem Zweiten Weltkrieg setzte ihn die Sowjetische Militäradministration in Ronneburg (DDR-Bezirk Gera) als Landrat ein. In die Bundesrepublik schrieb er, weil seine beiden Söhne aus der ersten, geschiedenen Ehe Ende der 1950er-Jahre unabhängig voneinander in den Westen geflüchtet waren. Obwohl er unter der Trennung litt, verteidigte der Mann den Mauerbau und die DDR, indem er seinem Sohn Herbert entgegenhielt: »Bei uns gibt es unter den Menschen keine Existenzangst und sie gehen natürlich viel ruhiger und ohne Sorgen für das Morgen zur Arbeit.«[169] Weil Herbert geschrieben hatte, es sei »erschütternd« zu sehen, wie eine Grenze »mitten durch eine Stadt gezogen [wurde] und das im modernen 20. Jahrhundert«, antwortete der Vater: »Freilich ist das erschütternd, und doch war es allerhöchste Zeit, uns zu sichern und vor weiteren Verlusten zu bewahren.« Er kritisierte, »dass das Geld aus der Westberliner Arbeit einen 4- bis 5mal so hohen Wert hatte wie unseres« und dass der West-Berliner für eine Stunde Arbeitsentgelt »bei uns Werte von 4 bis 5 Std. Arbeitsaufwand« einkaufte. »Nein, mein lieber Junge, so etwas lässt sich kein Land der Welt gefallen und gibt es auch nirgends.« Die Mauer, glaubte der Vater, »war sehr, sehr nützlich«.[170] Er starb 1964, ohne seine Söhne und deren Familien jemals wiedergesehen zu haben.

Gerade Ost-Berlinern stieß es bitter auf, dass ihr Geld weniger Wert besaß als die West-Mark. Der zitierte Mann aus Ronneburg verwies in seinem Brief auf die Berliner, mit denen er am 13. August zur Kur war und die sich über die Grenzschließung gefreut hätten: »Sie alle sagten, es wird allerhöchste Zeit, dass wir nicht mehr um die Früchte unserer Arbeit betrogen werden, und das hätte schon lange geschehen müssen.«[171]

Fragt man heute Ost-Berliner, die 1961 in der Nähe der Sektorengrenze wohnten, erhält man ähnliche Antworten. Es wäre »unerträglich gewesen, mit anzusehen«, sagt die 85-jährige Thea Grauwinkel, die bis heute im Stadtbezirk Pankow wohnt, »wie West-Berliner, die zuvor in Wechselstuben ihr West-Geld in Ost-Geld umgetauscht hatten, nicht nur billig bei uns einkauften, sondern schneller einen Friseurtermin bekamen als wir.«[172] Wie viel Geld Grenzgänger bei einem Friseurbesuch sparten, weiß der Ost-Berliner Wolfgang Herrmann, der bis zum 13. August 1961 bei Siemens in West-Berlin arbeitete, noch ganz genau: Ein Haarschnitt im Osten kostete 1,10 Mark (Ost). Das waren für ihn 25 Pfennig (West). Wäre Herrmann im Westteil der Stadt zum Friseur gegangen, hätte er 2 Mark (West) zahlen müssen.[173] Weil in manchen Geschäften der DDR-Personalausweis vorgezeigt werden musste, »haben sich einige West-Berliner einen Ost-Berliner gesucht, der dann mit ihnen einkaufen ging«. Nicht nur Thea Grauwinkel hat diese Ungerechtigkeit damals verärgert. Sie stellt die These vieler DDR-Forscher auf den Kopf, wenn sie sagt, die SED hätte »den Unmut dankbar aufgegriffen«. Jedenfalls bestreitet sie vehement, von der Propaganda beeinflusst worden zu sein.

Fluchtgedanke
Vorgegebene Frage: *Haben Sie bis zum August 1961 überlegt, aus der DDR in den Westen zu fliehen?*
Antwort Ja – Gründe, nicht zu fliehen, waren:

Vorgegebene Gründe	Gesamtzustimmung	Zustimmung Mauer-Befürworter	Zustimmung Mauer-Gegner
Familie	97,46 %	71,43 %	99,10 %
Heimat	79,66 %	90,91 %	78,50 %
Arbeitsplatz	27,03 %	63,63 %	23,00 %
DDR	10,62 %	63,63 %	4,90 %

Ihr ist es wichtig, zu betonen: »Ich war nicht Mitglied der FDJ, nicht der DSF [Deutsch-Sowjetische Freundschaft] und nicht in der Partei [SED], sondern war ehrenamtliche Gemeindehelferin in der Alten Pfarrkirche in Pankow.« Thea Grauwinkel gehört zu den DDR-Bürgern, die nicht überlegt hatten, in den Westen zu fliehen. »Ich wollte nicht weg, weil ich den Kapitalismus im Westen schlimmer fand als die Alternative bei uns im Osten.«[174]

»Nicht im Traum eingefallen, die DDR zu verlassen«

In Baumgarts Buch aufgenommen wurde auch ein Paket Briefe, die Ludwig Wernecke, ein »westdeutscher marxistischer Arbeiter«, aufbewahrte. 1960 hatte er postalischen Kontakt zu ostdeutschen (Gewerkschafts-)Funktionären gesucht, um mit ihnen über ideologische und politische Fragen zu diskutieren. Unter anderem wollte er wissen, wie man die Stimmung der Masse in der DDR beurteilen wolle, »wenn eine freie Meinungsäußerung unterdrückt wird«.[175] Tatsächlich ließen sich einige Funktionäre aus DDR-Betrieben auf den Diskurs ein – vermutlich mit vorheriger Genehmigung. Natürlich paraphrasierten sie stellenweise die Grundsätze der marxistischen Staatstheorie und behaupteten, in der DDR werde »die freie Meinungsäußerung nicht unterdrückt, sondern gefördert wie nirgendwo«.[176] Aber nicht alle von ihnen tischten dem westdeutschen Arbeiter Phrasen aus dem ostdeutschen SED-Parteilehrjahr auf, einige bemühten sich um Differenzierung.

Fluchtgedanke

Vorgegebene Frage: *Haben Sie bis zum August 1961 überlegt, aus der DDR in den Westen zu fliehen?*

Antwort Nein – Gründe, nicht zu fliehen, waren:

Vorgegebene Gründe	Gesamtzustimmung	Zustimmung Mauer-Befürworter	Zustimmung Mauer-Gegner
Familie	96,79 %	97,73 %	94,97 %
Heimat	89,35 %	88,49 %	91,03 %
Arbeitsplatz	71,84 %	76,85 %	62,09 %
DDR	67,18 %	83,00 %	36,36 %

Ein Funktionär aus Neubrandenburg schrieb zwei Wochen nach der Grenzschließung zum Thema Fluchtwelle zwar, der »Schwindelkurs« sei ein Skandal, »der dazu angetan war, Tausende unserer Menschen zu korrumpieren«, aber er gebe seinem westdeutschen Kollegen recht, dass die Abgehauenen »gewiss nicht alles Verbrecher oder asoziale Elemente« seien.[177] Dennoch rückte keiner der Funktionäre von der Überzeugung ab, dass die Grenzschließung richtig war. Im Gegenteil: Wie der Schriftsteller Stephan Hermlin in seinem »Mauer-Brief« an Günter Grass stellte der SED-Funktionär Friedrich Maibaum die Grenzschließung in den Kontext der Systemkonkurrenz, indem er dem »westdeutschen Freund« 1965 schrieb: »Wie gefährlich Ihr in Eurem Westdeutschland lebt, ahnt Ihr wohl gar nicht!? Von allen anständigen und fortschrittlichen Menschen der Welt werden die Leistungen der DDR anerkannt und die Mauer mit Zustimmung und Genugtuung besichtigt, weil sie die Dinge real einzuschätzen vermögen.« Der Brief endete mit einer Floskel – und einer Befürchtung, die an Sarkasmus grenzt: »Stundenlang könnte ich noch schreiben. Sei aufs herzlichste gegrüßt von Deinem um die Bundesbürger besorgten Freund aus der DDR«.[178]

Baumgarts ausgewählte Briefe belegen, dass es auch außerhalb der Funktionärskaste Menschen gab, die von der DDR überzeugt waren. Zu ihnen gehörte beispielsweise der Ingenieurstudent Ulrich Bossert aus Pößneck (Bezirk Gera), der auf der Leipziger Messe den westdeutschen Kaufmann Dietrich Brendl kennengelernt hatte. Aus der zufälligen Begegnung zwischen dem jungen Ost- und dem sehr viel älteren Westdeutschen entwickelte sich eine jahrelange, hauptsächlich in Briefen gepflegte Freundschaft, in die später auch Bosserts Frau Katharina einbezogen wurde. Obwohl Bossert von Brendl mit wissenschaftlicher Literatur, hauptsächlich Fachliteratur der Psychologie, versorgt wurde, die in der DDR nicht zu bekommen war, zweifelte der Student aus Pößneck nicht grundsätzlich am SED-Staat. »Wenn es einmal zu einer deutschen Einheit in Freiheit kommt«, schrieb er Anfang September 1961, »werden wir [DDR-Bürger] uns wohl mit einem wahren Heißhunger auf uns jetzt vorenthaltene Bücher und Schriften stürzen. Und ich glaube auch nicht, dass wir uns von einer Richtung so schnell verblenden lassen. Für uns ist z. B. auch die Bundesrepublik kein Ideal. Es wäre mir nicht im Traum eingefallen, die DDR zu verlassen, solange man mir hier nicht das Leben unmöglich macht, und daran glaube ich nicht. Ich nehme mir einfach das Recht, eine eigene Meinung zu haben; bisher hat mich auch noch niemand angegriffen.«[179]

Generell stellt sich die Frage, welche Motive die Bürger bewogen, in der DDR zu bleiben. In der aktuellen Umfrage für dieses Buch gab die Mehrheit der 602 Befragten an, bis zum August 1961 nicht überlegt zu haben, in den Westen zu fliehen (79,5 %). Die ausschlaggebenden Gründe waren Familie (96,79 %) und Heimat (89,35 %). Aber zwei Drittel sagen auch, sie wären damals nicht geflüchtet, weil sie die DDR für den besseren Staat hielten (67,18 %).

Zerreißproben

Für viele DDR-Bürger wurde die Mauer zur emotionalen Zerreißprobe, weil man einerseits von ihrer Notwendigkeit überzeugt war und weil sie andererseits verhinderte, Familienmitglieder, Freunde oder gar den Liebespartner im Westen zu treffen. Die Oberschülerin Marianne lernte 1959 auf der Leipziger Buchmesse den jungen Buchdrucker Clemens aus der Bundesrepublik kennen und lieben. Der Briefwechsel spiegelt wie bei den Geschwistern Reimann wider, wie sehr die politischen Auseinandersetzungen in das Private reichten.

Die gegensätzlichen Positionen der beiden engte deren Liebe zunächst nicht ein. Das änderte sich jedoch mit dem 13. August, als es Marianne unmöglich gemacht wurde, Clemens in der Bundesrepublik zu besuchen. Nachdem sich das Paar Anfang 1962 wiedergesehen hatte, weil Clemens zu einer Gewerkschaftstagung nach West-Berlin reiste, begann Marianne, die inzwischen Architektur in Ost-Berlin studierte, »die Mauer vor unserer Nase zu hassen, obwohl ich ihre Notwendigkeit nach wie vor einsehe.« Zu dieser Zeit ist sie im Hinblick auf die Zukunft der Beziehung noch optimistisch – und schreibt euphorisch: »Dann schlagen wir noch eines Tages die Mauer kaputt, aber erst, wenn es wirklich ungefährlich ist«.[180] Nach einem Treffen im Februar 1962 löste die Befürchtung, sich »so bald nicht wiedersehen« zu können, heftige Gefühlsschwankungen aus: »Verflucht sei diese Welt, in der wir leben! Ja, du kannst dich ruhig wundern, dass ich das schreibe. In mir schlagen die Wellen viel zu hoch, als dass ich jetzt schweigen könnte. Wut und Liebe, Hass und Schmerz, alles wirbelt durcheinander, und ich fühle überhaupt nichts mehr.«[181] Aber Marianne stellte die Mauer nicht in Frage. Und entschied sich ein Jahr später gegen die Liebe – und für »ihren« Staat.

Auf eine völlig andere Probe wurde Hannelore Janisch gestellt. Ihr Blick auf den 13. August war »der unmittelbar zeitgenössische nach Abitur und Studium«. Sie kam »aus einem absolut unakademischen Zuhause« und war geprägt von dem Glücksgefühl ihrer Eltern, »die stolz darauf waren, dass beide Töchter studieren konnten. Ihnen wäre die Finanzierung eines solchen Bildungsganges nicht möglich gewesen. Und ich hatte die Hoffnung«, sagt die damals 22-jährige Janisch heute, »in einem Land zu leben, das bei aller Enge und Bedrückung, von der ich schon wusste, doch eine Alternative zum Alten sei«. Während es ihrer Freundin, mit der sie im Juli 1961 das Lehramtsstudium abgeschlossen hatte und zu der sie noch immer Kontakt hält, am frühen Morgen des 13. August noch gelungen war, »durch die Absperrungen am Brandenburger Tor zu laufen«, blieb Hannelore Janisch mit ihrem Mann in der DDR. In den Tagen danach hätten sie »zunehmend immer wieder« vor allem darüber gesprochen, dass sie ihre »vielen Verwandten und Freunde jenseits der Grenze wohl längere Zeit nicht sehen würden, hielten die offizielle Argumentation, es handle sich um einen Vorgang der Friedenssicherung für ein fadenscheiniges Argument. Dass die Trennung von langer Dauer sein würde, lag außerhalb der Vorstellungen. Veränderungen im Grenzsystem gehörten zum Alltag.«

An Gespräche, »die sich auf die historische Bedeutung der Ereignisse um den 13. August bezogen«, kann sich Janisch erst mit dem Beginn des neuen Schuljahres am 1. September 1961 erinnern. Es war ihr erster Schultag als Lehrerin in einer Polytechnischen Oberschule in Berlin-Weißensee. Der Schulleiter bat die junge Pädagogin, sich in der ersten Lehrerkonferenz vorzustellen und in die Ausführungen ihre »Meinung zu den gerade erfolgten Maßnahmen der Grenzsicherung einzuschließen«. Er hatte dazu eine Anweisung erhalten, war jedoch selbst nicht Mitglied der SED und stand dem Mauerbau kritisch gegenüber. »Mein erster Impuls war«, so Janisch, »das abzulehnen. Den Mut dazu hatte ich nicht.«

In ihrem Redebeitrag, der ihr zuvor schlaflose Nächte bereitete, habe sie kurz ihren Bildungsweg skizziert und abschließend ihren »Auftrag erfüllt«. Sie sprach von ihrer »Zerrissenheit« in Bezug auf die Grenzsicherung. »Ich konnte ehrlich mit Hinweis auf die ökonomischen Schwierigkeiten, den Ausverkauf im Berliner Handel, die an der Universität zu beobachtende Abwerbung von jungen Akademikern, der Grenzschließung in Berlin zustimmen. Ich habe dann aber auch von dem persönlichen Schmerz berichtet, den dieser Vorgang bei meinen Eltern und Schwiegereltern in hohem Maße, alle hatten Geschwister, sogar Kinder in West-Berlin, auslöste. Mein Schwiegervater verlor im Alter von 56 Jahren über Nacht seinen Arbeitsplatz bei Siemens. Über die ganze Nachkriegszeit hatten wir enge Familienkontakte und Familiensolidarität gelebt. Das konnte nun nicht mehr sein.

Ich wusste, dass von mir wenigstens ein Satz zur Notwendigkeit der Grenzsicherung im Sinne der offiziellen politischen Begründung in allen Medien erwartet wurde. Dort hieß es: Die Bedrohung des sozialistischen Staates sei durch das Zusammenziehen von Militärverbänden in West-Berlin erforderlich geworden. In diesem Sinne seien die Maßnahmen vom 13. August ein unumgänglicher Schritt zur Friedenssicherung und eine Konsequenz auf die nachdrückliche Forderung der Bewohner Berlins und Bevölkerung des ganzen Landes gewesen. Das zu sagen war mir nicht möglich. Mein letzter Satz bezog sich auf die Hoffnung, dass diese Maßnahmen zeitlich begrenzt seien und sich bald wieder Verhältnisse entwickeln würden, unter denen sich die Menschen in der Stadt frei begegnen könnten.«[182]

Janischs Rede auf der Lehrerkonferenz zeigt, dass es häufig nicht nur ein Motiv für die widerstandslose Hinnahme der Grenzschließung am 13. August gab. Die Unvorstellbarkeit von einer undurchlässigen Mauer mitten durch die Stadt – und die Hoffnung, sie sei nicht von Dauer – war gepaart mit der Grundüberzeugung, die DDR sei die bessere gesellschaftliche »Alternative zum Alten«, das in der Bundesrepublik fortlebe.

Identitätsstiftender Grundkonsens?

Die Notwendigkeit der Mauer lässt sich nicht nur mit der Überzeugung erklären, die DDR sei im Unterschied zur Bundesrepublik der bessere Staat gewesen. »Natürlich haben wir die Probleme in der DDR gesehen. Es ist doch nicht so, dass wir blindlings geglaubt haben, was im *Neuen Deutschland* stand, und nicht gesehen haben, was es im Westen zu kaufen gibt«, sagt Christa S., die 1961 als junge Ärztin in der Berliner Charité gearbeitet hat. »Aber ich war von diesem alternativen Gesellschaftsmodell überzeugt. Vom kostenlosen Gesundheitssystem und von den Bildungsmöglichkeiten, gerade für Frauen. Trotzdem habe ich vieles kritisch gesehen und das auch gesagt.« Auch den 13. August? Christa S. antwortet zunächst nur indirekt, indem sie auf die damalige Situation im Gesundheitswesen verweist. Mit einer drastischen Metapher, die viele ehemalige DDR-Bürger verwenden: »Die Grenze zu West-Berlin war eine offene Wunde. Wäre sie nicht geschlossen worden, wären wir ausgeblutet.« Wir? Christa S. nickt. »Ja, die DDR wäre sonst zusammengebrochen.«[183]

Noch ein Paradoxon: Offenbar war die Mauer für viele ungewollt ein identitätsstiftender Grundkonsens zwischen DDR-Bürgern und der SED-Führung – indem sie eine stabile und vom Westen unabhängige Gesellschaftsalternative möglich machte. »Die DDR wäre sicherlich ohne die Abriegelung der Sektorengrenze und den Bau der Mauer ausgeblutet«, meint auch der Historiker Hans-Hermann Hertle, »sie hätte diesen Flüchtlingsstrom nicht länger ertragen können und nur durch die Mauer war die weitere Existenz der DDR abzusichern. Die DDR stand wirtschaftlich, auch durch die Abwanderung und durch die Fluchtbewegung, vor dem Zusammenbruch.«[184]

Obwohl der SED-Führung die dramatische Lage bekannt war[185], räumte sie öffentlich nicht ein, wie tief das Land in der Krise steckte. Und dennoch bekamen die DDR-Bürger in ihrem Alltag sehr wohl mit, welche wirtschaftlichen und sozialen Auswirkungen die Flüchtlingswelle hatte. Besonders katastrophal war die Situation in den Krankenhäusern. Das belegen nicht nur die Erinnerungen von Christa S., sondern auch zahlreiche zeitgenössische Schilderungen von Flüchtlingen. Der Chirurg Dietrich W., dem Anfang 1962 die Flucht nach West-Berlin gelang, berichtete, dass mehrere Kliniken der Charité »sofort nach dem 13. August 1961 durch die noch mögliche Flucht eines Teils der Assistentenschaft einen empfindlichen Verlust an qualifizierten Mitarbeitern [hatten]. Dies führte zu einer deutlichen Verzögerung in der fachlichen und konsiliarischen [beratenden] Betreuung der Bevölkerung und der Kliniken und lähmte teilweise die Teamarbeit zwischen den Kliniken.«[186]

Auch in anderen Krankenhäusern der DDR fehlten viele Ärzte, die entweder nach dem 13. August »von der Urlaubsreise nicht zurückgekehrt oder schon vorher nach West-Berlin geflüchtet [waren]«, erzählte eine junge Krankenhaus-Mitarbeiterin, die zu Weihnachten 1961 geflohen war. Zuvor war sie jeden Tag von Potsdam nach West-Berlin zur Schule gefahren. Im Sommer 1961 wollte sie ihr Abitur absolvieren. Nachdem die Grenze geschlossen worden war, durfte sie nicht an eine DDR-Oberschule wechseln, sondern musste sich als ehemalige »Grenzgängerin« für eine Arbeitseinweisung registrieren lassen und dann als Putzhilfe in einem Krankenhaus arbeiten. Detailreich schildert sie, welche Zustände an ihrer erst vor einigen Jahren erbauten Poliklinik herrschten. Der Mangel an Fachkräften führte zur Schließung der Hautklinik und der neurologischen Abteilung. Generell seien die Kliniken »überfüllt gewesen, da es nur noch wenige Privatpraxen gibt«. Die junge Frau erzählte zudem, wie auch in den Krankenhäusern die Versorgungskrise zu spüren war. Im September 1961 seien die Kartoffeln knapp geworden. Man stellte auf Nudeln um, und Stationsschwestern, die gerade ihre Ausbildung absolvierten, mussten zur Kartoffelernte. Die Versorgungsschwierigkeiten hätten nicht nur die Nahrungsmittel betroffen; oft hätte sie »das Geschirr im Wasser ohne Beigabe von Abwaschhilfe säubern« müssen.[187]

Christa S. kann das alles bestätigen und meint, dass »die Zustände in den Krankenhäusern noch schlimmer [waren], als es in der aktuellen Staffel der TV-Serie ›Charité‹ gezeigt« werde. Hätte man diesen »Aderlass von Ärzten, von Fachkräften überhaupt, nicht gestoppt«, davon rückt sie auch heute nicht ab, »wäre nicht nur das Gesundheitssystem zusammengebrochen.« Gestoppt mit einer Mauer? Sie registriert den skeptischen Blick des Fragenden, zögert einen Moment und antwortet dann gewohnt energisch: »Ja, die Mauer war schlimm, aber notwendig.«[188]

Dass der Mauerbau als alternativlos gesehen wurde, mag man heute befremdlich oder inakzeptabel oder beides finden, aber diese Haltung wurde von vielen DDR-Bürgern damals geteilt. Der Schriftsteller Rolf Schneider, der sagt, er habe »die Grenzschließung 1961 als Katastrophe empfunden« und »darin das Eingeständnis einer politischen Niederlage der DDR« gesehen, weiß auch zu berichten, dass die Abriegelung »von manchen begrüßt wurde«, weil die »massenhaften Abwanderungen, voran des medizinischen Personals, plötzlich ein Ende [hatten]«.[189] Zu denjenigen, die den Mauerbau damals für alternativlos hielten, gehörten auch der Liedermacher Wolf Biermann und der Schriftsteller Heiner Müller. Biermann »begrüßte damals den Bau der Mauer als Rettung in höchster Not. Ich begrüßte ›die Maßnahmen von Partei und Regierung‹ nicht begeistert, aber immerhin tieftraurig. Ich wollte nicht, dass mein Hoffnungsland DDR ausläuft wie ein durchgerosteter Eimer. Für mich war der Bau der Mauer ein Schmerz und eine Scham, denn der Stacheldraht gegen das eigene Volk war ein Beweis unserer eigenen Schwäche und Schande.

Und wir waren bereit, aus der Niederlage zu lernen, wollten tapfer ganz neu anfangen und alles wieder gut – und alles besser machen. Wir wollten im Schutz dieser Menschenfalle endlich! demokratische Bedingungen schaffen, die es uns erlauben würden, die Mauer so schnell wie möglich wieder abzureißen. Die gefährlichen Wörtchen ›uns‹ und ›wir‹ erwiesen sich aber bald schon als schwammige Begriffe, kindische Verklärungen und Verkleisterungen der politischen Abgründe zwischen uns und den Bonzen der Partei.«[190]

Auch Heiner Müller glaubte 1961, die DDR wäre ausgeblutet, wenn man die Grenze nicht geschlossen hätte. »[W]ir waren erleichtert und wir fanden das richtig und notwendig. Eine ganz neue Möglichkeit zu arbeiten: Die Mauer als Schutz gegen das Ausbluten [...]«. Es war eine »illusionäre Sicht«, wie er später einräumte.[191]

Die Hoffnungen der Intellektuellen

Es war nicht die einzige Illusion. Gibt man das vollständige Zitat aus Heiner Müllers Autobiografie wieder, lässt sich ein weiteres Motiv für die Mauer-Befürworter identifizieren. Ein Motiv, das sich vor allem bei Wissenschaftlern und Künstlern findet und das sich mit einer Hoffnung verbindet: die Mauer nicht nur als notwendiges Übel zu sehen, um die DDR zu retten, sondern sie als Chance zu interpretieren, die Verwirklichung der gesellschaftlichen Alternative in der DDR kritisch mitzugestalten. Noch einmal Heiner Müller, nun das vollständige Zitat: »Da wurde die Mauer gebaut, und wir waren erleichtert und wir fanden das richtig und notwendig. Eine ganz neue Möglichkeit zu arbeiten: Die Mauer als Schutz gegen das Ausbluten, und nun konnte man im Land kritisch und realistisch mit allem umgehen.«[192] Diese Hoffnung war der Annahme geschuldet, die SED-Führung werde künftig ihren Kritikern nicht mehr unterstellen, sie würden dem Klassenfeind im Westen Vorschub leisten.

Zu den Hoffenden gehörte auch die damals 40-jährige Philosophin Camilla Warnke, die sich am 13. August 1961 mit ihrer Tochter gerade auf Verwandtenbesuch in Österreich befand. Sie blieb nicht im Westen, sondern kehrte Ende August in die DDR an ihren Arbeitsplatz in der Akademie der Wissenschaften zurück. Weil Warnke zu der Zeit an einem »Russischzirkel« teilnahm, zitiert sie dessen Leiterin: »Die Gen[ossin] Lehrerin hoffte, dass nun – ungestört durch westliche Einflüsse – eine Periode größerer Freiheit und Demokratie anbrechen werde. Und das hofften mit ihr viele Mitglieder der Partei und sympathisierende Bürger.« Das wäre »in der Tat der Fall« gewesen, bestätigt Warnke die Lehrerin heute. »In diesem Klima, in der Kritik an der bisherigen ideologischen Enge geduldet wurde«, seien »einige der bedeutendsten DDR-Spielfilme entstanden, bis sie dem 11. ZK-Plenum, dem sogenannten ›Kahlschlagplenum‹ [im Dezember 1965], zum Opfer fielen«. Zu den zwölf verbotenen Filmen gehörte der DEFA-Film »Das Kaninchen bin ich« von Kurt Maetzig (1965), der sich kritisch mit dem Aufbau des Sozialismus in der DDR auseinandersetzte. Dieses »Klima der relativen Freiheit«, das zwischen Mauerbau und diesem ZK-Plenum herrschte, sei es gewesen, so Warnke, »das einen Aufstand und Protestresolutionen verhinderte«. Soweit sie die damalige Stimmung der Bevölkerung beurteilen könne, »war sie in diesen Jahren – wenigstens unter Intellektuellen – durchaus positiv«.

Die heute 90-jährige Warnke, die noch immer publiziert, war keine staatsgläubige Genossin. Im Jahr 1958, während ihrer Tätigkeit als Dozentin an der Humboldt-Universität, brachten ihr »parteifeindliche Gespräche« in ihrer Wohnung und ihre »politikferne Vorlesung« eine strenge Rüge und eine zweijährige Bewährung in der Produktion ein.[193] 1981 wurde sie zusammen mit ihrem Mitarbeiter Peter Ruben wegen angeblichem Revisionismus aus der SED ausgeschlossen.[194]

Eine Liberalisierung erwartete nach dem Mauerbau auch der Philosoph und Dissident Rudolf Bahro: »Wie sehr viele Kommunisten eigentlich, besonders der jüngeren Generation, habe ich gehofft, dass wir nach der Mauer, also auf der Grundlage der einigermaßen gesicherten Stabilität, jetzt einen großen Versuch machen werden, die Massen für uns zu gewinnen, also endlich aus der Konfrontationshaltung mit der Bevölkerung ›rauszukommen‹«[195]. Zur bitteren Ironie dieser Geschichte gehört, dass auch die SED-Führung hoffte, die Menschen würden sich nach der Grenzschließung stärker mit der DDR zu identifizieren beginnen und die Politik des SED-Staates mehr unterstützen. Bahro sprach davon, »die Massen für uns zu gewinnen«. Die SED-Führung dagegen, die sich von der Mauer eine Stabilisierung ihrer Herrschaft erhoffte, wollte ihre Bürger erpressen.

In einer Analyse über den »politisch-ideologischen Zustand der Arbeiterklasse und der einzelnen Bevölkerungsschichten vor und nach dem 13.8.1961« kam die SED im September 1961 zu dem Schluss, dass die noch schwankenden Bürger gezwungen worden seien, »Farbe zu bekennen«.[196] Drastischer soll es Otto Gotsche, seit 1960 Leiter des Sekretariats von Ulbrichts Staatsrat, ausgedrückt haben: »Jetzt haben wir die Mauer, und jetzt werden wir jeden daran zerquetschen, der gegen uns ist.«[197] Gemeint waren damit auch und vor allem die DDR-Künstler. Als Schriftsteller war Gotsche seit 1961 auch Mitglied der Akademie der Künste – und anwesend, als in der Plenarsitzung am 26. August 1961 unter Leitung des Präsidenten Otto Nagel einstimmig die Erklärung verabschiedet wurde, mit der die Akademiemitglieder die »Maßnahmen der Regierung« vom 13. August »leidenschaftlich« unterstützten.[198] Mit ihrer Ergebenheitsadresse hatten viele Mitglieder, wie etwa die Schriftsteller Bruno Apitz, Bodo Uhse, Stephan Hermlin und Ludwig Renn, die Hoffnung verbunden, »die DDR werde im Schutz der Mauer mehr innere und äußere Souveränität gewinnen, um ihr politisches und kulturelles Leben ohne wirklich oder angeblich drohende Einmischung aus dem Westen zu entfalten.«[199]

Am Beispiel der Akademie der Künste zeigt sich, wie illusionär diese Hoffnungen waren. Statt neue kulturpolitische Spielräume zu eröffnen, begann die SED-Führung, die Künstler auf Parteilinie zu bringen. In einer Vorlage für das SED-Politbüro über die »nächsten Aufgaben zur sozialistischen Entwicklung der Deutschen Akademie der Künste« vom 19. März 1962 wurde einigen Mitgliedern attestiert, bis zum 13. August »mit doppelter Perspektive gelebt« zu haben, »ideologische Grenzgänger« gewesen zu sein und noch jetzt, nach dem Mauerbau, »wenn auch praktisch verhindert, im Geiste der ideologischen Koexistenz« zu leben. Die Akademie habe sich »zeitweilig zu einem Zentrum von Hemmnissen« gegenüber der DDR-Kulturpolitik entwickelt. Die »Haupthemmungen« sah die SED in der »mangelnden Parteidisziplin« mehrerer Akademie-Genossen sowie in der »konzeptionslosen und schwankenden Haltung des Präsidenten [Otto Nagel] und einer Reihe von Mitgliedern«.[200]

Zu den prominentesten Opfern dieser Generalabrechnung gehörten ausgerechnet diejenigen, die den Mauerbau in der Plenarsitzung der Akademie am 26. August 1961 am leidenschaftlichsten verteidigt hatten. Fritz Cremer legte bereits im November 1961 sein Amt als Sekretär der Sektion Bildende Kunst nieder, nachdem er von der SED-Führung für seine Akademieausstellung mit Werken junger Künstler scharf kritisiert wurde. Otto Nagel musste 1962 sein Amt als Akademie-Präsident aufgeben und Stephan Hermlin wurde ein Jahr später aufgrund einer Lyrik-Veranstaltung in der Akademie, auf der gesellschaftskritische Texte junger Dichter vorgetragen wurden, aus dem Amt des Sekretärs der Sektion Dichtkunst und Sprachpflege gedrängt.[201]

Während sich die Hoffnungen auf eine Liberalisierung, gar Demokratisierung der DDR schell als Illusion erwies, stand die Mauer knapp drei Jahrzehnte.

»Die gefährlichen Wörtchen ›uns‹ und ›wir‹ erwiesen sich aber bald schon als schwammige Begriffe, kindische Verklärungen und Verkleisterungen der politischen Abgründe zwischen uns und den Bonzen der Partei.«

Wolf Biermann über den Mauerbau, Autobiografie, 2016

Resümee
Hoffnung auf einen Burgfrieden

I

Geht es um die Aufarbeitung einer Diktatur, stehen im Fokus häufig dieselben: die Machthaber und die Mutigen, die ihnen widerstanden. Diese Schwarz-Weiß-Malerei funktioniert auch bei der DDR-Aufarbeitung, weil sie einfache Erklärungen liefert. Rückblickend werden auf der Bühne der Geschichte die einen verurteilt und die anderen gewürdigt. Beide Gruppen verbindet, dass sie Minderheiten sind. Die anderen sitzen (noch immer) im Zuschauerraum. Es gibt zwar Applaus und Buhrufe, aber ansonsten schauen sie nur zu – und schweigen. Es ist die Mehrheit, über die zwar gesprochen wird, über die man jedoch wenig weiß. Wahlweise sind es die Unterdrückten, die Angepassten, die Mitläufer oder die Systemstützen. In jedem Fall: die Passiven.

Passiv verhielt sich die Mehrheit der DDR-Bürger im August 1961. Und dennoch wird in der Geschichtsschreibung behauptet, der Bau der Berliner Mauer sei in der Bevölkerung mehrheitlich auf Ablehnung gestoßen, die wenigen überzeugten Funktionäre ausgenommen. Eine andere Haltung scheint offenbar nicht vorstellbar. Oder sie passt nicht in das bisherige Geschichtsbild. Schließlich hatten sich dem SED-Staat bis zum 13. August 1961 schon knapp drei Millionen Menschen durch Flucht in den Westen entzogen. Die einseitige Sperrung der Sektorengrenze in Berlin war ein Gewaltakt der SED-Führung, um den Flüchtlingsstrom zu stoppen und ihre Herrschaft zu sichern. Dafür nahm sie in Kauf, das eigene Volk einzusperren und die deutsche Teilung zu zementieren. Warum ließen 17 Millionen DDR-Bürger das fast drei Jahrzehnte zu? Warum nutzte nur eine Minderheit Möglichkeiten des Widersprechens und Widerstehens? Oder waren viele DDR-Bürger womöglich gar nicht so passiv, sondern entschieden sich bewusst dafür, nicht zu protestieren?

Die Annahme, eine Mehrheit sei gegen den Bau der Mauer gewesen, wird begründet mit öffentlichen Unmutsbekundungen, vereinzelten Protesten und zahlreichen gescheiterten und geglückten Fluchtversuchen nach der Grenzschließung. Obwohl die Forschung davor warnt, die MfS- und SED-Aufzeichnungen als »Wahrheit« hinzunehmen, filtert sie gleichwohl aus den Akten alle Anzeichen, die auf einen Protest hindeuten könnten: »Ansammlungen« an der Sektorengrenze gelten als unorganisierte Demonstrationen gegen den Mauerbau, ein einzelner Handzettel mit einem Protestaufruf könnte auf ein größeres Widerstandspotential hindeuten, die Polizeiberichte vom 13. August würden minutiös den Widerstand, die Wut und die Verzweiflung der Ost-Berliner dokumentieren. Als Zeuge für die mehrheitliche Ablehnung der »Maßnahmen« dient auch der DDR-Grenzpolizist Conrad Schumann, der durch seinen Sprung über den Stacheldraht berühmt geworden war. Er berichtete, am 15. August, dem Tag seiner Flucht, sei es am Ost-Berliner Arkonaplatz zu einer Demonstration von 1.000 bis 2.000 Menschen gekommen. Belegen lässt sich eine solche Großdemonstration nicht.

Unterm Strich kommen alle Publikationen zu dem Schluss, dass Massenproteste und ein Volksaufstand letztendlich ausgeblieben sind. Die Gründe scheinen klar: Im Unterschied zum 17. Juni 1953 hätte sich die SED-Führung in der Offensive befunden und die DDR-Bürger mit ihrer strikt geheim gehaltenen Aktion und dem einschüchternden Militäraufgebot an der abgeriegelten Sektorengrenze überrumpelt. Verwiesen wird darüber hinaus auf die staatlichen Repressionen und die Präsenz sowjetischer Truppen. Ein Volksaufstand wäre wie am 17. Juni niedergeschlagen worden. Und weil dies den DDR-Bürgern damals bewusst gewesen sei, unterdrückten sie ihre Wut und resignierten.

Doch diese Erklärung greift zu kurz.

II

Die ausgewerteten Quellen belegen, dass die Proteste der DDR-Bürger gegen die Grenzschließung am 13. August lediglich spontane Versammlungen waren, auf denen vereinzelt offen Unmut artikuliert wurde. Größere Ansammlungen, wie an den Grenzübergängen Brunnenstraße in Mitte und Wollankstraße in Pankow, wo sich jeweils bis zu 500 Menschen versammelten, wurden umgehend von den DDR-Sicherheitskräften auseinandergetrieben. An den Übergängen und vor S-Bahnhöfen fanden sich nicht nur Bürger ein, die sich empörten. Unter den »Protestierenden« waren Ost-Berliner, die beabsichtigten, an diesem Tag nach West-Berlin zu fahren, Schaulustige sowie Befürworter wie Mitglieder der SED-Agitationsgruppen, die sich unter die Versammelten gemischt hatten. Größere und vor allem organisierte Proteste blieben im Unterschied zu West-Berlin auch in den folgenden Tagen aus.

Nicht nur die Staatssicherheit ging davon aus, dass es zu Beginn der neuen Arbeitswoche an den gesperrten Übergängen zu heftigen Auseinandersetzungen mit den Grenzgängern kommen würde und in den Betrieben mit Arbeitsniederlegungen zu rechnen sei. Beides trat jedoch nicht ein. Viele Grenzgänger artikulierten zwar ihre Empörung, aber die meisten ließen sich in den Meldestellen zur Arbeitsvermittlung in der DDR registrieren. In den Betrieben kam es nur vereinzelt zu Streiks. Und nicht alle Ausstände richteten sich gegen die Grenzschließung. In keinem Fall erreichten sie eine Breitenwirkung.

Den heftigsten Widerspruch löste die Grenzsperrung bei der DDR-Jugend aus. Ihr Protest war mutiger und massiver als der anderer Bevölkerungsgruppen. Schon am 13. August positionierten sich an den Grenzübergängen vor allem Jugendliche lautstark gegen die Absperrungen. In Einzelfällen kam es auch zu einem organisierten Protest durch kleinere Gruppen. Für viele Jugendliche war Widerstand jedoch keine Option; sie protestierten, indem sie in den Westen flüchteten.

Die ablehnende Haltung gegenüber der Grenzschließung resultierte vor allem aus dem Unmut heraus, von West-Berlin, das bei den

Jugendlichen einen hohen Freizeit- und Erlebniswert genoss, nun vollends abgeschnitten zu sein. Politisch motiviert wurde der Jugendprotest erst durch eine Kampagne der FDJ, die drei Tage nach der Grenzsperrung jedes männliche FDJ-Mitglied dazu aufrief, sich zum »freiwilligen« Militärdienst in der NVA zu verpflichten. Es kam zu zahlreichen Verweigerungen und Protesten, vor allem von Schülern und Studenten, auf die besonders viel Druck ausgeübt wurde.

Während die DDR-Wissenschaftler überwiegend eine abwartende Haltung einnahmen und nur wenige von ihnen offen ihre Meinung sagten oder protestierten, waren die Künstler des Landes die Bevölkerungsgruppe, welche die stärkste Loyalität gegenüber der Regierung zeigte. Der Tenor war eine fast einhellige, teils sogar »leidenschaftliche« Zustimmung zur Grenzsperrung. Eine Reihe von DDR-Künstlern ließ sich darüber hinaus von der SED in den »Operativplan zur kulturellen Betreuung« der Einsatzkräfte an der Grenze einbinden. Zwar gab es Autoren, die sich privat oder in »halb öffentlichen« Diskussionen kritisch zum Mauerbau äußerten, aber kein Künstler der DDR brachte sie im institutionellen Rahmen zur Sprache oder initiierte wie bei der Biermann-Ausbürgerung 1976 eine Protestresolution.

III

Die Frage, warum es keine Massenproteste gegen den Mauerbau gegeben hat, wird in diesem Buch mit vier Erklärungsansätzen beantwortet. Während die ersten beiden in nahezu keiner Publikation fehlen, spielen die anderen in der Diskussion bislang kaum eine Rolle. Sie passen nicht in das allgemein vorherrschende Geschichtsbild, wonach die Mehrheit der DDR-Bürger gegen den Mauerbau gewesen sei.

Angst und Ausweglosigkeit ist der bekannteste Erklärungsansatz. Er wird durch vielfältige Aussagen von Zeitzeugen vor dem Hintergrund der Repressionserfahrungen nach dem niedergeschlagenen Volksaufstand vom 17. Juni 1953 belegt. Diese Erfahrungen bedeuteten jedoch nicht automatisch, dass jeder neue Massenprotest von vornherein zum Scheitern verurteilt war. Im Herbst 1989 überwanden die DDR-Bürger ihre Angst, obwohl noch Anfang Oktober in den Nebenstraßen der Leipziger Innenstadt die Sicherheitskräfte (nicht die sowjetischen Truppen) bereitstanden, um die Montagsdemonstration gewaltsam niederzuschlagen. Die Angst vor dem scheinbar allmächtigen SED-Staat reicht als alleiniger Grund für die ausgebliebene Revolte gegen den Mauerbau nicht aus.

Fotos, die am 13. August und in den folgenden Tagen an der Sektorengrenze aufgenommen wurden, dokumentieren *Unsicherheit und Ungläubigkeit*. Sie zeigen Menschen, die der Errichtung von Absperrungen entgeistert und entsetzt zusehen. Niemand konnte sich vorstellen, dass die Abriegelung von Dauer sein würde. Man wartete ab – und blieb passiv. Für eine temporäre Grenzschließung sprachen mehrere Gründe. Erstens vermittelte die SED-Propaganda genau diesen Anschein. Selbst der Ministerratsbeschluss endete mit der Aussicht, die Maßnahme bleibe »bis zum Abschluss eines Friedensvertrages in Kraft«. Zweitens resultierte die Erwartung auf eine baldige Rücknahme aus der Erinnerung an frühere zeitweilige Absperrungen wie nach dem 17. Juni 1953, als die Sektorengrenze drei Wochen nur mit Passierschein überquert werden durfte. Und drittens hofften viele, die westlichen Alliierten würden die Grenzschließung nicht einfach hinnehmen. All diese Hoffnungen erfüllten sich nicht.

Der Stacheldraht wurde sukzessive durch eine Mauer aus Stein und Beton ersetzt. An der Bernauer Straße wurden bereits wenige Tage nach dem 13. August Hauseingänge und Fenster von grenznahen Häusern zugemauert und erste Wohnungen zwangsgeräumt. Und von den dreizehn verbliebenen Berliner Grenzübergängen wurden fünf weitere geschlossen. Am 24. August wurde Günter Litfin bei seinem Fluchtversuch im Humboldthafen erschossen. Wie die DDR-Bürger auf das erste Todesopfer an der Berliner Mauer reagiert haben, ist noch nicht untersucht worden. Fest steht jedoch, dass die weiterführenden und unübersehbaren Grenzsicherungen auch in den folgenden Wochen zu keinen größeren Protesten führten.

Der dritte Erklärungsansatz umfasst einen Motivkomplex, der sich unter den Begriffen *Gleichgültigkeit und Gewöhnung* subsumieren lässt. Viele DDR-Bürger verfolgten die Grenzschließung relativ leidenschaftslos. Sie fühlten sich in ihrem privaten bzw. beruflichen Umfeld von ihr nicht direkt betroffen, wenn sie nicht von Familienmitgliedern oder Freunden getrennt wurden bzw. in West-Berlin als Grenzgänger arbeiteten. Es gehört zu den Erkenntnissen der für dieses Buch durchgeführten Umfrage, dass selbst viele Mauer-Befürworter Verwandte im Westen hatten.

Und die Grenzgänger, welche die Folgen der Abriegelung unmittelbar zu spüren bekamen, waren eine zu kleine gesellschaftliche Gruppe, als dass sie die Initialzündung zu einer Rebellion hätten geben können. Es handelte sich um etwa 80.000 Pendler aus Ost-Berlin sowie den Bezirken Potsdam und Frankfurt/Oder. Gemessen an der Einwohnerzahl der drei Bezirke im Jahr 1961 waren das nur knapp drei Prozent der Bevölkerung.

Die DDR-Bürger waren in ihrem Alltag mit anderen Problemen beschäftigt. Dazu gehörte in erster Linie die Versorgungskrise, die sich Anfang der 1960er-Jahre verschärft hatte und für alle gleichermaßen sicht- und spürbar war. Knapp waren nicht nur Grundnahrungsmittel wie Milch, Fleisch und Kartoffeln, sondern auch Gebrauchsgüter des täglichen Bedarfs. Zu Unmut führte besonders, dass einige Nahrungsmittel wieder rationiert wurden und sich vor den Läden lange Schlangen bildeten. Für Wut und Empörung sorgten darüber hinaus SED-Maßnahmen wie die zur Militarisierung der Gesellschaft, die erst im Schatten der Mauer möglich wurden.

Dem offiziellen Geschichtsbild widerspricht auch eine Veränderung, die viele Menschen in der DDR kurze Zeit nach dem 13. August an sich selbst mit Erstaunen beobachteten: wie schnell man sich an die geschlossene Grenze gewöhnte. Die Berliner Sektorengrenze lag für die meisten Ostdeutschen schon geografisch nicht um die Ecke. Außerdem besaßen zu dieser Zeit die wenigsten ein Auto oder das Geld für eine Fernreise. Die fehlende Reisefreiheit war Anfang der 1960er-Jahre noch kein Beweggrund, gegen die Mauer zu protestieren. Zur schnellen Gewöhnung trug auch bei, dass die SED-Führung die innerdeutsche Grenze bereits 1952, also neun Jahre zuvor, geschlossen hatte. Im Nachhinein wirkt diese Entscheidung wie eine Blaupause für Berlin, sowohl hinsichtlich der Errichtung eines umfassenden Grenzregimes als auch der Zwangsumsiedlungen, die sich 1961 wiederholten. Zu Massenprotesten war es schon 1952 nicht gekommen – weder in den Grenzregionen noch in anderen Landesteilen der DDR.

Der vierte Erklärungsansatz – *Überzeugung und Illusion* – ist zweifelsohne der umstrittenste. Er geht im Kern davon aus, dass viele DDR-Bürger keinen Anlass sahen, gegen die Errichtung der Berliner Mauer zu protestieren, sondern sie sogar guthießen. Diese Erkenntnis ist nicht neu. Neu aber ist, dass der Radius hinsichtlich der Anzahl der Befürworter sowie deren Begründungen erweitert werden muss. In der Forschung wird bisher davon ausgegangen, die Staatsicherheit wollte sich und der SED-Führung suggerieren, die »positiven Stellungnahmen« zu den Maßnahmen der Regierung würden überwiegen. »Diese rituelle Feststellung einer zustimmenden Haltung der Bevölkerungsmehrheit« zur SED-Politik sei typisch für MfS-Stimmungsberichte.[1] Denn das Gegenteil sei ja der Fall: Die Mehrheit sei dagegen und diejenigen, die den Mauerbau befürworteten, seien SED-Funktionäre gewesen oder Menschen, die unkritisch die Phrasen der SED-Propaganda wiederholten. Das gelte auch für ehemalige DDR-Bürger, die bis heute dem Mauerbau zustimmen.

Ignoriert wird damit, dass es 1961 weitaus mehr DDR-Bürger gab, die den Mauerbau zwar nicht euphorisch begrüßten, aber – wenn auch häufig zähneknirschend – befürworteten. Ihre Zahl lässt sich nicht quantifizieren. Heutige Umfragen können aufgrund der zeitlichen Distanz und der inzwischen verstorbenen Jahrgänge nur bedingt Auskunft geben. Dennoch ist auffällig, dass bei allen bisherigen Befragungen mehr als eine Minderheit den Mauerbau akzeptiert hat. In der für dieses Buch durchgeführten Umfrage unter ehemaligen DDR-Bürgern, die den Mauerbau erlebt haben, gaben sogar etwas über 50 Prozent an, dass sie ihn damals richtig fanden – obwohl sie heute um die Folgen wissen. Wenngleich diese Umfrage nicht allen wissenschaftlichen Kriterien entsprechen mag: Sie ermöglicht vorsichtige Aussagen zum Profil der Mauer-Befürworter.

Dem Mauerbau stimmten überwiegend Männer zu, die einen höheren Bildungsgrad besitzen. Befürworter beider Geschlechter gehören insbesondere zu den älteren der drei noch lebenden Jahrgänge (1920er-, 1930er- und 1940er-Jahrgänge) und wohnten eher im Osten der DDR. Überraschend ist, dass diese Gruppe nicht automatisch als Träger des politischen Systems in der DDR gelten kann. Nur knapp ein Viertel der Mauer-Befürworter unserer Umfrage war im August 1961 Mitglied der SED. Und mehr als ein Drittel von ihnen vertritt die Meinung, dass die DDR demokratisch nicht legitimiert war.

Viele von ihnen entschieden sich gegen eine Flucht in den Westen, weil sie damals die DDR im Unterschied zur Bundesrepublik für den besseren Staat hielten. Dass die Mauer-Befürworter unabhängig von der SED-Propaganda argumentieren, wird auch deutlich bei der Frage nach den Folgen der Grenzabriegelung. Eine deutliche Mehrheit ist der Meinung, die Mauer habe die Reisefreiheit eingeschränkt und Familien getrennt. Letzteres verwundert nicht, da knapp ein Drittel der Befürworter angibt, Verwandte im Westen gehabt zu haben. Etwas über die Hälfte sind zudem der Auffassung, dass die DDR mit dem Mauerbau zur Vertiefung der deutschen Teilung beigetragen hat – obwohl die SED-Führung das Gegenteil propagierte.

Dass viele Ostdeutsche die Mauer damals dennoch richtig fanden, führen sie auf deren Notwendigkeit zurück. Die Sektorengrenze wurde nicht vorrangig geschlossen, weil der Frieden gesichert werden musste, wie es die SED verkündete, sondern um die Abwanderung von Fachkräften zu verhindern und die DDR wirtschaftlich zu stabilisieren.

Es ist bemerkenswert, dass sowohl die Befürworter als auch die Gegner häufig gleichlautend von der Gefahr eines Ausblutens sprechen, wenn die Flüchtlingswelle nicht gestoppt worden wäre. Insbesondere bei den Intellektuellen war das Bannen dieser Gefahr mit der Hoffnung verbunden, man würde im Schatten der Mauer – nun endlich ungestört – das sozialistische Experiment erfolgreich mitgestalten können, die SED-Führung würde eine Liberalisierung zulassen und mit Kritikern in einen Dialog treten.

Die Befürchtung, der andauernde Flüchtlingsstrom werde den Staat implodieren lassen, deckt sich mit der internen Einschätzung Ulbrichts gegenüber dem sowjetischen Botschafter wenige Wochen vor dem 13. August 1961, bei einer weiterhin offenen Grenze sei der Zusammenbruch unvermeidlich.[2] Selten waren sich SED-Führung und Bevölkerung so nah. Allerdings gab es unterschiedliche Motive, den Zusammenbruch zu verhindern. Die DDR-Bürger wollten vor allem die wirtschaftliche und soziale Krise überwinden. Der SED-Führung ging es in erster Linie darum, ihre politische Macht zu sichern.

IV

Die vier Erklärungsansätze können nicht isoliert voneinander betrachtet werden. Erst in der Kombination beantworten sie die Frage, warum so viele DDR-Bürger den Mauerbau widerstandslos hinnahmen. Für die Zeitzeugen – ob sie die Errichtung der Berliner Mauer nun befürworteten oder ablehnten – fallen vor allem zwei Motivkomplexe zusammen: die Fassungslosigkeit über die plötzliche Grenzsperrung und die Überzeugung, die DDR wäre ohne diese Abriegelung zusammengebrochen.

Viele DDR-Bürger hofften, einen Burgfrieden mit der SED-Führung einzugehen: Akzeptanz der Mauer und im Gegenzug eine Liberalisierung der DDR. Eine äußerst trügerische Hoffnung. Nur den wenigsten war wohl bewusst, dass sie mit der Akzeptanz der Grenzschließung am 13. August 1961 die Mauer mitgebaut und damit auch die deutsche Teilung gebilligt hatten. Während der Mauerbau und seine Folgen im kollektiven Gedächtnis der Westdeutschen immer fest verankert blieben, setzte bei vielen Ostdeutschen ein Verdrängungsprozess ein, der erst im November 1989 endete.

Es wird zu untersuchen sein, warum andere Ereignisse in der kurzen Geschichte der DDR mehr Bürger in Unruhe versetzten. Zwar führte auch die Niederschlagung des Prager Frühlings 1968 zu keiner Revolte, aber allein die Verteilung von Tausenden Flugblättern, in denen zum Widerstand gegen den Einmarsch der Truppen des Warschauer Vertrags in die ČSSR aufgerufen wurde, stellen die Proteste gegen den Mauerbau in den Schatten. Von der Protestwelle, welche die Ausbürgerung Wolf Biermanns im November 1976 vor allem unter Intellektuellen und Künstlern auslöste, ganz zu schweigen.

Auffällig ist darüber hinaus, dass die Mauer in den Papieren und Programmen der Oppositionsbewegung in den 1980er-Jahren nicht thematisiert wurde. Weder als Fakt noch als Gegenstand einer Forderung. Das Neue Forum beispielsweise appellierte an die DDR-Bürger in seinem Gründungsaufruf vom 10. September 1989 zu einer Mitwirkung an der »Umgestaltung unserer Gesellschaft«, nicht zum Sturz der Mauer. Selbst fünf Tage vor ihrem Fall – als die vom neuen SED-Vorsitzenden Egon Krenz am 18. Oktober 1989 verkündete »Wende« längst zu einer Revolution geworden war – spielte die Mauer in der öffentlichen Debatte über die Zukunft der DDR keine Rolle.

Auf der Großdemonstration am 4. November 1989 in Ost-Berlin ging es um Pressefreiheit, freie Wahlen, Reisefreiheit – um die Demokratisierung der Gesellschaft. Niemand erhob die Forderung, die Mauer zu beseitigen. Weder die Akteure in ihren Reden noch die Demonstranten auf ihren selbst hergestellten Transparenten. Auch das Brandenburger Tor geriet bei der Diskussion um den Weg des Protestzuges und den Ort der Kundgebung außer Sichtweite. Zufrieden meldete das MfS, dass der Präsident der Volkspolizei in einem Gespräch mit den Veranstaltern am 26. Oktober erreicht hätte, »dass die Demonstration nicht wie vordem vorgesehen am Berliner Lustgarten [anderthalb Kilometer vom Brandenburger Tor entfernt], sondern auf dem Alexanderplatz beendet wird«. Das MfS befürchtete einen Durchbruch der Demonstranten zur Berliner Mauer.[3] Das wollten auch die Veranstalter nicht riskieren. Aber die Befürchtung war unbegründet. Weder ein Sturz der Mauer noch die Überwindung der deutschen Teilung stand auf der Agenda der Demonstranten am 4. November.

Für kurze Zeit verband das Ziel der Demokratisierung die DDR-Bürger mit dem Reformflügel der SED. Diese Gemeinschaft endete fünf Tage später – als die Mauer fiel. Die Mehrheit der Ostdeutschen wollte nun keine reformierte DDR mehr, sondern ein wiedervereinigtes Deutschland.

Zu einem wirklichen Protest gegen die Mauer war es zwei Jahre zuvor gekommen. Weil zu Pfingsten 1987 ein dreitägiges Rockkonzert vor dem Reichstag in West-Berlin angekündigt war, strömten etwa 5.000 DDR-Bürger, unter ihnen viele Jugendliche, vor die Absperrungen am Brandenburger Tor, um das Musikspektakel, unter anderem mit David Bowie, zumindest akustisch mitzuerleben. Als die DDR-Polizei begann, die Menge – erst mit Durchsagen, dann mit Schlagstöcken – auseinanderzutreiben, skandierten die Menschen »Mauer weg!« und »Macht das Tor auf!«

Es war der einzige Massenprotest gegen die Mauer in der Geschichte der DDR.

Anhang

Anmerkungen

Einleitung

1 »Die Überrumpelung der Bevölkerung, die Erfahrung von 1953, das schnelle Eingreifen der Parteimaschinerie und die schnelle und gut geplante Reaktion von Volkspolizei und Staatssicherheit gewährleisteten, dass es bei lokalen Protesten blieb.« Gerhard Sälter, Reaktionen auf den Mauerbau in Berlin und der DDR, in: Deutschland Archiv 44 (2011), Sonderheft 50 Jahre Mauerbau, S. 23–29, hier: S. 23 [künftig: Sälter, Reaktionen].

2 Vgl. beispielsweise: Elena Demke, Folgen des Mauerbaus für Herrschaft und Gesellschaft in der DDR, in: Sarah Bornhorst/Elena Demke (Hrsg.), Die Berliner Mauer. Quellen – Fragen – Kontexte, Berlin 2011, S. 27–29; Torsten Diedrich/Ilko-Sascha Kowalczuk (Hrsg.), Staatsgründung auf Raten? Zu den Auswirkungen des Volksaufstandes 1953 und des Mauerbaus 1961 auf Staat, Militär und Gesellschaft in der DDR. Militärgeschichte der DDR 11. Berlin 2005; Patrick Major, Vor und nach dem 13. August 1961: Reaktionen der DDR-Bevölkerung auf den Bau der Berliner Mauer, in: Archiv für Sozialgeschichte 39, 1999, S. 325–354; Arnim Mitter/Stefan Wolle, Untergang auf Raten. Unbekannte Geschichte der DDR-Geschichte, C. Bertelsmann, München 1993; Gerhard Sälter, Reaktionen auf den Mauerbau in Berlin und der DDR, in: Deutschland Archiv 44 (2011), Sonderheft 50 Jahre Mauerbau, S. 23–29; Elke Stadelmann-Wenz, Widerständiges Verhalten und Herrschaftspraxis in der DDR. Vom Mauerbau bis zum Ende der Ulbricht-Ära. Sammlung Schöningh zur Geschichte und Gegenwart, Paderborn 2009.

3 Wolf Biermann, Warte nicht auf bessere Zeiten! Die Autobiografie, Propyläen Verlag, Berlin 2016, S. 90 [künftig: Biermann, Zeiten].

4 Bericht über die Entwicklung der Republikflucht, unfirmiert, ZAIG des MfS, 12.02.1962, in: BStU, ZAIG 545, zit. nach: Gerhard Sälter/Manfred Wilke, Ultima Ratio: Der 13. August 1961. Der Mauerbau, die Blockkonfrontation und die Gesellschaft der DDR, Konrad-Adenauer-Stiftung, Sankt Augustin/Berlin 2011, S. 55 f. [künftig: Sälter/Wilke, Ultima Ratio].

5 Vgl. Thomas Flemming, Die Berliner Mauer. Geschichte eines politischen Bauwerks, be.bra verlag, Berlin 2019 [künftig: Flemming, Mauer], S. 81–91.

6 Ebd., S. 91.

7 Zahlen zit. nach: Maria Nooke, Geglückte und gescheiterte Fluchten, in: Klaus-Dietmar Henke (Hrsg.), Die Mauer. Errichtung. Überwindung. Erinnerung, dtv Verlagsgesellschaft, München 2011, S. 179 f.

8 Zit. nach: Armin Mitter/Stefan Wolle, Untergang auf Raten. Unbekannte Geschichte der DDR-Geschichte, C. Bertelsmann, München 1993, S. 354 [künftig: Mitter/Wolle, Untergang auf Raten].

9 Ebd.

10 Rainer Eckert, Opposition und Repression in der DDR vom Mauerbau bis zur Biermann-Ausbürgerung (1961–1976), in: Archiv für Sozialgeschichte 39, 1999, S. 355–390, hier: S. 371.

11 Matthias Braun, Das »Große Ja« und das »Kleine Nein«. Zu den Auswirkungen des 17. Juni und des 13. August auf die Arbeit der Deutschen Akademie der Künste [künftig: Braun, Akademie], in: Staatsgründung auf Raten. Auswirkungen des Volksaufstandes 1953 und des Mauerbaus 1961 auf Staat, Militär und Gesellschaft der DDR, hrsg. von Torsten Diedrich/Ilko-Sascha Kowalczuk, Ch. Links Verlag, Berlin 2005, S. 252–274, hier S. 266 [künftig: Dietrich/Kowalczuk, Staatsgründung auf Raten].

12 Sälter/Wilke, Ultima Ratio, S. 62.

13 Anita Krätzner-Ebert, Der Mauerbau und die Universitäten der DDR, in: die hochschule. journal für wissenschaft und bildung 1/2015, S. 12–23, hier S. 16.

14 Vgl. Kap. »Proteste ohne Massen«.

15 Patrick Major, Vor und nach dem 13. August 1961: Reaktionen der DDR-Bevölkerung auf den Bau der Berliner Mauer, in: Archiv für Sozialgeschichte 39, 1999, S. 325–354, hier: S. 330 [künftig: Major, Mauer].

16 Kurzinformation über Feindarbeit und besondere Vorkommnisse, Abt. PO des ZK der SED, 27.7.1961, in: BArch, DY 30/IV 2/5/13, zit. nach: Ebd.

17 Information, Abt. Org. des FDGB-BV Groß-Berlin, 15.8.1961; in: BArch, DY 34/22232, zit. nach: Ebd.

18 DRAB/HA, Bestand-RIAS, 1/92/33, zit. nach: Ebd.

19 Zit. nach: Stefan Wolle, Aufbruch nach Utopia. Alltag und Herrschaft in der DDR 1961–1971, Ch. Links Verlag, Berlin 2011, S. 76.

20 Vgl. Maria Nooke/Lydia Dollmann (Hrs.), Fluchtziel Freiheit. Berichte von DDR-Flüchtlingen über die Situation nach dem Mauerbau, Ch. Links Verlag, Berlin 2011 [künftig: Fluchtziel Freiheit].

21 Bericht von Hildegard B., [vermutlich Februar 1962], in: Fluchtziel Freiheit, S. 101 f.

22 Bericht der Studenten Gundula H., Gisela H. und Harald Sch., 6.2.1962, in: Ebd., S. 99.

23 Bericht von Frl. H., [vermutlich 1962], in: Ebd., S. 102 f.

24 Bericht von Jutta J., 11. November 1961, in: Ebd., S. 64.

25 Bericht des ehemaligen Grenzgängerstudenten Günter G., [vermutlich Anfang November 1961], in: Ebd., S. 60.

26 Bericht der Studentin Uta-Christine S. [Ende Januar 1962], in: Ebd., S. 96 f.

27 Bericht von Detlef Ru., [vermutlich Februar 1962], in: Ebd., S. 106.

28 Zu den Reaktionen der Grenzgänger vgl. Kap. »Die Arbeiterschaft«.

29 Zu den Repressionen des SED-Staates vgl. Kap. »Angst und Ausweglosigkeit«.

30 Walter Ulbricht vor dem Politbüro der SED, 18.1.1961, in: BArch, DY, 30/3708.

31 Die Errichtung der Sperranlagen und die technischen Nebenkosten wurden bis 1989 auf insgesamt circa zwei Milliarden Mark beziffert. Zit. nach: Peter Hübner, Politische Einflussnahme und Freiräume im Alltag der Bevölkerung nach dem Mauerbau sowie im Vergleich mit der Zeit nach dem Volksaufstand [künftig: Hübner, Einflussnahme], in: Staatsgründung auf Raten, S. 201–224, hier S. 207.

32 Vgl. Gerhard Sälter, Zwischen Siegestaumel und Herrschaftssicherung: Der Mauerbau am 13. August 1961 und die Machtelite der DDR, in: Deutschland Archiv, 7.11.2019.

33 Vgl. ausführlich in Kap. »Die Jugend«.

34 Vgl. Hübner, Einflussnahme, S. 221 ff.

35 Vgl. Jochen Staadt, Die geheime Westpolitik der SED 1960–1970. Von der gesamtdeutschen Orientierung zur sozialistischen Nation, Akademie Verlag, Berlin 1993,

Absender

Name* **Vorname***

Straße*

PLZ/Ort*

E-Mail*

Alter **Beruf**

* Pflichtfelder

Um Sie über Neuerscheinungen und Veranstaltungen des be.bra verlags informieren zu können, speichern wir Ihre persönlichen Daten wie Name, Anschrift und Email-Adresse. Ihre Daten werden von uns streng vertraulich und in Übereinstimmung mit den datenschutzrechtlichen Bestimmungen behandelt und nicht an Dritte weitergegeben. Natürlich besteht für Sie jederzeit die Möglichkeit, sich von unserem Newsletter abzumelden oder der weiteren Verwendung bzw. Speicherung Ihrer Daten zu widersprechen. Dazu reicht eine formlose Mitteilung per Post, Fax oder E-Mail an uns. Weitere Informationen entnehmen Sie bitte unserer ausführlichen Datenschutzerklärung unter www.bebraverlag.de/datenschutz.html.

Tel.: 030 / 440 23 810 Fax: 030 / 440 23 819 post@bebraverlag.de

Bitte als

Postkarte

freimachen

Antwort

be.bra verlag GmbH
– Kundenbetreuung –
KulturBrauerei Haus 2
Schönhauser Allee 37

D-10435 Berlin

S. 52–66; Ulrich Mählert/Gerd-Rüdiger Stephan, Blaue Hemden – Rote Fahnen. Die Geschichte der Freien Deutschen Jugend, Leske + Budrich, Opladen 1996, S. 142f.

36 Hübner, Einflussnahme, S. 211.

37 Die DDR im Blick der Stasi 1961. Die geheimen Berichte an die SED-Führung, hrsg. von Daniela Münkel, Vandenhoeck & Ruprecht, Göttingen 2011 [künftig: Blick der Stasi 1961].

38 Vgl. beispielsweise Fluchtziel Freiheit.

39 Sigrid Suckut (Hrsg.), Volkes Stimmen. »Ehrlich, aber deutlich« – Privatbriefe an die DDR-Regierung, dtv, München 2015.

40 Briefe aus einem anderen Land. Briefe aus der DDR, hrsg. von Hildegard Baumgart, Hoffmann und Campe Verlag, Hamburg 1971.

Der Tag danach

1 Vgl. u.a. Armin Wagner, Walter Ulbricht und die geheime Sicherheitspolitik der SED. Der Nationale Verteidigungsrat der DDR und seine Vorgeschichte (1953–1971), Ch. Links Verlag, Berlin 2002 [künftig: Wagner, Ulbricht].

2 Gespräch zwischen Nikita Chruschtschow und Walter Ulbricht, 1.8.1961, zit. nach: Gerhard Wettig u.a. (Hrsg.), Chruschtschows Westpolitik 1955–1964, Bd. 3, München 2011, Dok. 15.

3 Julij A. Kwizinskij, Vor dem Sturm. Erinnerungen eines Diplomaten, Siedler, Berlin 1993, S. 180 [künftig: Kwizinskij, Sturm].

4 Vgl. Ulbricht, Chruschtschow und die Mauer. Eine Dokumentation, hrsg. von Matthias Uhl und Armin Wagner, R. Oldenbourg Verlag, München 2003, S. 87 (= Schriftenreihe der Vierteljahreshefte für Zeitgeschichte, 86).

5 Vgl. Einschätzung der Partei- und Massenarbeit sowie der Lage in der Republik, Abt. Parteiorgane der SED, 20.8.1961, in: BArch, DY 30/IV 2/5/190.

6 Dass die SED-Führung selbst eine neue Volkserhebung nicht ganz ausschloss, zeigte Ulbrichts Einschätzung, er habe vier Jahr zuvor damit gerechnet. Für das Frühjahr 1957 wäre »der Putsch gegen die Deutsche Demokratische Republik vorbereitet« gewesen, aber man sei »rechtzeitig zur Gegenoffensive übergegangen«. Gemeint ist die Entmachtung des MfS-Ministers Ernst Wollweber im Herbst 1957. Walter Ulbricht, Die DDR wird ihre geschichtliche Aufgabe erfüllen, in: Neues Deutschland vom 3.12.1959, zit. nach: Karl Wilhelm Fricke, Der Wahrheit verpflichtet. Texte aus fünf Jahrzehnten zur Geschichte der DDR, Ch. Links Verlag, Berlin 2000, S. 402.

7 Kwizinskij, Sturm, S. 180.

8 Zum Komplex Mauerbau und Staatssicherheit vgl. u.a. DDR im Blick der Stasi 1961.

9 Protokoll über die [MfS-]Dienstbesprechung, 11. August 1961, in: BStU, MfS, SdM, Nr. 2861.

10 Wagner, Ulbricht, S. 449f. Vgl. auch Kwizinskij, Sturm, S. 180.

11 Wagner, Ulbricht, S. 452.

12 Vgl. Siegfried Prokop, Die Berliner Mauer (1961–1989). Fakten, Hintergründe, Probleme, Kai Homilius Verlag, Berlin 2008, S. 42–44. Über den genauen Teilnehmerkreis liegen unterschiedliche Versionen vor. Wagner, Ulbricht, S. 452.

13 Wagner, Ulbricht, S. 452f.

14 Aussage von Werner Eberlein, damals Mitarbeiter im Zentralkomitee der SED, zit. nach: Ebd., S. 453.

15 Ebd., S. 457.

16 Konkret handelte es sich um etwa 5000 Grenz- und 5000 Volkspolizisten, 4500 Mitglieder der Betriebskampfgruppen sowie zirka 7300 NVA-Soldaten, Zahlen zit. nach: Torsten Dietrich, Die militärische Grenzsicherung an der innerdeutschen Demarkationslinie und der Mauerbau 1961, in: Vom Kalten Krieg zur deutschen Einheit. Analysen und Zeitzeugenberichte zur deutschen Militärgeschichte 1945 bis 1995, hrsg. von Bruno Thoß, Oldenbourg Verlag, München 1995, S. 127–143, hier: S. 137 f.

17 Zahlen zit. nach Peter Joachim Lapp/Jürgen Ritter, Die Grenze. Ein deutsches Bauwerk, Ch. Links Verlag, Berlin 1997, S. 166.

18 Zit. nach: Volker Koop, Den Gegner vernichten. Die Grenzsicherung der DDR, Bouvier Verlag, Bonn 1996, S. 525.

19 Interview mit Lothar Werth, in: https://www.berlin-mauer.de/videos/berliner-mauerbau-zeitzeuge-ueber-grenzsicherung-der-betriebskampfgruppen-822/ (Download vom 20.12.2020).

20 Vgl. Rudolf Riemer, Das zweigeteilte Deutschland 1961–1962, hrsg. vom Studienzentrum für Ost-West-Probleme e. V., München 1995, S. 119.

21 Vgl. 1. [Einzel-Information] Nr. 413/61 über die Durchführung der Aktion »Rose«, ZAIG des MfS, 13. August 1961, in: BStU, MfS, ZAIG 31066 sowie 2. [Einzel-Information] Nr. 414/61 über die Durchführung der Aktion »Rose«, ZAIG des MfS, 13. August 1961, in: BStU, MfS, ZAIG 31066.

22 Tätigkeitsbericht, Sicherheits- und Ordnungsdienst der [Westberliner] Schutzpolizei, August 1961, in: https://www.chronik-der-mauer.de/material/180439/taetigkeitsbericht-der-west-berliner-schutzpolizei-fuer-den-monat-august-1961 (Download vom 28.11.2020).

23 1. [Einzel-Information] Nr. 413/61 über die Durchführung der Aktion »Rose«, ZAIG des MfS, 13. August 1961, in: BStU, MfS, ZAIG 31066.

24 Einschätzung der Partei- und Massenarbeit sowie der Lage in der Republik, Abt. Parteiorgane des ZK der SED, 20.8.1961; in: BArch, DY 30/IV 2/5/190.

25 Journal der Handlung, Stab PdVP Berlin, 13. August 1961, 06.15 [Uhr], in: LAB, C REP. 303/26.1/239.

26 Biermann, Zeiten, S. 88 f. Weil sich die meisten Studenten im August noch in den Semesterferien befanden, wurde bei Wolf Biermann nachgefragt, ob die Aktion tatsächlich am 13.8. stattfand. Biermann bestätigt seine Schilderung: »Es war am 13. August 1961 für mich so, wie es war. Genau so, wie Sie es in meinem Lebensbuch nachlesen können. Es ist absolut wahrhaftig und korrekt so gewesen. Es ist identisch … mit den Daten in meinem Personal-Computer unter der Schädeldecke. Und das heißt: manches Detail womöglich falsch im Gedächtnis. Solche irr-sinnige Diskrepanz passiert.« Wolf Biermann an den Autor, 15.5.2021.

27 Der FDGB kam zu der Einschätzung, »dass von allen Bezirksvorständen unmittelbar nach dem Bekanntwerden der Erklärungen und Beschlüsse unserer Regierung und der Regierungen der Warschauer Pakt-Staaten die Büros der Bezirksvorstände des FDGB zusammentraten. Sie berieten über einzuleitende Maßnahmen, beschlossen Einsatzpläne und informierten alle politischen Mitarbeiter und die Vorsitzenden des FDGB.«

Informationsbericht 8/1961, Abteilung Organisation des FDGB, 16. August 1961, in: BArch, DY 34/2739.

28 Einschätzung der Partei- und Massenarbeit sowie der Lage in der Republik, Abt. Parteiorgane des ZK der SED, 20.8.1961, in: BArch, DY 30/IV 2/5/120.

29 Um 2.05 Uhr verlas ein Sprecher die siebenminütige Erklärung der Warschauer Vertragsstaaten live im Berliner Rundfunk; um 4.00 Uhr – nun vom Band – ergänzt um den Ministerratsbeschluss der DDR (19 Minuten). Zit. nach: http://1961.dra.de/index.php?id=95 (Download vom 14.5.2021).

30 Vgl. Bericht in der Berliner Zeitung vom 14. August 1961.

31 Bericht des Lehrlings Heidi H., [vermutlich Dezember 1961], in: Fluchtziel Freiheit, S. 77.

32 Vgl. Deutsches Rundfunkarchiv, 13. August 1961, in: http://1961.dra.de/index.php?id=95 (Download vom 28.12.2020).

33 Vgl. beispielsweise Berliner Zeitung, 14. August 1961.

34 Beschluss des Ministerrats der Deutschen Demokratischen Republik vom 12. August, in: BArch, DC 20/ I/3–345.

35 Journal der Handlung [Polizei-Bericht], Stab PdVP Berlin, 13. August 1961, 04.55 [Uhr], in: LAB, C REP. 303/26.1/239.

36 Journal der Handlung, Stab PdVP Berlin, 13. August 1961, 05.55 [Uhr], in: LAB, C REP. 303/26.1/239.

37 Journal der Handlung, Stab PdVP Berlin, 13. August 1961, 06.00 [Uhr], in: LAB, C REP. 303/26.1/239.

38 2. [Einzel-Information] Nr. 414/61 über die Durchführung der Aktion »Rose«, ZAIG des MfS, 13. August 1961, in: BStU, MfS, ZAIG 31066.

39 5. [Einzel-Information] Nr. 417/61 über die Durchführung der Aktion »Rose«, ZAIG des MfS, 13. August 1961, in: BStU, MfS, ZAIG 31066.

40 Informationen zu den Schutzmaßnahmen, Abt. Org-Kader der SED-BL Berlin, 13. August 1961 (10 Uhr), in: LAB, BPA SED Berlin, IV 2/12/1278.

41 Journal der Handlung, Stab PdVP Berlin, 13. August 1961, 05.15 [Uhr], in: LAB, C REP. 303/26.1/239. Vgl. auch: 2. [Einzel-Information] Nr. 414/61, ZAIG des MfS, 13. August 1961, in: BStU, MfS, ZAIG 31066.

42 2. [Einzel-Information] Nr. 414/61, ZAIG des MfS, 13. August 1961, in: BStU, MfS, ZAIG 31066.

43 Interview des Autors mit Renate T. am 22.12.2020.

44 Information zu den Schutzmaßnahmen, Bezirksleitung der SED Berlin, 13.8.1961, in: BArch, DY 30/IV/2/15/987. Vgl. auch 2. Kurzinformation, Abt. PO des ZK der SED, 13.8.1961, in: SAPMO-BArch, DY 30/IV 2/5/433.

45 Information zu den Schutzmaßnahmen, SED-BL Berlin, 13.8.1961, in: BArch, DY 30/IV/2/15/987.

46 Interview des Autors mit Renate T. am 22.12.2020.

47 Informationen zu den Schutzmaßnahmen, SED-BL Berlin, 13. August, in: BArch, DY 30 IV 2/5/987.

48 5. [Einzel-Information] Nr. 417/61, ZAIG des MfS, 13. August 1961, in: BStU, MfS, ZAIG 31066.

49 Journal der Handlung, Stab PdVP Berlin, 13. August 1961, 15.20 [Uhr], in: LAB, C REP. 303/26.1/239.
50 Journal der Handlung, Stab PdVP Berlin, 13. August 1961, 19.10 [Uhr], in: LAB, C REP. 303/26.1/239.
51 Ebd.
52 Bericht des Ehepaares Max und Luise R., Januar 1962, in: Fluchtziel Freiheit, S. 90.
53 Journal der Handlung, Stab PdVP Berlin, 13. August 1961, 20.00 [Uhr], in: LAB, C REP. 303/26.1/239.
54 Journal der Handlung, Stab PdVP Berlin, 13. August 1961, 23.55 [Uhr], in: LAB, C REP. 303/26.1/239.
55 4. [Einzel-Information] Nr. 416/61, ZAIG des MfS, 13. August 1961, in: BStU, MfS, ZAIG 31066.
56 Journal der Handlung, Stab PdVP Berlin, 13. August 1961, 14.10 [Uhr], in: LAB, C REP. 303/26.1/239.
57 Journal der Handlung, Stab PdVP Berlin, 13. August 1961, 05.30 [Uhr], in: LAB, C REP. 303/26.1/239.
58 Journal der Handlung, Stab PdVP Berlin, 13. August 1961, 20.44 [Uhr], in: LAB, C REP. 303/26.1/239.
59 Journal der Handlung, Stab PdVP Berlin, 13. August 1961, 09.05 [Uhr], in: LAB, C REP. 303/26.1/239.
60 Journal der Handlung, Stab PdVP Berlin, 13. August 1961, 08.05 [Uhr], in: LAB, C REP. 303/26.1/239.
61 Journal der Handlung, Stab PdVP Berlin, 13. August 1961, 14.10 [Uhr], in: LAB, C REP. 303/26.1/239.
62 Informationen zu den Schutzmaßnahmen, SED-BL Berlin, 13. August, in: BArch, DY 30 IV 2/5/987.
63 Journal der Handlung, Stab PdVP Berlin, 13. August 1961, 16.55 [Uhr], in: LAB, C REP. 303/26.1/239.
64 Journal der Handlung, Stab PdVP Berlin, 13. August 1961, 13.50 [Uhr], in: LAB, C REP. 303/26.1/239.
65 Major, Reaktionen, S. 340.
66 Vgl. 5. [Einzel-Information] Nr. 417/61, ZAIG des MfS, 13. August 1961, in: BStU, MfS, ZAIG 31066.
67 Informationen zu den Schutzmaßnahmen, Abt. Org-Kader der SED-BL Berlin, 13.8.1961 (17.45 Uhr), in: LAB, BPA SED Berlin, IV 2/3/633.
68 5. [Einzel-Information] Nr. 417/61, ZAIG des MfS, 13. August 1961, in: BStU, MfS, ZAIG 31066.
69 11. [Einzel-Information] Nr. 429/61 über westliche Reaktionen auf die Maßnahmen zur Sicherung der DDR, ZAIG des MfS, [16.8.1961], in: BStU, MfS, ZAIG 31066.
70 Sälter/Wilke, Ultima Ratio, S. 64. Auch: Sälter, Reaktionen, S. 2.
71 Zit. nach: Jürgen Petschull, Die Mauer. Vom Anfang und vom Ende eines deutschen Bauwerks, Verlag Gruner + Jahr, 2. akt. und erweit. Aufl., Hamburg 1989, S. 150.
72 11. [Einzel-Information] Nr. 429/61 über westliche Reaktionen auf die Maßnahmen zur Sicherung der DDR, ZAIG des MfS, [16.8.1961], in: BStU, MfS, ZAIG 31066.

73 Vgl. Journal der Handlung, Stab PdVP Berlin, 13. August 1961, in: LAB, C REP. 303/26.1/239.

74 5. [Einzel-Information] Nr. 417/61, ZAIG des MfS, 13. August 1961, in: BStU, MfS, ZAIG 31066, Bl. 338.

75 Journal der Handlung, Stab PdVP Berlin, 13. August 1961, 11.50 [Uhr], in: LAB, C REP. 303/26.1/239.

76 Journal der Handlung, Stab PdVP Berlin, 13. August 1961, 20.30 [Uhr], in: LAB, C REP. 303/26.1/239.

77 Journal der Handlung, Stab PdVP Berlin, 13. August 1961, 12.10 [Uhr] und 12.40 [Uhr], in: LAB, C REP. 303/26.1/239.

78 Journal der Handlung, Stab PdVP Berlin, 13. August 1961, 15.35 [Uhr], in: LAB, C REP. 303/26.1/239.

79 Journal der Handlung, Stab PdVP Berlin, 13. August 1961, 20.05 [Uhr], in: LAB, C REP. 303/26.1/239.

80 Journal der Handlung, Stab PdVP Berlin, 13. August 1961, 18.05 [Uhr], in: LAB, C REP. 303/26.1/239.

81 5. [Einzel-Information] Nr. 417/61, ZAIG des MfS, 13. August 1961, in: BStU, MfS, ZAIG 31066, Bl. 338.

82 Interview mit Wilfried Mommert, in: https://www.zeitzeugen-portal.de/zeitraeume/jahrzehnte/1960/der-bau-der-mauer/4X-4RVlFO2c (Download vom 23.12.2020).

83 Interview mit Wolfgang Pagel, in: https://www.zeitzeugen-portal.de/zeitraeume/jahrzehnte/1960/der-bau-der-mauer/XO1vwl3KgMo (Download vom 23.12.2020).

84 Journal der Handlung, Stab PdVP Berlin, 13. August 1961, 23.45 [Uhr], in: LAB, C REP. 303/26.1/239.

85 Daniela Münkel, Vorwort, in: Blick der Stasi 1961, S. 7–11, hier: S. 8.

86 Vgl. exemplarisch 5. [Einzel-Information] Nr. 417/61 über die Durchführung der Aktion »Rose«, ZAIG des MfS, 13. August 1961, in: BStU, MfS, ZAIG 31066.

87 5. [Einzel-Information] Nr. 417/61, ZAIG des MfS, 13. August 1961, in: BStU, MfS, ZAIG 31066.

88 5. [Einzel-Information] Nr. 417/61, ZAIG des MfS, 13. August 1961, in: BStU, MfS, ZAIG 31066.

89 Münkel, Blick der Stasi 1961, S. 35 f.

90 Vgl. beispielsweise 5. [Einzel-Information] Nr. 417/61, ZAIG des MfS, 13. August 1961, in: BStU, MfS, ZAIG 31066.

91 Vgl. Einleitung.

Proteste ohne Massen

1 5. [Einzel-Information] Nr. 417/61, ZAIG des MfS, 13.8.1961, in: BStU, MfS, ZAIG 31066.

2 Anordnung 007/61 des Kommandeurs der 5. Grenzbrigade, 13.08.1961, 22.00 Uhr, in: BA-MA, Pt 14234, zit. nach: Sälter/Wilke, Ultima Ratio, S. 50.

3 Vgl. Elke Stadelmann-Wenz, Widerständiges Verhalten und Herrschaftspraxis in der DDR. Vom Mauerbau bis zum Ende der Ulbricht-Ära, Ferdinand Schöningh, Paderborn 2009, S. 42 [künftig: Stadelmann-Wenz, Widerständiges Verhalten].

4 Journal der Handlung, Stab PdVP Berlin, 14.8.1961, 06.20 [Uhr], in: LAB, C REP. 303/26.1/239.

5 Journal der Handlung, Stab PdVP Berlin, 14.8.1961, 07.10 [Uhr], in: LAB, C REP. 303/26.1/239.

6 Journal der Handlung, Stab PdVP Berlin, 14.8.1961, 06.35 [Uhr], in: LAB, C REP. 303/26.1/239.

7 Information zu den Schutzmaßnahmen, Abt. Org-Kader des ZK der SED, 14.8.1961, in: BArch, DY 30/3682.

8 Vgl. Zustimmungserklärungen von Betriebskollektiven zu den Maßnahmen der Sicherung der Staatsgrenze der DDR, 1961, in: BArch, NY 4182/1100.

9 Sälter, Reaktionen, S. 24.

10 Informationsbericht 8/1961, Abt. Org. des FDGB, 16.8.1961, in: BArch, DY 34/2739.

11 11. [Einzel-Information] Nr. 429/61 über westliche Reaktionen auf die Maßnahmen zur Sicherung der DDR [Aktion »Rose«], ZAIG des MfS, [16.8.1961], in: BStU, MfS, ZAIG 31066.

12 Bericht von Ingrid S. oder Helga O., [1962], in: Fluchtziel Freiheit, S. 84.

13 8. Einzel-Information Nr. 420/61 über die Lage in den Industrie- und Reichsbahnobjekten des demokratischen Berlin (Durchführung Aktion »Rose«), ZAIG des MfS, [14.8.1961], in: BStU, MfS, ZAIG 31066.

14 9. [Einzel-Information] Nr. 421b/61 über die Reaktion auf die Maßnahmen zur Sicherung der DDR (Fortsetzung), ZAIG des MfS, 14.8.1961, in: BStU, MfS, ZAIG 31066.

15 Journal der Handlung, Stab PdVP Berlin, 14.8.1961, 17.30 [Uhr], in: LAB, C REP. 303/26.1/239.

16 Die Kriegsangst registrierte auch das MfS, vgl. [Bericht] Nr. 427/61 über die Reaktion der Bevölkerung der DDR und des demokratischen Berlin auf die Maßnahmen des Ministerrates, ZAIG des MfS, 15.8.1961, in: BStU, MfS, ZAIG 526. Auch in einzelnen DDR-Bezirken kam es aus Kriegsangst zu Hamsterkäufen, vgl. Major, Berlin, S. 242.

17 Vgl. Journal der Handlung, Stab PdVP Berlin, 14.8.1961, 06.35 [Uhr], in: LAB, C REP. 303/26.1/239.

18 Klassenfeindliche Tätigkeit, Abt. Org. des FDGB-BV, 16.8.1961, in: BArch, DY 30/IV 2/6.11/65.

19 Informationen über die Reaktionen auf die Schutzmaßnahmen, Abt. Org-Kader des ZK der SED, 14.8.1961, in: BArch, DY 30/3682.

20 [Bericht] Nr. 440/61 über die gegenwärtige Situation aufgrund der Schutzmaßnahmen der DDR, ZAIG des MfS, 17.8.1961, in: BStU, MfS, ZAIG 31066.

21 9. [Einzel-Information] Nr. 421b/61 über die Reaktion auf die Maßnahmen zur Sicherung der DDR (Fortsetzung), ZAIG des MfS, 14.8.1961, in: BStU, MfS, ZAIG 31066.

22 Politische Einschätzung der Belegschaftsversammlung im VEB Bauhof Friedrichshain am 21.8.1961, SED-BL Berlin, 23.8.1961, in: LAB, BPA SED Berlin, IV 4/01/241.

23 Informationsbericht Nr. 8/1961. Einschätzung der Informationsberichte der Bezirksvorstände des FDGB zu den Maßnahmen unserer Regierung zum Schutze des Friedens, Abt. Org. des FDGB-BV, 16.8.1961, in: BArch, DY 34/2739.

24 9. [Einzel-Information] Nr. 421b/61 über die Reaktion auf die Maßnahmen zur Sicherung der DDR (Fortsetzung), ZAIG des MfS, 14.8.1961, in: BStU, MfS, ZAIG 31066.

25 Journal der Handlung, Stab PdVP Berlin, 14.8.1961, Nr. 147, 153, 154, in: LAB, C REP. 303/26.1/239.

26 Vgl. Bericht Nr. 560/61 über die Situation aufgrund der Schutzmaßnahmen der DDR (Berichtszeit 11.9.–14./15.9.1961), ZAIG des MfS, 14.9.1961, in: BStU, MfS, ZAIG 526.

27 9. [Einzel-Information] Nr. 421b/61 über die Reaktion auf die Maßnahmen zur Sicherung der DDR (Fortsetzung), ZAIG des MfS, 14.8.1961, in: BStU, MfS, ZAIG 31066.

28 Bericht über die provokatorischen Vorkommnisse im VEB Holzindustrie Hennigsdorf, SED-KL Hennigsdorf, 14.8.1961, in: BLHA, Bez. Pdm. Rep. 530, IV/2/5/1021. Vgl. auch Bericht der SED-BL Potsdam, 13.8.1961, in: BArch DY 30 IV 2/5/641, zit. nach: Stadelmann-Wenz, Widerständiges Verhalten, S. 42.

29 Freiheit wollen wir! Der 17. Juni 1953 in Brandenburg, hrsg. von Burghard Ciesla, Ch. Links Verlag, Berlin 2003, S. 34 f.

30 9. [Einzel-Information] Nr. 21b/61 über die Reaktion auf die Maßnahmen zur Sicherung der DDR (Fortsetzung), ZAIG des MfS, 14.8.1961, in: BStU, MfS, ZAIG 31066.

31 Journal der Handlung, Stab PdVP Berlin, 14.8.1961, 17.00 [Uhr], in: LAB, C REP. 303/26.1/239.

32 Aufgliederung der 36 Arbeitsniederlegungen im III. Quartal 1961 nach Betrieben, Bezirken und Gewerkschaften, Abt. Org. FDGB-BV, 1961, in: BArch, DY 34/20553.

33 Über Arbeitskonflikte, die zu Arbeitsniederlegungen führten, und über klassenfeindliche Tätigkeit im Jahr 1961, Abt. Org. des FDGB-BV, 21.3.1962, in: BArch, DY 34 23022, unpag., zit. nach: Stadelmann-Wenz, Widerständiges Verhalten, S. 115.

34 Stadelmann-Wenz, Widerständiges Verhalten, S. 115.

35 Bericht Nr. 390/61 über Erscheinungen in Groß-Berlin, die vom Gegner zu Provokationen und anderen Formen der feindlichen Tätigkeit ausgenutzt werden können bzw. wo bereits feindlicher Einfluss erkennbar ist, ZAIG des MfS, 22.7.1961, in: BStU, MfS, ZAIG 449.

36 Analyse über Arbeitskonflikte, die zu Arbeitsniederlegungen führten, und über klassenfeindliche Tätigkeit im Jahr 1961, FDGB-BV, 1.2.1962, in: BArch, IV 2/6.11/66, zit. nach: Major, Reaktionen, S. 345. Vgl. auch: Über Arbeitskonflikte, die zu Arbeitsniederlegungen führten, und über klassenfeindliche Tätigkeit im Jahr 1961, Abt. Org. des FDGB-BV, 21.3.1962, in: BArch, DY 34 23022, unpag., zit. nach: Stadelmann-Wenz, Widerständiges Verhalten, S. 115.

37 Die Angabe stammt aus einem MfS-Bericht vom 18.1.1961, zit. nach: Staritz, Geschichte, S. 193.

38 Entwicklung der Arbeitsniederlegungen im Jahre 1962, FDGB-BV, o. D., in: BArch, IV 2/6.11/66, zit. nach: Major, Reaktionen, S. 345.

39 Über Arbeitskonflikte, die zu Arbeitsniederlegungen führten, und über klassenfeindliche Tätigkeit im Jahr 1961, Abt. Org. des FDGB-BV, 21.3.1962, in: BArch DY 34 23022, unpag., zit. nach: Stadelmann-Wenz, Widerständiges Verhalten, S. 115.

40 Frank Roggenbuch, Verflechtung und Systemkonkurrenz. Eine Betrachtung zum Berliner Grenzgängerproblem, in: Potsdamer Bulletin für Zeithistorische Studien Nr. 36–37/2006, S. 25 [künftig: Roggenbuch, Verflechtung].

41 Roggenbuch, Verflechtung, S. 30.

42 Neues Deutschland, 5. August 1961.

43 Vgl. hierzu: Frank Rogenbuch, Das Berliner Grenzgängerproblem, De Gruyter, Berlin 2008, S. 378 f. [künftig: Roggenbuch, Grenzgängerproblem].

44 Bericht Nr. 390/61 über Erscheinungen in Groß-Berlin, die vom Gegner zu Provokationen und anderen Formen der feindlichen Tätigkeit ausgenutzt werden können bzw. wo bereits feindlicher Einfluss erkennbar ist, ZAIG des MfS, 22.7.1961, in: BStU, MfS, ZAIG 449.

45 Roggenbuch, Verflechtung, S. 30.

46 Journal der Handlung, Stab PdVP, 13. August 1961, 11.30 [Uhr], in: LAB, C REP. 303/26.1/239.

47 4. [Einzel-Information] Nr. 416/61 über die Durchführung der Aktion »Rose«, ZAIG des MfS, 13.8.1961, in: BStU, MfS, ZAIG 31066.

48 Vgl. exemplarisch Meldung der Polizei aus dem Berliner Stadtbezirk Lichtenberg, Journal der Handlung, Stab PdVP Berlin, 14.8.1961, 06.20 [Uhr], in: LAB, C REP. 303/26.1/239.

49 Vgl. exemplarisch Meldung der Polizei aus dem Berliner Stadtbezirk Köpenick, Journal der Handlung, Stab PdVP Berlin, 14.8.1961, 09.45 [Uhr], in: LAB, C REP. 303/26.1/239.

50 Journal der Handlung, Stab PdVP Berlin, 14.8.1961, 17.00 [Uhr] bzw. 17.30 [Uhr], in: LAB, C REP. 303/26.1/239.

51 Informationen zu den Schutzmaßnahmen, Abt. Org-Kader der SED-BL Berlin, 14.8.1961, 16 Uhr, in: LAB, BPA SED Berlin, IV 2/3/633.

52 Bericht der SED-BL Frankfurt/O., 16.8.1961, in BArch, DY 30 IV 2/5/637, zit. nach: Stadelmann-Wenz, Widerständiges Verhalten, S. 45.

53 »Arbeit mit den ehemaligen Grenzgängern«, SED-Kreisleitung Berlin-Mitte, 11.9.1961, LAB, BPA SED Berlin, IV 4/04/238.

54 Journal der Handlung, Stab PdVP Berlin, 14.8.1961, 08.00 [Uhr], in: LAB, C REP. 303/26.1/239.

55 Vgl. hierzu: Roggenbuch, Grenzgängerproblem, S. 378 f.

56 Interview des Autors mit Renate T. am 22.12.2020.

57 Vgl. z. B. ein Plakat des »Betriebskomitees gegen Menschenhandel« des VEB Kombinat Espenhain von 1961, https://www.hdg.de/lemo/bestand/objekt/dokument-zustimmung-espenhain.html (Download vom 15.1.2021).

58 Bekanntmachung des Bürgermeisters von Bernau, 22. Juli 1961, zit. nach: Jürgen Rühle/Gunter Holzweißig, 13. August 1961. Die Mauer von Berlin, Edition Deutschland-Archiv, Köln 1986, S. 87.

59 Neues Deutschland, 24. Juli 1961.

60 Berliner Zeitung, 14. August 1961.

61 Stefan Wolle, Jubel und Tränen. 13. August 1961, in: https://www.ddr-museum.de/de/blog/archive/jubel-und-traenen-13-august-1961 (Download vom 15.1.2021).

62 Informationen zu den Schutzmaßnahmen, Abteilung Org-Kader der SED-BL Berlin, 13.8.1961, 17:45 Uhr, in: LAB, BPA SED Berlin, IV 2/3/633.

63 SED-Hausmitteilung an den stellvertretenden Justizminister Hans Ranke, 1.9.1961, in: BA, DP 1 VA 5570, unpag, zit. nach: Stadelmann-Wenz, Widerständiges Verhalten, S. 45.

64 9. [Einzel-Information] Nr. 421a/61 über die Reaktion auf die Maßnahmen zur Siche-

rung der DDR [Aktion »Rose«], ZAIG des MfS, [ohne Datum], in: BStU, MfS, ZAIG 31066. Vgl. auch Bericht Nr. 457/61 über die Situation aufgrund der Schutzmaßnahmen der DDR, ZAIG des MfS, 19.8.1961, in: BStU, MfS, ZAIG 31066.

65 9. [Einzel-Information] Nr. 421a/61 über die Reaktion auf die Maßnahmen zur Sicherung der DDR [Aktion »Rose«], ZAIG des MfS, [ohne Datum], in: BStU, MfS, ZAIG 31066.

66 Journal der Handlung, Stab PdVP Berlin, 15.8.1961, 01.00 [Uhr], in: LAB, C REP. 303/26.1/239.

67 Zu dem Schluss, es habe »wenig Protest« von Grenzgängern gegeben, kommt auch Stadelmann-Wenz, Widerständiges Verhalten, S. 228.

68 [Bericht] Nr. 427/61 über die Reaktion der Bevölkerung der DDR und des demokratischen Berlin auf die Maßnahmen des Ministerrats, ZAIG des MfS, 15.8.1961, in: BStU, MfS, ZAIG 526.

69 Vgl. beispielsweise 9. [Einzel-Information] Nr. 421b/61 über die Reaktion auf die Maßnahmen zur Sicherung der DDR (Fortsetzung), ZAIG des MfS, 14.8.1961, in: BStU, MfS, ZAIG 31066.

70 5. [Einzel-Information] Nr. 417/61 über die Durchführung der Aktion »Rose«, ZAIG des MfS, 13.8.1961, in: BStU, MfS, ZAIG 31066.

71 Ebd.

72 Journal der Handlung, Stab PdVP Berlin, 13.8.1961, 07.20 [Uhr], in: LAB, C REP. 303/26.1/239.

73 4. [Einzel-Information] Nr. 416/61 über die Durchführung der Aktion »Rose«, ZAIG des MfS, 13.8.1961, in: BStU, MfS, ZAIG 31066.

74 5. [Einzel-Information] Nr. 417/61 über die Durchführung der Aktion »Rose«, ZAIG des MfS, 13.8.1961, in: BStU, MfS, ZAIG 31066.

75 Ebd.

76 Journal der Handlung, Stab PdVP Berlin, 13.8.1961, 17.17 [Uhr], in: LAB, C REP. 303/26.1/239.

77 9. [Einzel-Information] Nr. 421b/61 über die Reaktion auf die Maßnahmen zur Sicherung der DDR (Fortsetzung), ZAIG des MfS, 14.8.1961, in: BStU, MfS, ZAIG 31066.

78 Analyse über die Lage der Jugend, Hauptabteilung IX des MfS, 4.11.1961, in: BStU, MfS, HA IX MF 11845, zit. nach: Roger Engelmann, Geheimpolizeiliche Lehren aus der Krise? Die Staatssicherheit 1953 und 1961, in: Staatsgründung auf Raten, S. 139–151, hier: S. 147.

79 Vgl. dazu ausführlich: Daniela Münkel, Nach dem Mauerbau: Bevölkerungsstimmung und besondere Vorkommnisse in den drei Nordbezirken. Dokumentation der Berichterstattung durch das Ministerium der Staatssicherheit, in: Zeitgeschichte regional. Mitteilungen aus Mecklenburg-Vorpommern 15 (2011) 1, S. 36–46, hier: S. 41; Michael Heinz/Anita Krätzner, Verurteilt wegen »staatsgefährdender Hetze«. Reaktionen auf den Mauerbau im Bezirk Rostock, in: Zeitgeschichte regional. Mitteilungen aus Mecklenburg-Vorpommern 15 (2011) 2, S. 39–49, hier: S. 44 f.; vgl. auch Münkel, Unruhe, S. 598.

80 Einzel-Information Nr. 472/61 über die staatsfeindliche Tätigkeit einer jugendlichen Gruppe in Strausberg, Bezirk Frankfurt/O., ZAIG des MfS, 22.8.1961, in: BStU, MfS, ZAIG 463.

81 Vgl. Freya Klier: Michael Gartenschläger. Kampf gegen Mauer und Stacheldraht, Bürgerbüro e. V., Berlin 2009.

82 Vgl. Lothar Lienicke, Franz Bludau, Todesautomatik: die Staatssicherheit und der Tod des Michael Gartenschläger. Fischer Taschenbuchverlag, Frankfurt am Main 2003.

83 Journal der Handlung, Stab PdVP Berlin, 13.8.1961, 14.30 [Uhr]; in: LAB, C REP. 303/26.1/239.

84 Journal der Handlung, Stab PdVP Berlin, 13.8.1961, 21.55 [Uhr]; in: LAB, C REP. 303/26.1/239.

85 [Bericht] Nr. 440/61 über die gegenwärtige Situation aufgrund der Schutzmaßnahmen der DDR, ZAIG des MfS, 17.8.1961, in: BStU, MfS, ZAIG 31066.

86 Vgl. Christine Brecht, Günter Litfin, in: Hans-Hermann Hertle und Maria Nooke, Die Todesopfer an der Berliner Mauer 1961–1989. Ein biographisches Handbuch. Herausgegeben vom Zentrum für Zeithistorische Forschung Potsdam und der Stiftung Berliner Mauer, Ch. Links Verlag, Berlin 2009, S. 37–39.

87 [Einzel-Information] Nr. 499/61 über die Erschießung von zwei Grenzverletzern am 24.8. und 29.8.1961, ZAIG des MfS, 31.8.1961, in: BStU, MfS, ZAIG 510.

88 BZ, 25.8.1961.

89 Neues Deutschland, 25.8.1961; Berliner Zeitung, 25.8.1961.

90 Neues Deutschland, 1.9.1961.

91 Einzel-Information Nr. 467/61 über Republikfluchten und Provokationen durch westdeutsche und schwedische Bürger unter Ausnutzung der Fährverbindung Saßnitz–Trelleborg, ZAIG des MfS, 22.8.1961, in: BStU, MfS; ZAIG 462.

92 Bericht Nr. 482/61 über die Situation aufgrund der Schutzmaßnahmen der DDR, ZAIG des MfS, 24.8.1961, in: BStU, MfS, ZAIG 526.

93 Bericht über die Entwicklung der Republikflucht und des Menschenhandels nach Einleitung der Sicherungsmaßnahmen vom 13.8.1961 bis 31.12.1961, ZAIG des MfS, 12.2.1961, in: BStU, MfS, ZAIG 545.

94 Bericht über die Lage an der Staatsgrenze – illegales Verlassen der DDR, ZAIG des MfS, 17.6.1865, in: BStU, MfS, ZAIG 545.

95 Statistische Angaben zit. nach: Dorle Zilch, »Republikflucht« von Jugendlichen als Widerstand? Ursachen und Motive, in: Ulrich Herrmann (Hrsg.), Protestierende Jugend. Jugendopposition und politischer Protest in der deutschen Nachkriegsgeschichte, Juventa Verlag, Weinheim und München 2002, S. 243–260, hier: S. 246 [künftig: Herrmann, Jugend].

96 Ebd., S. 259.

97 Major, Reaktionen, S. 347.

98 Vgl. Marc-Dietrich Ohse, Jugend nach dem Mauerbau. Anpassung, Protest und Eigensinn (DDR 1961 – 1974), Ch. Links Verlag, Berlin 2003, S. 25–42 [künftig: Ohse, Jugend].

99 Zur Situation der Jugendbrigade »Karl Liebknecht« in der Wickelei im TRO »Karl Liebknecht«, Sektion Jugend und Sport des Bundesvorstandes des FDGB, 2.10.1961, in: BArch, DY 30/IV 2/6.11/54.

100 Einzel-Information Nr. 441/61 über die Reaktion von Wissenschaftlern des Physikalischen Instituts der Akademie der Wissenschaften auf die Schutzmaßnahmen der DDR, ZAIG des MfS, 18.8.1961, in: BStU, MfS, ZAIG 526.

101 Gesamt-Bericht über die im Zusammenhang mit den Schutzmaßnahmen aufgetretenen politisch-operativen Schwerpunkte in der DDR, Arbeitsgruppe Anleitung und Kontrolle des MfS, 10.10.1961, in: BStU, MfS, ZAIG 31066.

102 Vgl. Ulrich Mählert/Gerd-Rüdiger Stephan, Blaue Hemden – Rote Fahnen. Die Geschichte der Freien Deutschen Jugend, Leske + Budrich, Opladen 1996, S. 139ff.; Ohse, Jugend, S. 31f.

103 Junge Welt, 16.8.1961.

104 Der »Kampfauftrag der FDJ« enthielt neben der Verpflichtung zum Dienst in der NVA weitere Forderungen, z.B. »Keine Westsender mehr hören«, Junge Welt, 18.8.1961.

105 Vgl. Gesetz zur Verteidigung der Deutschen Demokratischen Republik (Verteidigungsgesetz) vom 20. September 1961, in: Gesetzblatt der DDR 1961 I, S. 175–178.

106 Gesamt-Bericht über die im Zusammenhang mit den Schutzmaßnahmen aufgetretenen politisch-operativen Schwerpunkte in der DDR, Arbeitsgruppe Anleitung und Kontrolle des MfS, 10.10.1961, in: BStU, MfS, ZAIG 31066.

107 [Bericht] Nr. 447/61 über die Situation aufgrund der Schutzmaßnahmen der DDR, ZAIG des MfS, 18.8.1961, in: BStU, MfS, ZAIG 31066.

108 Bericht Nr. 457/61 über die Situation aufgrund der Schutzmaßnahmen der DDR, ZAIG des MfS, 19.8.1961, in: BStU, MfS, ZAIG 31066.

109 Erklärung des Grenzsoldaten Günter H. über die Maßnahmen, die ihn zum Eintritt in die bewaffneten Organe motivieren, 30.8.1961, in: BArch, DY 30/IV 2/12/24.

110 Bericht von Hildegard B., [vermutlich Februar 1962], in: Fluchtziel Freiheit, S. 101.

111 Deutsche Lehrerzeitung, 8.9.1961, zit. nach: Birgit Gebhardt, Der »Fall Anklam«. Schülerprotest an der EOS Anklam im September 1961 [künftig: Gebhardt, Anklam], in: Herrmann, Jugend, S. 41–55, hier: S. 45.

112 BArch DY 30 IV 2/12/58, zit. nach: Ebd. Vgl. auch einzelne Angaben aus den Bezirken: [Bericht] Nr. 466/61 über die Situation aufgrund der Schutzmaßnahmen der DDR, ZAIG des MfS, 21.8.1961, in: BStU, MfS, ZAIG 31066.

113 Bericht der Studentin Uta-Christine S., 1962, in: Fluchtziel Freiheit, S. 97.

114 Staatssekretariat für Hochschulwesen (SfH), Vertrauliche Kollegiumsvorlage, o. D., in: BArch, DY 30, IV 2/ 904/ 431, zit. nach: Kowalczuk, Geist, S. 552.

115 Angaben zit. nach: Klaus Fitschen, Wissenschaft im Dienste des Sozialismus. Die Universität Leipzig vom Mauerbau bis zur Friedlichen Revolution 1961–1989, in: Geschichte der Universität Leipzig 1409–2009. Band 3. Das zwanzigste Jahrhundert 1909–2009, Leipziger Universitätsverlag 2010, S. 571–777, hier: S. 584 [künftig: Fitschen, Wissenschaft].

116 Interview des Autors mit Paul W. am 25.10.2020.

117 Ulrich Bossert an Dietrich Brendl, 6.9.1961, in: Briefe DDR, S. 141.

118 [Einzel-Information] Nr. 750/61: Einige Hinweise zur Lage an den Universitäten und Oberschulen, ZAIG des MfS, 1.12.1961, in: BStU, MfS, ZAIG 508.

119 Ebd.

120 Gebhardt, Anklam, S. 41–55.

121 Ebd., S. 47–49.

122 Gebhardt, Anklam, S. 52.

123 Vgl. Gesetz zur Verteidigung der Deutschen Demokratischen Republik (Verteidigungsgesetz) vom 20. September 1961, in: Gesetzblatt der DDR 1961 I, S. 175–178.

124 Ebd., S. 43.
125 Ebd., S. 41.
126 Anita Krätzner-Ebert, Die Universitäten der DDR und der Mauerbau, in: die hochschule. journal für wissenschaft und bildung, hrsg. von Peer Pasternack für das Institut für Hochschulforschung (HoF) an der Martin-Luther-Universität Halle-Wittenberg, 1/2015, S. 12–23, hier: S. 21.
127 Ilko-Sascha Kowalczuk, Geist im Dienste der Macht. Hochschulpolitik in der SBZ/DDR 1945 bis 1961, Ch. Links Verlag, Berlin 2003, S. 552 [künftig: Kowalczuk, Geist].
128 Zu den Konflikten zwischen SED und Wissenschaftlern bis 1961 vgl. Anita Krätzner, Die Universitäten der DDR und der Mauerbau 1961, Leipziger Universitätsverlag, Leipzig 2014, S. 23 ff. [künftig: Krätzner, Universitäten].
129 Vgl. Krätzner, Universitäten, S. 19–23.
130 Vgl. Damian van Melis/Henrik Bispinck, »Republikflucht«. Flucht und Abwanderung aus der SBZ/DDR 1945 bis 1961 (= Schriftenreihe der Vierteljahreshefte für Zeitgeschichte. Sondernummer), München 2006, S. 256 f.
131 Vgl. Ralph Jessen, Akademische Elite und kommunistische Diktatur. Die ostdeutsche Hochschullehrerschaft in der Ulbricht-Ära (= Kritische Studien zur Geschichtswissenschaft 135), Vandenhoeck und Ruprecht, Göttingen 1999, S. 46.
132 Gesamt-Bericht über die im Zusammenhang mit den Schutzmaßnahmen aufgetretenen politisch-operativen Schwerpunkte in der DDR, Arbeitsgruppe Anleitung und Kontrolle des MfS, 10.10.1961, in: BStU, MfS, ZAIG 31066.
133 [Einzel-Information] Nr. 750/61: Einige Hinweise zur Lage an den Universitäten und Oberschulen, ZAIG des MfS, 1.12.1961, in: BStU, MfS, ZAIG 508.
134 Die Lage an der Medizinischen Fakultät der Berliner Humboldt-Universität einschl. Lage an der Berliner Charité, Abt. Agit-Prop der SED-BL Berlin, 17.8.1961, in: LAB, BPA SED Berlin, IV 2/12/1278.
135 [Bericht] Nr. 440/61 über die gegenwärtige Situation aufgrund der Schutzmaßnahmen der DDR, ZAIG des MfS, 17.8.1961, in: BStU, MfS, ZAIG 31066.
136 Bericht Nr. 478/61 über die Reaktion der Angehörigen der Intelligenz auf die Schutzmaßnahmen der Regierung der DDR, ZAIG des MfS, 24.8.1961, in: BStU, MfS, ZAIG 526.
137 Information an die Abteilungsleiter zur Lage an der Landwirtschaftlichen und Veterinärmedizinischen Fakultät der Humboldt-Universität [zu] Berlin, 18.8.1961, in: BArch, DY 30/IV 2/9.04/272.
138 Vgl. [Bericht] Nr. 427/61 über die Reaktion der Bevölkerung der DDR und des demokratischen Berlin auf die Maßnahmen des Ministerrates, ZAIG des MfS, 15.8.1961, in: BStU, MfS, ZAIG 526.
139 Gesamt-Bericht über die im Zusammenhang mit den Schutzmaßnahmen aufgetretenen politisch-operativen Schwerpunkte in der DDR, Arbeitsgruppe Anleitung und Kontrolle des MfS, 10.10.1961, in: BStU, MfS, ZAIG 31066. Vgl. auch Fitschen, Wissenschaft, S. 581 ff.
140 Vgl. hierzu beispielsweise Mario Keßler, Exilerfahrung in Wissenschaft und Politik. Remigrierte Historiker in der frühen DDR, in: Zeithistorische Studien. Bd. 18, Böhlau, Köln 2001.
141 Vgl. Gesamt-Bericht über die im Zusammenhang mit den Schutzmaßnahmen auf-

getretenen politisch-operativen Schwerpunkte in der DDR, Arbeitsgruppe Anleitung und Kontrolle des MfS, 10.10.1961, in: BStU, MfS, ZAIG 31066; vgl. auch [Einzel-Information] Nr. 750/61: Einige Hinweise zur Lage an den Universitäten und Oberschulen, ZAIG des MfS, 1.12.1961, in: BStU, MfS, ZAIG 508.

142 Einschätzung der Lage der Parteiorganisation an der Humboldt-Universität, Parteileitung der SED, 13.11.1961, in: BArch, DY 30, IV 2/ 904/ 495.

143 Vgl. [Bericht] Nr. 427/61 über die Reaktion der Bevölkerung der DDR und des demokratischen Berlin auf die Maßnahmen des Ministerrates, ZAIG des MfS, 15.8.1961, in: BStU, MfS, ZAIG 526.

144 Gesamt-Bericht über die im Zusammenhang mit den Schutzmaßnahmen aufgetretenen politisch-operativen Schwerpunkte in der DDR, Arbeitsgruppe Anleitung und Kontrolle des MfS, 10.10.1961, in: BStU, MfS, ZAIG 31066.

145 [Einzel-Information] Nr. 750/61: Einige Hinweise zur Lage an den Universitäten und Oberschulen, ZAIG des MfS, 1.12.1961, in: BStU, MfS, ZAIG 508, Bl. 1–18.

146 Münkel, Daniela, Unruhe im eingeschlossenen Land. Ein interner Stasi-Bericht zur Lage in der DDR nach dem Mauerbau, in: Vierteljahreshefte für Zeitgeschichte 4/2011, Oldenbourg Wissenschaftsverlag, München 2011, S. 579–608, hier S. 585.

147 Günter Bruns an Gerhard Bondi, 23.9.1961, in: Sybille Gerstengarbe/Horst Hennig, Opposition, Widerstand und Verfolgung an der Martin-Luther-Universität Halle-Wittenberg 1945–1961. Eine Dokumentation, Leipziger Universitätsverlag, Leipzig 2009, S. 601.

148 Vgl. Krätzner, Universitäten, S. 174ff.

149 Vgl. hierzu Bruns weitere Aktivitäten im Abschnitt über die Motive der Wissenschaftler und Wissenschaftlerinnen.

150 Über eine am18.11.1961 stattgefundene Besprechung aller Klinikdirektoren unter dem Vorsitz des Dekans, auf der Protestmaßnahmen besprochen wurden, berichtet das MfS in: [Einzel-Information] Nr. 750/61: Einige Hinweise zur Lage an den Universitäten und Oberschulen, ZAIG des MfS, 1.12.1961, in: BStU, MfS, ZAIG 508. Vgl. auch Günter Bruns, Politischer Widerstand an den Medizinischen Fakultäten der DDR bis 1961, in: Felix Grigat, u.a., Zeitzeugen berichten. Wie die DDR die Universitäten unterdrückte, Deutscher Hochschulverband, Bonn 1999, S. 49–79.

151 Vgl. z.B. Bericht Nr. 478/61 über die Reaktion der Angehörigen der Intelligenz auf die Schutzmaßnahmen der Regierung der DDR, ZAIG des MfS, 24.8.1961, in: BStU, MfS, ZAIG 526.

152 Bericht Nr. 478/61 über die Reaktion der Angehörigen der Intelligenz auf die Schutzmaßnahmen der Regierung der DDR, ZAIG des MfS, 24.8.1961, in: BStU, MfS, ZAIG 526.

153 Einzel-Information Nr. 441/61 über die Reaktion von Wissenschaftlern des Physikalischen Instituts der Akademie der Wissenschaften auf die Schutzmaßnahmen der DDR, ZAIG des MfS, 18.8.1961, in: BStU, MfS, ZAIG 526.

154 [Einzel-Information] Nr. 750/61: Einige Hinweise zur Lage an den Universitäten und Oberschulen, ZAIG des MfS, 1.12.1961, in: BStU, MfS, ZAIG 508.

155 Bericht Nr. 478/61 über die Reaktion der Angehörigen der Intelligenz auf die Schutzmaßnahmen der Regierung der DDR, ZAIG des MfS, 24.8.1961, in: BStU, MfS, ZAIG 526.

156 Einzel-Information Nr. 441/61 über die Reaktion von Wissenschaftlern des Physikalischen Instituts der Akademie der Wissenschaften auf die Schutzmaßnahmen der DDR, ZAIG des MfS, 18.8.1961, in: BStU, MfS, ZAIG 526.

157 [Bericht] Nr. 447/61 über die Situation aufgrund der Schutzmaßnahmen der DDR, ZAIG des MfS, 18.8.1961, in: BStU, MfS, ZAIG 31066.

158 Bericht Nr. 478/61 über die Reaktion der Angehörigen der Intelligenz auf die Schutzmaßnahmen der Regierung der DDR, ZAIG des MfS, 24.8.1961, in: BStU, MfS, ZAIG 526.

159 Vgl. Matthias Uhl, Krieg um Berlin? Die sowjetische Militär- und Sicherheitspolitik in der zweiten Berlin-Krise 1958 bis 1962, Oldenbourg Verlag, München 2008.

160 Vgl. Bericht Nr. 403/61 über die Situation auf dem Gebiet der Störfreimachung unserer Wirtschaft und die Arbeitsweise der Staats- und Wirtschaftsorgane auf diesem Gebiet, ZAIG des MfS, 1.8.1961, in: BStU, MfS, ZAIG 453.

161 Einzel-Information Nr. 441/61 über die Reaktion von Wissenschaftlern des Physikalischen Instituts der Akademie der Wissenschaften auf die Schutzmaßnahmen der DDR, ZAIG des MfS, 18.8.1961, in: BStU, MfS, ZAIG 526.

162 Bericht des Chirurgen Dr. Dietrich W., [vermutlich Januar 1962], in: Fluchtziel Freiheit, S. 95.

163 Einzel-Information Nr. 732/61 über provokatorische Aktionen gegen die Störfreimachung auf dem Gebiet der Arzneimittelversorgung, ZAIG des MfS, 23.11.1961, in: BStU, MfS, ZAIG 504; vgl. auch [Einzel-Information] Nr. 750/61: Einige Hinweise zur Lage an den Universitäten und Oberschulen, ZAIG des MfS, 1.12.1961, in: BStU, MfS, ZAIG 508.

164 Vgl. Michael Lemke, Die Berlinkrise 1958 bis 1963, Akademie Verlag, Berlin 1995, S. 89 ff.

165 Vgl. Kap. »Die Jugend«.

166 [Einzel-Information] Nr. 750/61: Einige Hinweise zur Lage an den Universitäten und Oberschulen, ZAIG des MfS, 1.12.1961, in: BStU, MfS, ZAIG 508.

167 Gesamt-Bericht über die im Zusammenhang mit den Schutzmaßnahmen aufgetretenen politisch-operativen Schwerpunkte in der DDR, Arbeitsgruppe Anleitung und Kontrolle des MfS, 10.10.1961, in: BStU, MfS, ZAIG 31066.

168 Krätzner kommt zu dem Ergebnis: »Der größte Teil lehnte diese Maßnahmen [den Mauerbau, den ›Kampfauftrag der FDJ‹ und die folgenden Programme] zwar ab, hielt sich aber resigniert im Hintergrund«. Krätzner, Universitäten, S. 252.

169 Alle Angaben zit. nach Krätzner, Universitäten, S. 248 bzw. S. 250.

170 Ebd., S. 251. Hinsichtlich der Repressionen gegen Wissenschaftler und Studierende »ergaben sich zwischen den Universitäten große Unterschiede«. Vgl. auch Statistik, ebd., S. 248. Und nicht immer setzten die Universitätsleitungen die von der SED geforderte »harte Linie« auch um. Ebd., S. 253.

171 Kowalczuk, Geist, S. 554.

172 Universitätszeitung der Karl-Marx-Universität Leipzig, Nr. 22, 15. August 1961.

173 Ebd., Nr. 36, 5. September 1961. Vgl. auch Krätzner, Universitäten, S. 79 f.

174 Er berief sich auf das Grundsatzpapier der Dekane der Theologischen Fakultäten von 1957. Krätzner, Universitäten, S. 80, 227.

175 Grundsatzerklärung des Senats der Humboldt-Universität zu Berlin vom 13. Sep-

tember 1961, in: Humboldt-Universität zu Berlin. Dokumente 1810–1985, hrsg. von Helmut Klein, Deutscher Verlag der Wissenschaften, Berlin 1985, S. 101.

176 Ebd., S. 225 ff.

177 Weitere Beispiele vgl. Bericht Nr. 478/61 über die Reaktion der Angehörigen der Intelligenz auf die Schutzmaßnahmen der Regierung der DDR, ZAIG des MfS, 24.8.1961, in: BStU, MfS, ZAIG 526.

178 Kowalczuk, Geist, S. 554 f.

179 Ernst Bloch an den Präsidenten der DAW, 22.9.1961; in: Das Mauerbuch. Texte und Bilder aus Deutschland von 1945 bis heute, hrsg. von Manfried Hammer u. a., Oberbaumverlag, Berlin 1986, S. 141.

180 Jürgen Kuczynski an Ernst Bloch, in: BArch, DY 30, IV 2/ 904/ 163, zit. nach: Kowalczuk, Geist, S. 555.

181 Günter Grass an Anna Seghers, 14.8.1961, in: Die Zeit, 18.8.1961, zit. nach: Heinz Ludwig Arnold/Franz Josef Görtz (Hrsg.), Günter Grass. Dokumente zur politischen Wirkung, Richard Boorberg Verlag, Stuttgart 1971, S. 6 f. [künftig: Grass, Dokumente].

182 Gerhard [Holz-]Baumert an die Abteilung Kultur des ZK der SED, 8.12.1961 [Betr. Genossen Anna Seghers, Bodo Uhse sowie den Kollegen Arnold Zweig], in: BArch, DY 30/23063.

183 Günter Grass und Wolfdietrich Schnurre an die Mitglieder des Deutschen Schriftstellerverbandes, 16.8.1961, in: Die Welt, 18.8.1961, zit. nach: Grass, Dokumente, S. 12 f.

184 [Einzel-Information] Nr. 450/61 über provokatorisches Auftreten der Westberliner Schriftsteller Günter Grass und Wolfdietrich Schnurre, ZAIG des MfS, 19.8.1961, in: BStU, MfS, ZAIG 526.

185 Stephan Hermlin an Günter Grass und Wolfdietrich Schnurre, 17.8.1961, zit. nach: Hans Werner Richter (Hrsg.), Die Mauer oder Der 13. August, Rowohlt, Reinbek 1961, S. 66–68 [künftig: Richter, Mauer].

186 Zit. nach: Richter, Mauer, S. 69.

187 Paul Wiens, Wirksamer Schlag gegen Militaristen, in: Neues Deutschland, 14.8.1961.

188 Erwin Strittmatter an Wolfdietrich Schnurre und Günter Grass, 21.8.1961, in: Wochenpost, 28.8.1961, zit. nach: Latkowska, Sozialismus-Pädagogen, S. 178 f.

189 Aktenvermerk der Hauptabteilung V/AG 1 des MfS, 16.8.1961, zit. nach: Latkowska, Sozialismus-Pädagogen, S. 180 f.

190 Bodo Uhse, Berlin – Kampffeld für den Frieden, in: Neues Deutschland, 8.12.1961, zit. nach: Grass, Dokumente, S. 81–83.

191 Franz Fühmann, »Panzer gegen Ungeist«, in: National-Zeitung vom 3.9.1961, zit. nach: Barbara Heinze (Hrsg.), Franz Fühmann: eine Biographie in Bildern, Dokumenten und Briefen, Hinstorff Verlag, Rostock 1998, S. 125.

192 Schnurre antwortet Schnurre, [o.D.], in: ADK-O, ZAA 116, zit. nach: Latkowska, Sozialismus-Pädagogen, S. 180.

193 Operativplan zur kulturellen Betreuung der zur Sicherung der Hauptstadt eingesetzten Kräfte der Nationalen Volksarmee, der Volkspolizei und der Kampftruppen, Kulturabteilung der SED-Bezirksleitung Berlin, 18.8.1961, in: Landesarchiv Berlin, C-Rep 303/26.01/229.

194 Zit. nach: https://www.defa-stiftung.de/filme/filmsuche/der-augenzeuge-196134/ (Download vom 1.12.2020).

195 Bericht der Volkspolizei-Inspektion Berlin-Mitte, 12.9.1961, zit. nach: https://www.chronik-der-mauer.de/chronik/_year1961/_month9/?month=9&year=1961&opennid=173529&moc=1#anchornid173529 (Download vom 1.12.2020).

196 Redaktionskollegium des ND an den Vorstand des DSV, 30.8.1961, in: ADK-O, ZA 119.

197 Arbeitsbericht [des Vorstandes des DSV] für das 2. Halbjahr 1961, in: Ebd.

198 Latkowska, Sozialismus-Pädagogen, S. 152f.

199 Heinz Kahlau, Im Sommer einundsechzig, zit. nach: DRA, 1961, http://1961.dra.de/index.php?id=54 (Download vom 2.12.2020).

200 Vgl. Beispiele bei Latkowska, Sozialismus-Pädagogen, S. 156f.

201 Verlautbarung des Börsenvereins der Deutschen Buchhändler zu Leipzig, in: Börsenblatt für den Deutschen Buchhandel (Leipziger Ausgabe), 10.9.1961, S. 545, zit. nach: Latkowska, Sozialismus-Pädagogen, S. 157f.

202 Zur Reaktion der Deutschen Akademie der Künste auf den Mauerbau vgl. Braun, Akademie, S. 252–274; Latkowska, Sozialismus-Pädagogen, S. 158–161.

203 Vgl. Zitat aus der Stellungnahme des Akademiedirektors Rudolf Engel vom 19. Juni 1953, in: Braun, Akademie, S. 257.

204 Vgl. Erklärung der Akademie der Künste vom 30. Juni 1953, in: Neues Deutschland, 12.7.1953. Zur Entstehung der Erklärung sowie zur Auseinandersetzung zwischen Akademiepräsident Becher und Ministerpräsident Grotewohl über die Veröffentlichung vgl. Braun, Akademie, S. 257f.

205 [Stenografische Niederschrift] Plenartagung am 26.8.1961 (Außerordentliches Plenum), in: ADK-O, ZAA 119, Bl. 284–343 [künftig: AdK-O, Plenartagung, 26.8.61].

206 AdK-O, Plenartagung, 26.8.1961, Bl. 342f.

207 Ebd., Bl. 292f.

208 Ebd., Bl. 295.

209 Ebd., Bl. 310f.

210 Die Welt, 22.8.1961.

211 Die Welt, 24.8.1961.

212 Frankfurter Rundschau, 4.9.1961, zit. nach: Latkowska, Sozialismus-Pädagogen, S. 148.

213 Peter Palitzsch an Manfred Weckwerth, [September 1961], in: Das Mauerbuch. Texte und Bilder aus Deutschland von 1945 bis heute, hrsg. von Manfried Hammer, Oberbaumverlag, Berlin 1981, S. 142ff.

214 Neues Deutschland, 4.10.1961, zit. nach: Ebd., S. 144.

215 Der Schriftsteller Rolf Schneider sagt rückblickend: »Persönlich habe ich die Grenzschließung 1961 als Katastrophe empfunden. Ich sah darin das Eingeständnis einer politischen Niederlage der DDR […]«. Auf Nachfrage, ob er die Kritik auch öffentlich geäußert habe, antwortete Schneider, die Aussagen seien »nie ganz öffentlich gefallen«. Interview des Autors mit Rolf Schneider vom 9.1./27.2.2021.

Widerstandslose Hinnahme

1 Interview des Autors mit Achim W. am 28.12.2020.

2 Interview des Autors mit Richard G. am 30.11.2020.

3 Vgl. Kap. »Berlin am 13. August 1961«.

4 Schriftliches Interview des Autors mit Joochen Laabs vom 28.1.2021.

5 Dollmann ist Mitherausgeberin der Berichte, die von der studentischen Fluchthilfegruppe um Detlef Girrmann gesammelt wurden. Lydia Dollmann, Einleitung, in: Fluchtziel Freiheit, S. 14–18, hier S. 14, 17.

6 Bericht eines ehemaligen Grenzgängerstudenten, [vermutlich 1961], in: Fluchtziel Freiheit, S. 50.

7 Bericht des Studenten der Hochschule für Bauwesen Cottbus Joachim N., [vermutlich Ende 1961], in: Ebd., S. 81.

8 Bericht von Ingrid S. oder Helga O., [vermutlich Anfang 1962], in: Ebd., S. 83.

9 Bericht der Kulturwissenschaftlerin Dr. Sabine B., 24.1.1961, in: Ebd., S. 94.

10 Bericht der Künstlerin Ingrid S., [vermutlich Ende Februar 1962], in: Ebd., S. 58 f.

11 Bericht einer Medizinstudentin des 4. Studienjahres der Humboldt-Universität zu Berlin, [vermutlich Sommer 1962], in: Ebd., S. 111 f.

12 Bericht der drei Studenten Gundula H., Gisela H. und Harald Sch., 6.2.1961, in: Ebd., S. 98 f.

13 Bericht der Studentin Uta-Christine S. [vermutlich Ende Januar/Anfang Februar 1962], in: Ebd., S. 97.

14 Bericht des Studenten der Hochschule für Bauwesen Cottbus Joachim N. [vermutlich Ende 1961], in: Ebd., S. 81.

15 Gesamt-Bericht über die im Zusammenhang mit den Schutzmaßnahmen aufgetretenen politisch-operativen Schwerpunkte der DDR, ZAIG des MfS, 10.10.1961, in: BStU, MfS, ZAIG 31066.

16 Bericht des Bauarbeiters Manfred J. vom VEB Hochbau Berlin, [vermutlich Februar 1962], in: Fluchtziel Freiheit, S. 99 f.

17 Bericht der Sachbearbeiterin im VEB Bürotechnik Berlin Hildegard B., 4.1.1962, in: Ebd., S. 90.

18 Bericht von Erich T. über die Situation in Potsdam, [vermutlich 1961], in: Ebd., S. 54.

19 Bericht des Chirurgen Dr. Dietrich W., [vermutlich Januar 1961], in: Ebd., S. 96.

20 Bericht einer Medizinstudentin des 4. Studienjahres der Humboldt-Universität zu Berlin, [vermutlich Sommer 1962], in: Ebd., S. 112.

21 Zit. nach: Krätzner, Universitäten, S. 248. Für die Universität Halle liegen keine Zahlen vor.

22 Schriftliches Interview des Autors mit Joochen Laabs vom 28.1.2021.

23 Schriftliches Interview des Autors mit Rolf Schneider vom 9.1.2021.

24 Bericht eines ehemaligen Grenzgängerstudenten der Freien Universität in Berlin, Detlef Ro., [vermutlich Ende November 1961], in: Fluchtziel Freiheit, S. 68.

25 Bericht der Lehrerin Marianne F., [vermutlich Januar 1962], in: Ebd., S. 85.

26 Bericht von Detlef Ru., [vermutlich Februar 1962], in: Ebd., S. 105 f.

27 Daniela Münkel, Einleitung 1961, in: DDR im Blick der Stasi 1961, S. 12–57, hier: S. 39.

28 Falco Werkentin, Die Entwicklung der politischen Strafjustiz als Herrschaftsinstrument nach 1953 und nach 1961, in: Staatsgründung auf Raten, S. 163–168, hier: S. 164 [künftig: Werkentin, Strafjustiz, 2005]. Vgl. auch Falco Werkentin, Politische Strafjustiz in der Ära Ulbricht. Vom bekennenden Terror zur verdeckten Repression, Ch. Links Verlag, 2., überarb. Aufl., Berlin 1997, S. 225 ff. [künftig: Werkentin, Strafjustiz, 1997].

29 Helmut Müller-Enbergs, Inoffizielle Mitarbeiter des Ministeriums für Staatssicherheit. Teil 3: Statistiken. Analysen und Dokumente. Wissenschaftliche Reihe des Bundesbeauftragten, Berlin 2008, S. 40 ff.

30 Übersicht über Personen, die im Zusammenhang mit den Sicherungsmaßnahmen der Regierung vom 13.8.1961 festgenommen wurden, Hauptabteilung IX des MfS, 11.11962, in: BStU, MfS, HA IX MF 11853, zit. nach: Roger Engelmann, Geheimpolizeiliche Lehren aus der Krise? Die Staatssicherheit 1953 und 1961, in: Staatsgründung auf Raten, S. 139–151, hier: S. 146.

31 [Bericht über Strafjustiz nach dem 13. August 1961], in: BArch, DY 30 IV 2/13/424, zit. nach: Werkentin, Strafjustiz, 2005, S. 164.

32 Strafrechtsergänzungsgesetz der DDR vom 11. Dezember 1957, in: Gesetzblatt der Deutschen Demokratischen Republik Teil I, 1957, Nr. 78 vom 23. Dezember 1957, S. 643 ff.

33 [Bericht über Strafjustiz nach dem 13. August 1961], in: BArch, DY 30 IV 2/13/424, zit. nach: Werkentin, Strafjustiz 2005, S. 164.

34 Gesetz zur Änderung des Passgesetzes vom 11. Dezember 1957, in: Gesetzblatt der Deutschen Demokratischen Republik Teil I, 1957, Nr. 78 vom 23. Dezember 1957, S. 650.

35 Verordnung über Aufenthaltsbeschränkung vom 24. August 1961, in: Gesetzblatt der Deutschen Demokratischen Republik. Teil II, 1961, Nr. 55 vom 25. August 1961, S. 343.

36 Hilde Benjamin, Die Aufgaben der Justiz, in: Staat und Recht, Nr. 9 (September) 1961, S. VII ff.

37 Sekretariat des ZK der SED an 1. Sekretäre der Bezirks- und Kreisleitungen der SED, 6.9.1961, zit. nach: Werkentin, Strafjustiz, 1997, S. 251 f.

38 Zentralrat der FDJ an die Bezirksverbände der FDJ, [August 1961], in: BArch, DY 24/3753, zit. nach: Ulrich Mählert und Gerd-Rüdiger Stephan, Blaue Hemden, rote Fahnen. Die Geschichte der Freien Deutschen Jugend, Leske + Budrich, Opladen 1996, S. 138.

39 Gerhard Sälter, Zwischen Siegestaumel und Herrschaftssicherung: Der Mauerbau am 13. August 1961 und die Machtelite der DDR, in: Deutschland Archiv, 7.11.2019, www.bpb.de/300094.

40 Vgl. Kap. »Proteste ohne Massen«.

41 [Bericht] Nr. 466/61 über die Situation aufgrund der Schutzmaßnahmen der DDR, ZAIG des MfS, 21.8.1961, in: BStU, MfS, ZAIG 31066.

42 [Bericht] Nr. 470/61 über die Situation aufgrund der Schutzmaßnahmen der DDR, ZAIG des MfS, 21.8.1961, in: BStU, MfS, ZAIG 526.

43 Sitzung des MfS-Kollegiums, 13.12.1961, in: BStU, MfS-SdM 1558, zit. nach: Major, Mauer, S. 353.

44 Werkentin, Strafjustiz, 2005, S. 165. Ulbricht hatte beispielsweise in der DDR-Zeitschrift *Neue Justiz* persönlich zwei SED-Juristen für ihre rabiate Strafpolitik kritisiert, vgl. ebd.

45 Ebd.

46 Ebd.

47 Ebd.

48 Werkentin, Strafjustiz 2005, S. 164.

49 Die Zahlen und das Beispiel zit. nach: Ebd., S. 163.
50 Werkentin, Strafjustiz 1997, S. 106.
51 Vgl. zur Geschichte des Volksaufstandes: Ilko-Sascha Kowalczuk, 17. Juni 1953 – Geschichte eines Aufstands, Beck, München 2013.
52 Karl Wilhelm Fricke, Der Wahrheit verpflichtet. Texte aus fünf Jahrzehnten zur Geschichte der DDR, Ch. Links Verlag, Berlin 2000, S. 398 f.
53 Bericht von Detlef Ru., [vermutlich Februar 1962], in: Ebd., S. 105.
54 Bericht der Lehrerin Marianne F., [vermutlich Januar 1962], in: Fluchtziel Freiheit, S. 85.
55 Vgl. Kap. »Berlin am 13. August 1961«.
56 Frankfurter Allgemeine Zeitung, 3. November 2011.
57 Bericht von Erich T. über die Situation in Potsdam, [vermutlich 1961], in: Fluchtziel Freiheit, S. 54.
58 Günter de Bruyn, Vierzig Jahre. Ein Lebensbericht, S. Fischer Verlag, Frankfurt/M. 1996, S. 106 f. [künftig: de Bruyn, Vierzig Jahre].
59 Biermann, Zeiten, S. 87.
60 Ebd., S. 87.
61 Bericht eines ehemaligen Grenzgängerstudenten, [vermutlich 1961], in: Fluchtziel Freiheit, S. 50.
62 Bericht über die Lage am westlichen Ring um Berlin, Bezirksverwaltung Potsdam des MfS, 9.8.1961, in: BStU, MfS, AS, Nr. 204/62.
63 Bericht der Studentin Uta-Christine S., [1962], in: Fluchtziel Freiheit, S. 96.
64 Schriftliches Interview des Autors mit Joochen Laabs vom 28.1.2021.
65 Interview mit Reinhard Hummel vom 10.1.2020, in: https://www.bundesstiftung-aufarbeitung.de/de/recherche/mediathek/zeitzeugeninterview-zum-13-august-1961-reinhard-hummel
66 Vgl. Kap. »Proteste ohne Massen«
67 Frankfurter Allgemeine Zeitung, 3. November 2011.
68 Interview des Autors mit Hannelore Janisch am 6.4.2021.
69 Bericht der Studentin Uta-Christine S., [1962], in: Fluchtziel Freiheit, S. 96.
70 Frankfurter Allgemeine Zeitung, 3. November 2011.
71 Bericht einer ehemaligen Schülerin, [1961/62], in: Fluchtziel Freiheit, S. 83.
72 Biermann, Zeiten, S. 90.
73 Interview des Autors mit Renate T. am 22.12.2020.
74 Beschluss des Ministerrats der Deutschen Demokratischen Republik vom 12. August, in: BArch, DC 20/ I/3-345.
75 Bericht einer ehemaligen Schülerin einer Ostklasse in West-Berlin, [Ende 1961], in: Fluchtziel Freiheit, S. 83.
76 Bericht von Detlef Ru., [vermutlich Februar 1962], in: Ebd., S. 106.
77 Bericht des Ehepaares Max und Luise R., Januar 1962, in: Fluchtziel Freiheit, S. 90 f.
78 3. Einzel-Information Nr. 415/61 über die Durchführung der Aktion »Rose«, ZAIG des MfS, 13. August 1961, in: BStU, MfS, ZAIG 31066.
79 Darauf weisen hin: Wolle, in: Staatsgründung auf Raten, S. 247, und Major, Mauer, S. 340. Major erwähnt zudem, dass es auch anlässlich des West-Berliner »Revanchistentreffens« im September 1960 zu einer »kurzfristigen Grenzsperrung« gekommen sei. Vgl. Major, Mauer, S. 340.

80 Vgl. Meldungen anlässlich der Demonstrationen im Ostsektor am 17.6.1953, 20.13 Uhr, in: Polizeihistorische Sammlung des Polizeipräsidenten in Berlin, Ordner: Unruhen im sowjet[ischen] Sektor, Mappe 17.6.-29.6.1953.

81 Nachrichtenmeldung über die Aufhebung der Sperren an den Sektorengrenzen, DDR-Rundfunk, 8.7.53, in: http://www.17juni53.de/chronik/5307_1.html

82 Interview des Autors mit Richard G. am 30.11.2020.

83 Stefan Wolle, Der Traum von der Revolte. Die DDR 1968, Ch. Links Verlag, Berlin 2008, S. 172.

84 Interview des Autors mit Richard G. am 30.11.2020.

85 Schreiben der westlichen Stadtkommandanten von Berlin, Generalmajor Albert Watson II., Brigadegeneral Jean Lacomme und Generalmajor Sir Rohan Delacombe, an den sowjetischen Stadtkommandanten in Berlin, Oberst Andrej I. Solowjew, 15.8.1961, zit. nach: Bulletin des Presse- und Informationsamtes der Bundesregierung, Bonn, den 17. August 1961, Nr. 152, S. 1470.

86 Bericht der Studentin Uta-Christine S., [vermutlich Januar/Februar 1962], in: Fluchtziel Freiheit, S. 97.

87 Bericht von Manfred M., [vermutlich Dezember 1961], in: Ebd., S. 79.

88 Bericht von Hildegard B., [vermutlich Februar 1962], in: Ebd., S. 100.

89 Bericht von Detlef Ru., [vermutlich Februar 1962], in: Ebd., S. 105.

90 BILD, 16.8.1961.

91 Zit. nach: Flemming, Mauer, S. 59 f.

92 Zit. nach: Eva C. Schweizer, »Eine Mauer ist verdammt noch mal besser als Krieg«. USA zur deutschen Teilung, in: Cicero, 12.8.2015.

93 Flemming, Mauer, S. 93.

94 Vgl. Gerhard Sälter, Zwangsausgesiedelte als Opfer von Mauer und deutscher Teilung, Vortrag auf der Tagung der Union der Opferverbände kommunistischer Gewaltherrschaft (UOKG), Berlin, 24.9.2011, zit. nach: https://www.bpb.de/geschichte/zeitgeschichte/deutschlandarchiv/53114/zwangsraeumungen (Download vom 12.11.2020).

95 Vgl. Kap. »Proteste ohne Massen«.

96 Zit. nach: Wagner, Ulbricht, S. 464.

97 Information [über die Situation an der Grenze zu West-Berlin], Informationsgruppe der MfS-Bezirksverwaltung Berlin, 18.9.1961, in: BStU, MfS, AS, Nr. 204/62, Bd. 7.

98 Protokoll der Lagebesprechung, Sicherheitskommission beim PB der SED, 20.9.1961, in: BA-MA DVW-1/39753, zit. nach: Wagner, Ulbricht, S. 465.

99 Zit. nach. Kwizinskij, Sturm, S. 187.

100 Flemming, Mauer, S. 93.

101 Vgl. Kap. »Berlin am 13. August 1961«.

102 Vgl. Statistisches Jahrbuch der Hauptstadt der Deutschen Demokratischen Republik Berlin, 1961, S. 9 ff.

103 Ulbricht gegenüber dem sowjetischen Botschafter in der DDR Perwuchin im Sommer 1961, zit. nach: Kwizinskij, Sturm, S. 180.

104 Berliner Zeitung, 14.8.1961.

105 Interview des Autors mit Dorothea K. am 14.9.2020.

106 Karl Titzschler an seinen [in den Westen geflüchteten] Sohn Peter, 21./22.8.1961, in: Baumgart, Briefe, S. 167 f.

107 de Bruyn, Vierzig Jahre, S. 110.

108 Interview des Autors mit Dorothea K. am 14.9.2020.

109 Bericht von Hildegard B., [vermutlich Ende Februar 1962], in: Fluchtziel Freiheit, S. 101.

110 Interview des Autors mit Dorothea K. am 14.9.2020.

111 Interview des Autors mit Bärbel und Angelika am 30.6.2020.

112 Vgl. Ina Merkel, Utopie und Bedürfnis. Geschichte der Konsumkultur in der DDR, Weimar 1999, S. 76 f.

113 Der Text lautet: »Der Mais, wie jeder weiß, das ist ein strammer Bengel, / das ist die Wurst am Stengel. / Und wer den besten Mais anbaut, / das ist ein kluger Mann, / weil er in die Zukunft schaut. / Und die fängt gerade an.« Die Kampagne soll auf Nikita Chruschtschow zurückgehen, der bereits 1957 verkündet haben soll: »Genossen! Mais, das ist die Wurst am Stengel!«

114 Interview des Autors mit Bärbel und Angelika am 30.6.2020.

115 Zit. nach: Peter Hübner, Politische Einflussnahme und Freiräume im Alltag der Bevölkerung nach dem Mauerbau sowie im Vergleich mit der Zeit nach dem Volksaufstand [künftig: Hübner, Einflussnahme], in: Staatsgründung auf Raten, S. 201–224, hier S. 207.

116 Ebd.

117 Bericht des Ehepaares Max und Luise R., Januar 1962, in: Fluchtziel Freiheit, S. 91.

118 Bericht von Ingrid S. oder Helga O., [vermutlich Anfang 1962], in: Ebd., S. 84.

119 Gesamt-Bericht über die im Zusammenhang mit den Schutzmaßnahmen aufgetretenen politisch-operativen Schwerpunkte in der DDR, ZAIG des MfS, 10.10.1961, in: BStU, MfS, ZAIG 31066.

120 Interview des Autors mit Bärbel und Angelika am 30.6.2020.

121 Vgl. Jochen Staadt, Die geheime Westpolitik der SED 1960–1970. Von der gesamtdeutschen Orientierung zur sozialistischen Nation, Akademie Verlag, Berlin 1993, S. 52–66; Mahlert, Blaue Hemden – Rote Fahnen, S. 142 f.

122 Gesamt-Bericht über die im Zusammenhang mit den Schutzmaßnahmen aufgetretenen politisch-operativen Schwerpunkte in der DDR, ZAIG des MfS, 10.10.1961, in: BStU, MfS, ZAIG 31066.

123 Bericht der Lehrerin Marianne F., [vermutlich Anfang 1962], in: Fluchtziel Freiheit, S. 86.

124 Vgl. Beispiele bei Major, Mauer, S. 348 f.

125 Pressematerial, Abt. Org-Instruk. u. Agit-Prop des FDJ-ZR, Sept. 1961, in: BArch, DY 24/3.935, zit. nach: Major, Mauer, S. 349.

126 Interview des Autors mit Bärbel und Angelika am 30.6.2020.

127 Verordnung über Maßnahmen an der Demarkationslinie zwischen der Deutschen Demokratischen Republik und den westlichen Besatzungszonen Deutschlands vom 26.05.1952, in: Gesetzblatt der Deutschen Demokratischen Republik (1952), Nr. 65, 27.5.1952, S. 405 f.

128 Vgl. Robert Lebegern, Mauer, Zaun und Stacheldraht: Sperranlagen an der innerdeutschen Grenze 1945–1990. Forschungen zur Geschichte der deutschen Teilung, Role-Verlag, Weiden 2002.

129 Interview des Autors mit Robert Lebegern am 21.10.2020.

130 Interview des Autors mit einem ehemaligen Bewohner von Mödlareuth am 22.10.2020.

131 de Bruyn, Vierzig Jahre, S. 110.

132 Vgl. Inge Bennewitz/Rainer Potratz, Zwangsaussiedlungen an der innerdeutschen Grenze. Analysen und Dokumente, Ch. Links Verlag, 4. akt. u. erw. Auflage, Berlin 2012. S. 66. [künftig: Bennewitz, Zwangsaussiedlungen].

133 Deutsch-Deutsches Museum Mödlareuth, https://moedlareuth.de/geschichte.html (Download vom 18.4.2021).

134 Bennewitz, Zwangsumsiedlungen, S. 52f.

135 Ebd., S. 54.

136 Ebd., S. 133.

137 Stadelmann-Wenz, Widerständiges Verhalten, S. 63.

138 Bennewitz, Zwangsaussiedlungen, S. 127.

139 Ebd.

140 Bericht der MfS-Bezirksverwaltung an die ZAIG des MfS, 4.10.1961, in: BStU, ZAIG, AS 75/65, zit. nach: Eisenfeld/Engelmann, Mauerbau, S. 85.

141 Vgl. Bennewitz/Potratz, Zwangsaussiedlungen, S. 171 ff.; Sälter, Zwangsausgesiedelte, S. 2ff.

142 Regine Hildebrandt, »Wenn wir aus dem Fenster geguckt haben, waren wir mit dem Kopf im Westen und mit dem Hintern im Osten.« [künftig: Hildebrandt, Westen], in: Gebert, Schatten, S. 109–119, hier S. 109–111.

143 Bericht des ehemaligen Grenzgängerstudenten Günter G. [vermutlich November 1961], in: Fluchtziel Freiheit, S. 60.

144 Hildebrandt, Westen, S. 112.

145 Sälter, Zwangsausgesiedelte, S. 2ff. Die genaue Anzahl der zwangsumgesiedelten Ost-Berliner ist bisher nicht bekannt. Ebd., S. 3

146 Ebd., S. 4.

147 Ausstellungstafel »Grenzalltag in Mödlareuth«, Deutsch-Deutsches Museum Mödlareuth, Stand: 21.10.2020.

148 Interview [des Autors] mit dem Zeitzeugen am 22.10.2020.

149 Roman Grafe, DDR-Vergangenheit: Was erzählst du bloß?, in: Die Zeit, Nr. 15/2014.

150 Ludwig [Lutz] Reimann an Brigitte Reimann, 6.9.1961, in: Brigitte Reimann, Post vom schwarzen Schaf. Geschwisterbriefe, Aufbau Verlag, Berlin 2018, S. 44 [künftig: Reimann, Post].

151 Brigitte Reimann an ihre Eltern, 18.9.1961, in: Reimann, Post, S. 45.

152 Brigitte Reimann an ihre Eltern, 19.8.1961, in: Ebd., S. 35.

153 Vgl. Kapitel »Unsicherheit und Unvorstellbarkeit«.

154 Ebd.

155 Brigitte Reimann an ihre Eltern, 24.8.1961, in: Ebd., S. 37.

156 Ludwig [Lutz] Reimann an Brigitte Reimann, 6.9.1961, in: Ebd., S. 40.

157 Brigitte Reimann an ihre Eltern, 24.8.1961, in: Ebd., S. 37.

158 Vgl. Prolog.

159 In jedem ehemaligen DDR-Bezirk wurden zwei – zufällig ausgewählten – Seniorenheimen die Fragebögen zugeschickt. Darüber hinaus wurden im ehemaligen Ost-Berlin und in Brandenburg in Arztpraxen und Einrichtungen körpernaher Dienstleis-

tungen wie Physiotherapiepraxen und Friseursalons Fragebögen ausgelegt. Von den insgesamt 3.500 verschickten und ausgelegten Fragebögen wurden 602 ausgefüllt. Das entspricht einer Rücklaufquote von 17 Prozent.

160 Vgl. Der Spiegel, 3.8.2011.

161 Aussagen zit. nach: Die Tageszeitung, 3.8.2011.

162 Beschluss des Ministerrats der Deutschen Demokratischen Republik vom 12. August, zit. nach: Berliner Zeitung, 14.8.1961, S. 3.

163 Ebd.

164 Rundfunk- und Fernsehansprache des Staatsratsvorsitzenden Ulbricht, 18.8.1961, in: Dokumente zur Deutschlandpolitik, IV. Reihe/Band 7 (12. August bis 31. Dezember 1961), Frankfurt/Main 1976, S. 114 ff.

165 Gesamt-Bericht über die im Zusammenhang mit den Schutzmaßnahmen aufgetretenen politisch-operativen Schwerpunkte in der DDR, ZAIG des MfS, 10.10.1961, in: BStU, MfS, ZAIG 31066.

166 Schriftliches Interview des Autors mit Hildegard Baumgart, 22.5.2021.

167 Heinrich Böll, Bericht zur Lage der Nation. Über Hildegart Baumgarts Sammelband »Briefe aus einem anderen Land«, in: Süddeutsche Zeitung, 26./27.6.1971.

168 Briefe aus einem anderen Land. Briefe aus der DDR, hrsg. von Hildegard Baumgart, Hoffmann und Campe Verlag, Hamburg, 1971 [künftig: Baumgart, Briefe].

169 Brief des Vaters an die Familie seines Sohnes Herbert, 13.1.1964, in: Baumgart, Briefe, S. 97.

170 Ebd., S. 99.

171 Ebd.

172 Interview des Autors mit Thea Grauwinkel am 9.5.2021.

173 Interview des rbb mit Wolfgang Herrmann, 2014, in: https://www.berlin-mauer.de/videos/berlin-vor-dem-mauerbau-527/ (Download vom 12.6.2021).

174 Interview des Autors mit Thea Grauwinkel am 9.5.2021.

175 Ludwig Wernecke, Fragenkatalog an seine ostdeutschen Kollegen, [1960], in: Baumgart, Briefe, S. 114 f.

176 Brief eines Funktionärs aus Neubrandenburg an Ludwig (Lutz) Wernecke, 7.9.1960, in: Ebd., S. 115 f.

177 Brief eines (weiteren) Funktionärs aus Neubrandenburg an Ludwig (Lutz) Wernecke, 30.8.1961, in: Ebd., S. 120 f.

178 Ein (weiterer) Funktionär aus Neubrandenburg an Ludwig (Lutz) Wernecke, 22.10.1965, in: Ebd., S. 124 f.

179 Ulrich Bossert an Dietrich Brendl, 6.9.1961, in: Ebd., S. 141.

180 Marianne an Clemens, 10.2.1962, in: Ebd., S. 103.

181 Marianne an Clemens, 11.2.1963, in: Ebd., S. 108.

182 Schriftliches Interview des Autors mit Hannelore Janisch am 6.4.2021.

183 Interview des Autors mit Christa S. am 22.12.2020.

184 Zit. nach: Thomas Gith, Mauerschicksale. Wie das SED-Regime die Ostdeutschen einsperrte, in: https://www.deutschlandfunk.de/mauerschicksale.1148.de.html?dram:article_id=180809 (Download vom 20.2.2021).

185 Vgl. Einleitung.

186 Bericht des Chirurgen Dr. Dietrich W., [vermutlich Januar 1962], in: Fluchtziel Freiheit, S. 95.

187 Bericht einer ehemaligen Schülerin einer Ostklasse in West-Berlin, [vermutlich Ende 1961], in: Ebd., S. 82.

188 Interview des Autors mit Christa S., 22.12.2020.

189 Schriftliches Interview des Autors mit Rolf Schneider, 9.1.2021.

190 Biermann, Zeiten, S. 90 f.

191 Heiner Müller: Krieg ohne Schlacht. Leben in zwei Diktaturen [künftig: Müller, Krieg], Köln 1992, S. 487.

192 Ebd., S. 487.

193 Interview des Autors mit Camilla Warnke, 1.3.2021.

194 Vgl. Philosophie aus einer abgeschlossenen Welt. Zur Geschichte der DDR-Philosophie und ihrer Institutionen, hrsg. von Hans-Christoph Rauh, Ch. Links Verlag, Berlin 2017. S. 695.

195 ARD-Interview mit Rudolf Bahro, 23.8.1977, zit. nach: Rudolf Bahro, Eine Dokumentation, Europäische Verlagsgesellschaft, Köln 1977, S. 95 f.

196 Information über den politisch-ideologischen Zustand der Arbeiterklasse und der einzelnen Bevölkerungsschichten vor und nach dem 13.8.1961 und über die Führungstätigkeit der Parteiorgane, Abt. Parteiorgane des ZK der SED, 22.9.1961, in: BArch, IV 2/5/295.

197 Zit. nach: Müller, Krieg, S. 487.

198 Vgl. »Proteste ohne Massen«.

199 Matthias Braun, Das »Große Ja« und das »Kleine Nein«. Zu den Auswirkungen des 17. Juni und des 13. August auf die Arbeit der Deutschen Akademie der Künste, in: Staatsgründung auf Raten, S. 252–274, hier S. 266.

200 Zit. nach: Ebd., S. 272 f.

201 Vgl. hierzu ebd.

Resümee

1 Münkel, Einleitung, in: Blick der Stasi, 1961, S. 35.

2 Kwizinskij, Sturm, S. 179.

3 Information über die für den 4. November 1989 in der Hauptstadt der DDR, Berlin, initiierte Demonstration von Kunst- und Kulturschaffenden, ZAIG des MfS, o.D. [26.10.1989], in: BStU, MfS, ZAIG, Nr. 489/89, zit: nach: Ich liebe euch doch alle! Berichte und Lageberichte des MfS Januar–November 1989, hrsg. v. Armin Mitter/Stefan Wolle, BasisDruck Verlagsgesellschaft mbH, Berlin 1990, S. 242 f.; Vgl. hierzu auch Rüdiger Wenzke, Die Nationale Volksarmee (1956–1990), in: Torsten Diedrich (Hrsg.), Im Dienste der Partei. Handbuch der bewaffneten Organe der DDR. 2. Aufl., Ch. Links Verlag, Berlin 1998, S. 512.

Abkürzungen

AdK	Akademie der Künste der DDR (bis 1974: Deutsche Akademie der Künste)
AZKW	Amt für Zoll und Kontrolle des Warenverkehrs [der DDR]
BP	Bereitschaftspolizei [der DDR]
BrPL	Betriebsparteileitung [der SED]
DAW	Deutsche Akademie der Wissenschaften [der DDR]
DDR	Deutsche Demokratische Republik
DPG	Deutsche Physikalische Gesellschaft [der DDR]
DRA	Deutsches Rundfunkarchiv
DSF	Deutsch-Sowjetische Freundschaft
DSV	Deutscher Schriftstellerverband [der DDR]
EOS	Erweiterte Oberschule [in der DDR]
FDGB	Freier Deutscher Gewerkschaftsbund [der DDR]
FDJ	Freie Deutsche Jugend [der DDR]
HO	Handelsorganisation [staatliches Einzelhandelsunternehmen in der DDR]
HUB	Humboldt-Universität zu Berlin
KP	Kontrollpunkt
MdI	Ministerium des Innern [der DDR]
MfS	Ministerium für Staatssicherheit
ND	Neues Deutschland
PdVP	Präsidium der Volkspolizei
PO	Politbüro [des ZK]
POS	Polytechnische Oberschule [in der DDR]
SBZ	Sowjetische Besatzungszone
SED	Sozialistische Einheitspartei Deutschlands
SfH	Staatssekretariat für Hochschulwesen [in der DDR]
Trapo	Transportpolizei
VEB	Volkseigener Betrieb
VP	Volkspolizei
VPB	Volkspolizei-Bereitschaften
ZAIG	Zentrale Auswertungs- und Informationsgruppe des MfS
ZK	Zentralkomitee [der SED]

Literatur

Bennewitz, Inge/Potratz, Rainer, Zwangsumsiedlungen an der innerdeutschen Grenze. Analysen und Dokumente, Ch. Links Verlag, 4. akt. u. erw. Auflage, Berlin 2012

Biermann, Wolf: Warte nicht auf bessre Zeiten! Die Autobiografie, Propyläen Verlag, Berlin 2016

Braun, Matthias, Das »Große Ja« und das »Kleine Nein«. Zu den Auswirkungen des 17. Juni und des 13. August auf die Arbeit der Deutschen Akademie der Künste, in: Staatsgründung auf Raten. Auswirkungen des Volksaufstandes 1953 und des Mauerbaus 1961 auf Staat, Militär und Gesellschaft der DDR, hrsg. von Torsten Diedrich/Ilko-Sascha Kowalczuk, Ch. Links Verlag, Berlin 2005, S. 252–274

Briefe aus einem anderen Land. Briefe aus der DDR, hrsg. von Hildegard Baumgart, Hoffmann und Campe Verlag, Hamburg 1971

Die DDR im Blick der Stasi 1961. Die geheimen Berichte an die SED-Führung, hrsg. von Daniela Münkel, Vandenhoeck & Ruprecht, Göttingen 2011

Diedrich, Torsten/Kowalczuk, Ilko-Sascha (Hrsg.), Staatsgründung auf Raten. Auswirkungen des Volksaufstandes 1953 und des Mauerbaus 1961 auf Staat, Militär und Gesellschaft der DDR, Ch. Links Verlag, Berlin 2005

Eckert, Rainer, Opposition und Repression in der DDR vom Mauerbau bis zur Biermann-Ausbürgerung (1961–1976), in: Archiv für Sozialgeschichte 39, 1999, S. 355–390

Engelmann, Roger, Geheimpolizeiliche Lehren aus der Krise? Die Staatssicherheit 1953 und 1961, in: Staatsgründung auf Raten? Zu den Auswirkungen des Volksaufstandes 1953 und des Mauerbaus 1961 auf Staat, Militär und Gesellschaft in der DDR, hrsg. von Torsten Diedrich und Ilko-Sascha Kowalczuk, Ch. Links Verlag, Berlin 2005, S. 139–151

Fitschen, Klaus, Wissenschaft im Dienste des Sozialismus. Die Universität Leipzig vom Mauerbau bis zur Friedlichen Revolution 1961–1989, in: Geschichte der Universität Leipzig 1409–2009. Band 3. Das zwanzigste Jahrhundert 1909–2009, Leipziger Universitätsverlag, Leipzig 2010

Flemming, Thomas, Die Berliner Mauer. Geschichte eines politischen Bauwerks, be.bra verlag, Berlin 2019

Freiheit wollen wir! Der 17. Juni 1953 in Brandenburg, hrsg. von Burghard Ciesla, Ch. Links Verlag, Berlin 2003

Gebert, Anke, Im Schatten der Mauer. Erinnerungen, Geschichten und Bilder vom Mauerbau bis zum Mauerfall, S. Fischer Verlag, Frankfurt/M. 2004

Gebhardt, Birgit, Der »Fall Anklam«. Schülerprotest an der EOS Anklam im September 1961, in: Ulrich Herrmann (Hrsg.): Protestierende Jugend. Jugendopposition und politischer Protest in der deutschen Nachkriegsgeschichte, Juventa Verlag, Weinheim und München 2002

Gerstengarbe, Sybille/Hennig, Horst, Opposition, Widerstand und Verfolgung an der Martin-Luther-Universität Halle-Wittenberg 1945–1961. Eine Dokumentation, Leipziger Universitätsverlag, Leipzig 2009

Grigat, Felix, u. a., Zeitzeugen berichten. Wie die DDR die Universitäten unterdrückte, Deutscher Hochschulverband, Bonn 1999

Henke, Klaus-Dietmar (Hrsg.), Die Mauer. Errichtung. Überwindung. Erinnerung, dtv Verlagsgesellschaft, München 2011

Herrmann, Ulrich (Hrsg.), Protestierende Jugend. Jugendopposition und politischer Protest in der deutschen Nachkriegsgeschichte, Juventa Verlag, Weinheim und München 2002

Hübner, Peter, Politische Einflussnahme und Freiräume im Alltag der Bevölkerung nach dem Mauerbau sowie im Vergleich mit der Zeit nach dem Volksaufstand, in: Staatsgründung auf Raten? Zu den Auswirkungen des Volksaufstandes 1953 und des Mauerbaus 1961 auf Staat, Militär und Gesellschaft in der DDR, hrsg. von Torsten Diedrich und Ilko-Sascha Kowalczuk, Ch. Links Verlag, Berlin 2005, S. 201–224

Jessen, Ralph, Akademische Elite und kommunistische Diktatur. Die ostdeutsche Hochschullehrerschaft in der Ulbricht-Ära (= Kritische Studien zur Geschichtswissenschaft 135), Vandenhoeck und Ruprecht, Göttingen 1999

Klötzer, Sylvia, Satire und Macht. Film, Zeitung, Kabarett in der DDR, Böhlau Verlag, Köln u.a. 2006, S. 121 ff.

Kowalczuk, Ilko-Sascha, Geist im Dienste der Macht. Hochschulpolitik in der SBZ/DDR 1945 bis 1961, Ch. Links Verlag, Berlin 2003

Kowalczuk, Ilko-Sascha, Von der Volkserhebung zum Mauerbau. Reaktionen von Hochschulangehörigen auf die Ereignisse in der DDR in den Jahren 1953, 1956 und 1961, Aus Politik und Zeitgeschichte, B 30–31/2001, S. 22–30

Krätzner, Anita, Die Universitäten der DDR und der Mauerbau 1961, Leipziger Universitätsverlag, Leipzig 2014

Lapp, Peter Joachim/Ritter, Jürgen, Die Grenze. Ein deutsches Bauwerk, Ch. Links Verlag, Berlin 1997

Mählert, Ulrich/Stephan, Gerd-Rüdiger, Blaue Hemden – Rote Fahnen. Die Geschichte der Freien Deutschen Jugend, Leske + Budrich, Opladen 1996

Major, Patrick, Vor und nach dem 13. August 1961: Reaktionen der DDR-Bevölkerung auf den Bau der Berliner Mauer, in: Archiv für Sozialgeschichte 39, 1999, S. 325–354

Melis, Damian van/Bispinck, Henrik, »Republikflucht«. Flucht und Abwanderung aus der SBZ/DDR 1945 bis 1961. (= Schriftenreihe der Vierteljahreshefte für Zeitgeschichte. Sondernummer), München 2006

Mitter, Armin/Wolle, Stefan, Untergang auf Raten. Unbekannte Geschichte der DDR-Geschichte, C. Bertelsmann, München 1993

Müller-Enbergs, Helmut, Inoffizielle Mitarbeiter des Ministeriums für Staatssicherheit. Teil 3: Statistiken. Analysen und Dokumente. Wissenschaftliche Reihe des Bundesbeauftragten 3, Berlin 2008

Münkel, Daniela, Unruhe im eingeschlossenen Land. Ein interner Stasi-Bericht zur Lage in der DDR nach dem Mauerbau, in: Vierteljahreshefte für Zeitgeschichte 4/2011, Oldenbourg Wissenschaftsverlag, München 2011, S. 579–608

Nooke, Maria/Dollmann, Lydia (Hrsg.), Fluchtziel Freiheit. Berichte von DDR-Flüchtlingen über die Situation nach dem Mauerbau, Ch. Links Verlag, Berlin 2011

Ohse, Marc-Dietrich, Jugend nach dem Mauerbau. Anpassung, Protest und Eigensinn (DDR 1961–1974), Ch. Links Verlag, Berlin 2003

Reimann, Brigitte, Post vom schwarzen Schaft. Geschwisterbriefe, Aufbau Verlag, Berlin 2018

Richter, Hans Werner (Hrsg.), Die Mauer oder Der 13. August, Rowohlt, Reinbek 1961

Riemer, Rudolf, Das zweigeteilte Deutschland 1961–1962, hrsg. vom Studienzentrum für Ost-West-Probleme e. V., München 1995

Roggenbuch, Frank, Das Berliner Grenzproblem, De Gruyter, Berlin 2008

Roggenbuch, Frank, Verflechtung und Systemkonkurrenz. Eine Betrachtung zum Berliner Grenzgängerproblem, in: Potsdamer Bulletin für Zeithistorische Studien Nr. 36–37/2006

Sälter, Gerhard, Reaktionen auf den Mauerbau in Berlin und der DDR, Deutschland Archiv 44 (2011), Sonderheft 50 Jahre Mauerbau, S. 23–29

Sälter, Gerhard, Zwischen Siegestaumel und Herrschaftssicherung: Der Mauerbau am 13. August 1961 und die Machtelite der DDR; in: Deutschland Archiv, 7.11.2019, www.bpb.de/300094.

Sälter, Gerhard/Wilke, Manfred, Ultima Ratio: Der 13. August 1961. Der Mauerbau, die Blockkonfrontation und die Gesellschaft der DDR, Konrad-Adenauer-Stiftung, Sankt Augustin/Berlin 2011

Staadt, Jochen, Die geheime Westpolitik der SED 1960–1970. Von der gesamtdeutschen Orientierung zur sozialistischen Nation, Akademie Verlag, Berlin 1993

Staatsgründung auf Raten? Zu den Auswirkungen des Volksaufstandes 1953 und des Mauerbaus 1961 auf Staat, Militär und Gesellschaft in der DDR, hrsg. von Torsten Diedrich und Ilko-Sascha Kowalczuk, Ch. Links Verlag, Berlin 2005

Stadelmann-Wenz, Elke, Widerständiges Verhalten und Herrschaftspraxis in der DDR. Vom Mauerbau bis zum Ende der Ulbricht-Ära, Ferdinand Schöningh, Paderborn 2009

Suckut, Sigrid (Hrs.), Volkes Stimmen. »Ehrlich, aber deutlich« – Privatbriefe an die DDR-Regierung, dtv, München 2015

Uhl, Matthias, Krieg um Berlin? Die sowjetische Militär- und Sicherheitspolitik in der zweiten Berlin-Krise 1958 bis 1962. Oldenbourg Verlag, München 2008

Vietzke, Christoph, Konfrontation und Kooperation. Funktionäre und Arbeiter in den Großbetrieben der DDR vor und nach dem Mauerbau, Veröffentlichungen des Instituts für soziale Bewegungen, Bd. 36, Essen 2008

Vom Kalten Krieg zur deutschen Einheit. Analysen und Zeitzeugenberichte zur deutschen Militärgeschichte 1945 bis 1995, hrsg. von Bruno Thoß, Oldenbourg Verlag, München 1995

Werkentin, Falco, Die Entwicklung der politischen Strafjustiz als Herrschaftsinstrument nach 1953 und nach 1961, in: Staatsgründung auf Raten? Zu den Auswirkungen des Volksaufstandes 1953 und des Mauerbaus 1961 auf Staat, Militär und Gesellschaft in der DDR, hrsg. von Torsten Diedrich und Ilko-Sascha Kowalczuk, Ch. Links Verlag, Berlin 2005, S. 163–168

Werkentin, Falco, Politische Strafjustiz in der Ära Ulbricht. Vom bekennenden Terror zur verdeckten Repression, Ch. Links Verlag, 2., überarb. Aufl., Berlin 1997

Wagner, Arnim, Walter Ulbricht und die geheime Sicherheitspolitik der SED. Der Nationale Verteidigungsrat der DDR und seine Vorgeschichte (1953–1971), Links Verlag, Berlin 2002

Walther, Joachim, Sicherungsbereich Literatur. Schriftsteller und Staatssicherheit in der Deutschen Demokratischen Republik, Ch. Links Verlag, Berlin 1996

Wolle, Stefan, Aufbruch nach Utopia. Alltag und Herrschaft in der DDR 1961–1971, Ch. Links Verlag, Berlin 2011

Wolle, Stefan, »Lage stabil, vereinzelt Vorkommnisse«. Die Stimmung der DDR-Bevölkerung nach dem Volksaufstand am 17. Juni 1953 und nach dem Mauerbau am 13. August 1961; in: Diedrich, Torsten/Kowalczuk, Ilko-Sascha (Hrsg.), Staatsgründung auf Raten. Auswirkungen des Volksaufstandes 1953 und des Mauerbaus 1961 auf Staat, Militär und Gesellschaft der DDR, Ch. Links Verlag, Berlin 2005, S. 225–252

Zilch, Dorle, »Republikflucht« von Jugendlichen als Widerstand? Ursachen und Motive; in: Ulrich Herrmann (Hrsg.): Protestierende Jugend. Jugendopposition und politischer Protest in der deutschen Nachkriegsgeschichte, Juventa Verlag Weinheim und München 2002, S. 243–260

Archive

Bundesarchiv (BArch)
https://www.bundesarchiv.de/DE/Navigation/Home/home.html
Landesarchiv Berlin (LAB)
Behörde des Bundesbeauftragten für die Stasi-Unterlagen (BStU)
https://www.bstu.de/
Berliner Mauer-Archiv, Berlin
https://www.berliner-mauer.de/archiv
Gedenkstätte Berliner Mauer
https://www.berliner-mauer-gedenkstaette.de/de/archiv-1147.html
Akademie der Künste (AdK-Ost)
https://www.adk.de/de/archiv/index.htm

Bildnachweis

akg-images 37, 123 o. und u.,
akg-images / Alfred Strobel 12, 115
Archiv Rauh 9 (Foto: Robert Rauh), 19, 29, 47, 52, 130 (Foto: Robert Rauh)
BGS Bayreuth 128
Bundesarchiv 23 (Bild 183-B0115-0010-082, Foto: Helmut Schaar), 27 (Bild 183-83561-0001, Foto: Helmut Schaar), 33 (DVH 58 Bild-GR33-97-077), 54 (B 145 Bild-F003014-0002, Foto: Brodde), 56 (Bild 183-85343-0001, Foto: Günter Weiß), 59 (Bild 183-85187-0001, Plakat: Leo Haas), 70 (Bild 183-86198-0003, Foto: Heinz Junge), 92 (Bild 183-85787-0010), 107 (Bild 183-90575 -0004, Foto: Heinz Junge), 127 (Bild 183-N0415-363, Foto: Otto Donath)
Bundesregierung 39 (B 145 Bild-00106436, Foto: Siegmann), 111 (B 145 Bild-00009768, Foto: Siegmann)
Marten Paetzelt 138, 142
ullstein bild / Alex Waidmann 25
Wikimedia Commons 66
Zeitungsarchiv FU Berlin 89, 118

Dank

Für die Unterstützung bei der Konzeptentwicklung danke ich Gabriele Radecke, Marten Paetzelt, Daniel Graf, Ulrich Hopp, Robert Zagolla sowie für die erneut kritische Korrektur des Manuskriptes der Lektorin Gabriele Dietz.

Darüber hinaus danke ich für hilfreiche Hinweise bei der Recherche: Hildegard Baumgart, Wolf Biermann, Jakov Entus, Daniela Dahn, Thea Grauwinkel, Jana und Dirk Heiland, Suzanne Hensel, Hannelore Janisch, Joochen Laabs, Erik Lorenz, Robert Lebegern, Boris Peter, Renate und Hans-Christoph Rauh, Gerhard Sälter, Rolf Schneider, Camilla Warnke sowie den vielen Interviewpartner:innen.

Der Autor

Robert Rauh, geboren 1967 in Ost-Berlin, ist Historiker, Lehrer und Seminarleiter für Geschichte, Politik und Deutsch. 2013 wurde er für sein pädagogisches Engagement mit dem Deutschen Lehrerpreis ausgezeichnet. Im Berliner Schloss Schönhausen kuratierte Rauh die Dauerausstellung zur DDR-Geschichte. Zuletzt erschien von ihm im be.bra verlag (gemeinsam mit Gabriele Radecke) das Buch »Fontanes Kriegsgefangenschaft«.